Todos los libros de Linkgua Ediciones cuentan con modelos de Inteligencia Artificial entrenados por hispanistas. Pregúntale al chat de tu libro lo que desees acerca de la obra o su autor/a.

Para ebooks: Accede a nuestro modelo de IA a través de este enlace.

Para libros impresos: Escanea el código QR de la portada con tu dispositivo móvil.

Obtén análisis detallados de nuestros libros, resúmenes, respuestas a tus preguntas y accede a nuestras ediciones críticas generativas para una experiencia de lectura más enriquecedora.
La transparencia y el respeto hacia la autoría de las fuentes utilizadas son distintivos básicos de nuestro proyecto. Por ello, las respuestas ofrecen, mediante un sistema de citas, las fuentes con las que han sido elaboradas.

Juan Bautista Alberdi

Bases y puntos de partida para la organización política de la república Argentina

Barcelona 2024
Linkgua-ediciones.com

Créditos

Título original: Bases y puntos de partida para la organización política de la República de Argentina.

e-mail: info@linkgua.com

Diseño de cubierta: Michel Mallard.

ISBN rústica: 978-84-933439-0-3.
ISBN ebook: 978-84-9897-016-6.

Sumario

Brevísima presentación

La vida

Juan Bautista Alberdi (Tucumán, 1810-París, 1884). Argentina.

Era hijo de un comerciante español y de Josefa Aráoz, de la burguesía tucumana. Su familia apoyó la revolución republicana; Belgrano frecuentaba su casa y Juan Bautista lo consideró un gran militar y un padrino, dedicando numerosas páginas a defender su figura. Esta actitud lo hizo polemizar con Mitre, y ganarse la enemistad de Domingo Faustino Sarmiento.

Alberdi estudió en el Colegio de Ciencias Morales de Buenos Aires y abandonó los estudios en 1824. Por esa época, se interesó por la música. Poco después estudió derecho y en 1840 recibió su diploma de abogado en Montevideo.

Fue autodidacta. Rousseau, Bacon, Buffon, Montesquieu, Kant, Adam Smith, Hamilton y Donoso Cortés influyeron en él. En 1840 marchó a Europa. Volvió en 1843 y se asentó en Valparaíso (Chile) donde ejerció la abogacía. En otro de sus viajes a Europa como diplomático, pretendió evitar que las naciones europeas reconocieran a Buenos Aires como nación independiente y se entrevistó con el emperador Napoleón III, el Papa Pío IX y la reina Victoria de Inglaterra. Mitre y Sarmiento lo odiaron.

Alberdi vivió entonces fuera de Argentina y regresó en 1878, cuando fue nombrado diputado nacional. Había sido diplomático durante catorce años. Las cosas habían cambiado: Sarmiento envió a su secretario personal a recibirle y lo abrazó. Sin embargo, los mitristas impidieron que fuera otra vez nombrado diplomático, en esta ocasión en París. Murió en un suburbio de dicha ciudad el 19 de junio de 1884.

Los cimientos civilizatorios

Bases... es un documento de referencia para la comprensión de los orígenes de la idea de una «civilización» latinoamericana. El libro contiene una breve historia de las constituciones americanas de la época y ofrece una visión crítica de ellas.

La asociación entre el poder y la Iglesia católica, las dificultades en la enunciación de los derechos de propiedad y ciudadanía, la admisión de extranjeros, la falta de fluidez de la actividad comercial entorpecida por preceptos morales y una corrupción generalizada, son algunos de los fantasmas a los que se enfrentará el nuevo modelo civilizatorio.

Aquí también aparecerán los tópicos de la burguesía latinoamericana, atrapada desde sus orígenes entre la condición liberal de su historia y el deseo de otorgarse una pureza de sangre. No debe, en consecuencia, sorprender el carácter étnico de este texto, su apuesta casi obsesiva por lo «europeo». Este es un testimonio de esa tradición que apuesta por la segregación de los grupos étnicos en el cuerpo social, a la manera del colonialismo británico:

> ¿Por qué razón he dicho que en Sudamérica, gobernar es poblar, y en qué sentido es esto una verdad incuestionable? Porque poblar, repito, es instruir, educar, moralizar, mejorar la raza; es enriquecer, civilizar, fortalecer y afirmar la libertad del país, dándole la inteligencia y la costumbre de su propio gobierno y los medios de ejercerlo.
>
> Esto solo basta para ver que no toda población es igual a toda población, para producir esos resultados.
>
> Poblar es enriquecer cuando se puebla con gente inteligente en la industria y habituada al trabajo que produce y enriquece.
>
> Poblar es civilizar cuando se puebla con gente civilizada, es decir, con pobladores de la Europa civilizada. Por eso he dicho en la Constitución que el gobierno debe fomentar la inmigración europea.
>
> Pero poblar no es civilizar, sino embrutecer, cuando se puebla con chinos y con indios de Asia y con negros de África.
>
> Poblar es apestar, corromper, degenerar, envenenar un país, cuando en vez de poblarlo con la flor de la población trabajadora de Europa, se le puebla con la basura de la Europa atrasada o menos culta.
>
> Porque hay Europa y Europa, conviene no olvidarlo; y se puede estar dentro del texto liberal de la Constitución, que ordena fomentar la inmigración europea, sin dejar por eso de arruinar un país de Sudamérica con solo poblarlo de inmigrados europeos.

Esta América pura, crisol de una nueva civilización que parece también un nuevo modelo de utopía, es en cierto modo una anticipación burda de los conflictos étnicos que sacudirán más tarde a la Europa de principios del siglo XX. En medio de este proyecto, tan propio de la burguesía católica, está la exigencia de un gobierno eficaz para unas repúblicas que viven entre la exaltación a los mártires de la política y el sometimiento a los corruptos.

La Constitución de California

La interpretación de Alberdi de la anexión de California a los Estados Unidos, resultará repugnante a la tradición latinoamericanista pero pondrá el dedo en la llaga respecto a los elementos constitucionales y de gobierno imprescindibles en una república próspera:

> Tengo la fortuna de poder citar en apoyo del sistema que propongo el ejemplo de la última Constitución célebre dada en América: la Constitución de California, que es la confirmación de nuestras bases constitucionales.
>
> La Constitución del nuevo Estado de California, dada en Monterrey el 12 de octubre de 1849 por una convención de delegados del pueblo de California, es la aplicación simple y fácil al gobierno del nuevo Estado del derecho constitucional dominante en los Estados de la Unión de Norteamérica. Ese derecho forma el sentido común, la razón de todos, entre los habitantes de aquellos venturosos Estados.
>
> Sin universidades, sin academias ni colegio de abogados, el pueblo improvisado de California se ha dado una Constitución llena de previsión, de buen sentido y de oportunidad en cada una de sus disposiciones. Se diría que no hay nada de más ni de menos en ella. Al menos no hay retórica, no hay frases, no hay tono de importancia en su forma y estilo: todo es simple, práctico y positivo, sin dejar de ser digno.
>
> Hace cinco años eran excluidos de aquel territorio los cultos disidentes, los extranjeros, el comercio. Todo era soledad y desamparo bajo el sistema republicano de la América española, hasta que la civilización vecina, provocada por esas exclusiones incivilizadas e injustas, tomó posesión del rico suelo y estableció en él sus leyes de verdadera libertad y franquicia. En

cuatro años se ha erigido en Estado de la primera república del universo el país que en tres siglos no salió de oscurísima y miserable aldea.

El oro de sus placeres ha podido concurrir a obrar ese resultado; pero es indudable que, bajo el gobierno mexicano, ese oro no hubiera producido más que tumultos y escándalos entre las multitudes de todas partes agolpadas frenéticamente en un suelo sembrado de oro, pero sin gobierno ni ley. Su constitución de libertad, su gobierno de tolerancia y de progreso, harán más que el oro, la grandeza del nuevo Estado del Pacífico. El oro podrá acumular miles de aventureros; pero solo la ley de libertad hará de esas multitudes y de ese oro un Estado civilizado y floreciente.

La ley fundamental de California, tradición de la libertad de Norteamérica, está calculada para crear un gran pueblo en pocos años.

Y entre los aspectos polémicos de esta apología, está el análisis de la modernidad de muchos de los preceptos de la Constitución de California. Estamos ante el conflicto del hombre práctico enfrentado a un proyecto que exige altos ideales. Alguien que pretende hacer política real y que a su vez pertenece a una tradición de ideales religiosos y libertarios reñidos con el pragmatismo.

El fracaso

La historia presente de América es tal vez la historia del fracaso de este proyecto político; las repúblicas «europeizadas» no han tenido mejor suerte que el resto, tampoco los eternos aliados de América del norte son más afortunados, ni siquiera los que hicieron del antiimperialismo una doctrina.

Cartas de Urquiza, Duval y Sarmiento

A su excelencia el señor general don Justo José de Urquiza
Valparaíso, mayo 30 de 1852

Señor general:
Los argentinos de todas partes, aun los más humildes y desconocidos, somos deudores a vuestra excelencia del homenaje de nuestra perpetua gratitud por la heroicidad sin ejemplo con que ha sabido restablecer la libertad de la patria, anonadada por tantos años. En cortos meses ha realizado vuestra excelencia lo que en muchos años han intentado en vano los primeros poderes de Europa, y un partido poderoso de la República Argentina. Quien tal prodigio ha conseguido ¿por qué no sería capaz de darnos otro resultado, igualmente portentoso, que en vano persigue hace cuarenta años nuestro país? Abrigo la persuasión de que la inmensa gloria —esa gloria que a nadie pertenece hasta aquí— de dar una Constitución duradera a la república, está reservada a la estrella feliz que guía los pasos de vuestra excelencia. Con este convencimiento he consagrado muchas noches a la redacción del libro sobre Bases de organización política para nuestro país, libro que tengo el honor de someter al excelente buen sentido de vuestra excelencia. En él no hay nada mío sino el trabajo de expresar débilmente lo que pertenece al buen sentido general de esta época y a la experiencia de nuestra patria. Deseo ver unida la gloria de vuestra excelencia a la obra de la Constitución del país; mas, para que ambas se apoyen mutuamente, es menester que la Constitución repose sobre bases poderosas. Los grandes edificios de la antigüedad no llegan a nuestros días sino porque están cimentados sobre granito; pero la historia, señor, los precedentes del país, los hechos normales, son la roca granítica en que descansan las constituciones duraderas. Todo mi libro está reducido a la demostración de esto, con aplicación a la República Argentina. Espero que encuentre en la indulgencia de vuestra excelencia la acogida que merecen las buenas intenciones, y que admitirá con igual bondad vuestra excelencia la seguridad de mi gratitud, como ciudadano argentino, y del respeto pro-

fundo con que tengo el honor de suscribirme de vuestra excelencia atento servidor.

Juan B. Alberdi

Al señor doctor don Juan B. Alberdi

Valparaíso. Palermo (Buenos Aires), julio 22 de 1852

Apreciable compatriota:

La carta que con fecha 30 de mayo me ha dirigido usted, adjuntándome un ejemplar de su libro Bases y puntos de partida para la organización política de la República Argentina, ha confirmado en mí el juicio que sobre su distinguida capacidad, y muy especialmente sobre su patriotismo, había formado de antemano.

Me es muy lisonjero encontrar en la generalidad de los argentinos el deseo y la firme resolución de contribuir a que en nuestra querida patria se constituya al fin un sistema de leyes digno de sus antecedentes de gloria y capaz de conducirla al grado de prosperidad que le corresponde.

Conociendo bien esos sentimientos de los argentinos, contando con ellos y con sus decididos esfuerzos, me he puesto al frente de la grande obra de constituir la república. Tengo fe de que esta obra será llevada a cabo.

Su bien pensado libro, es, a mi juicio, un medio de cooperación importantísimo. No pudo ser escrito ni publicado en mejor oportunidad.

Por mi parte, lo acepto como un homenaje digno de la patria y de un buen argentino.

La gloria de constituir la república debe ser de todos y para todos. Yo tendré siempre en mucho la de haber comprendido bien el pensamiento de mis conciudadanos y contribuido a su realización.

A su ilustrado criterio no se ocultará que en esta empresa deben encontrarse grandes obstáculos. Algunos, en efecto, se me han presentado ya; pero el interés de la patria se sobrepone a todos. Después de haber vencido una tiranía poderosa, todos los demás me parecen menores.

¡Que la república Argentina sea grande y feliz, y mis más ardientes votos quedarán satisfechos!

Usted hallará siempre en mí un apreciador de sus talentos y de su patriotismo, y en tal concepto los sentimientos sinceros de un afectuoso compatriota y amigo.

Justo José de Urquiza

Yungay, septiembre 16 de 1852

Mi querido Alberdi:
Su Constitución es un monumento: es usted el legislador del buen sentido bajo las formas de la ciencia.
Su Constitución es nuestra bandera, nuestro símbolo. Así lo toma hoy la República Argentina. Yo creo que su libro Bases va a ejercer un efecto benéfico.

Es posible que su Constitución sea adoptada; es posible que sea alterada, truncada; pero los pueblos, por lo suprimido o alterado, verán el espíritu que dirige las supresiones: su libro, pues, va a ser el decálogo argentino: la bandera de todos los hombres de corazón.

Domingo F. Sarmiento

Los nuevos destinos de América no tienen Ley que los exprese más positivamente ni de un modo más inteligente y elevado, que la Constitución argentina de 1853, proyectada por Alberdi. Esa Constitución contiene a ese respecto las declaraciones más completas que se hayan escrito jamás en legislación alguna. En efecto, declara que la nación está constituida en beneficio de la libertad de los ciudadanos y de todos los hombres del mundo que quieran habitar el suelo argentino.

Jules Duval

París, 1870; «Histoire de l'émigration»

Páginas explicativas de Juan B. Alberdi

Mi libro de las Bases es una obra de acción que, aunque pensada con reposo, fue escrita velozmente para alcanzar al tiempo en su carrera y aprovechar de su colaboración, que, en la obra de las leyes humanas, es lo que en la formación de las plantas y en la labor de los metales dúctiles. Sembrad fuera de la estación oportuna: no veréis nacer el trigo. Dejad que el metal ablandado por el fuego recupere, con la frialdad, su dureza ordinaria: el martillo dará golpes impotentes. Hay siempre una hora dada en que la palabra humana se hace carne. Cuando ha sonado esa hora, el que propone la palabra, orador o escritor, hace la ley. La ley no es suya en ese caso; es la obra de las cosas. Pero esa es la ley duradera, porque es la verdadera ley.

Juan B. Alberdi

Todas las constituciones cambian o sucumben cuando son hijas de la imitación; la única que no cambia, la única que acompaña al país mientras vive, y por la cual vive, es la Constitución que ese país ha recibido de los acontecimientos de su historia, es decir, de los hechos que componen la cadena de su existencia, a partir del día de su nacimiento. La Constitución histórica, obra de los hechos, es la unión viva, la única real y permanente de cada país, que sobrevive a todos los ensayos y, sobrenada en todos los naufragios.

Los progresos de su civilización pueden modificarla y mejorarla en el sentido de la perfección absoluta del gobierno libre, pero pactando siempre con los hechos y elementos de su complexión histórica, de que un pueblo no puede desprenderse, como el hombre no es libre de abandonar, por su voluntad, su color, su temperamento, su estatura, las condiciones de su organismo, que recibió al nacer, como herencia de sus padres.

Juan B. Alberdi

Gobernar es poblar

Como se pone bajo mi nombre, a cada paso, la máxima de mi libro Bases, de que en «América gobernar es poblar», estoy obligado a explicarla, para no tener que responder de acepciones y aplicaciones, que lejos de emanar de esa máxima se oponen al sentido que ella encierra y lo comprometen, o, lo que es peor, comprometen la población en Sudamérica.

Gobernar es poblar en el sentido que poblar es educar, mejorar, civilizar, enriquecer y engrandecer espontánea y rápidamente, como ha sucedido en los Estados Unidos.

Mas para civilizar por medio de la población es preciso hacerlo con poblaciones civilizadas; para educar a nuestra América en la libertad y en la industria es preciso poblarla con poblaciones de la Europa más adelantada en libertad y en industria, como sucede en los Estados Unidos. Los Estados Unidos pueden ser muy capaces de hacer un buen ciudadano libre, de un inmigrado abyecto y servil, por la simple presión natural que ejerce su libertad, tan desenvuelta y fuerte que es la ley del país, sin que nadie piense allí que puede ser de otro modo.

Pero la libertad que pasa por americana, es más europea y extranjera de lo que parece. Los Estados Unidos son tradición americana de los tres Reinos Unidos de Inglaterra, Irlanda y Escocia. El ciudadano libre de los Estados Unidos es, a menudo, la transformación del súbdito libre de la libre Inglaterra, de la libre Suiza, de la libre Bélgica, de la libre Holanda, de la juiciosa y laboriosa Alemania.

Si la población de seis millones de angloamericanos con que empezó la república de los Estados Unidos, en vez de aumentarse con inmigrados de la Europa libre y civilizada, se hubiese poblado con chinos o con indios asiáticos, o con africanos, o con otomanos, ¿sería el mismo país de hombres libres que es hoy día? No hay tierra tan favorecida que pueda, por su propia virtud, cambiar la cizaña en trigo. El buen trigo puede nacer del mal trigo, pero no de la cebada.

Gobernar es poblar, pero sin echar en olvido que poblar puede ser apestar, embrutecer, esclavizar, según que la población trasplantada o inmigrada, en vez de ser civilizada, sea atrasada, pobre, corrompida. ¿Por qué extrañar que en este caso hubiese quien pensara que gobernar es, con más razón, despoblar?

Pero tampoco hay que olvidar que el extranjero no debe ser excluido, por malo que sea. Si se admite el derecho de excluir al malo, viene enseguida la exclusión del bueno. En la libertad de la inmigración, como en la libertad de la prensa, la licencia es la sanción del derecho.

Esto no debe apartar de la memoria que hay extranjeros y extranjeros; y que si Europa es la tierra más civilizada del orbe, hay en Europa y en el corazón de sus brillantes capitales mismas, más millones de salvajes que en toda la América del Sur. Todo lo que es civilizado es europeo, al menos de origen, pero no todo lo europeo es civilizado; y se concibe perfectamente la hipótesis de un país nuevo poblado con europeos más ignorantes en industria y libertad que las hordas de la Pampa o del Chaco.

La inmigración espontánea es la mejor; pero las inmigraciones solo van espontáneamente a países que atraen por su opulencia y por su seguridad o libertad. Todo lo que es espontáneo ha comenzado por ser artificial, incluso en los Estados Unidos. Allá fue estimulada la inmigración en el origen; y la América del Sur, bien o mal, fue poblada por los gobiernos de España, es decir, artificialmente.

Concíbese que la población inglesa emigre espontáneamente a la América inglesa que habla su lengua, practica su libertad y tiene sus costumbres de respeto del hombre al hombre; concíbese que la Alemania protestante, laboriosa, amiga del reposo, de la vida doméstica y de la libertad social y religiosa, emigre espontáneamente a la América protestante, trabajadora quieta por educación, y, por corolario, libre y segura; pero no se concibe que esas poblaciones emigren espontáneamente a la América del Sur, sin incentivos especiales y excepcionales.

La Europa del Norte irá espontáneamente a la América del Norte; y como el norte en los dos mundos parece ser el mundo de la libertad y de la industria, la América del Sur debe renunciar a la ilusión de tener inmigraciones capaces de educarla en la libertad, en la paz y en la industria, si no las atrae artificialmente.

La única inmigración espontánea de que es capaz Sudamérica, es la de las poblaciones de que no necesita: esas vienen por sí mismas, como la mala hierba. De esa población puede estar segura América que la tendrá sin llevarla; pues la civilización europea la expele de su seno como escoria.

El secreto de poblar reside en el arte de distribuir la población en el país. La inmigración tiende a quedarse en los puertos, porque allí acaba su larga navegación, allí encuentran alto salario y vida agradable. Pero el país pierde lo que los puertos parecen ganar. Es preciso multiplicar los puertos para distribuir la población en las costas; y para poblar el interior que vive de la agricultura y de la industria rural, necesita América embarcar la emigración rural de Europa, no la escoria de sus brillantes ciudades, que ni para soldados sirve.

¿Por qué razón he dicho que en Sudamérica, gobernar es poblar, y en qué sentido es esto una verdad incuestionable? Porque poblar, repito, es instruir, educar, moralizar, mejorar la raza; es enriquecer, civilizar, fortalecer y afirmar la libertad del país, dándole la inteligencia y la costumbre de su propio gobierno y los medios de ejercerlo.

Esto solo basta para ver que no toda población es igual a toda población, para producir esos resultados.

Poblar es enriquecer cuando se puebla con gente inteligente en la industria y habituada al trabajo que produce y enriquece.

Poblar es civilizar cuando se puebla con gente civilizada, es decir, con pobladores de la Europa civilizada. Por eso he dicho en la Constitución que el gobierno debe fomentar la «inmigración europea».

Pero poblar no es civilizar, sino embrutecer, cuando se puebla con chinos y con indios de Asia y con negros de África.

Poblar es apestar, corromper, degenerar, envenenar un país, cuando en vez de poblarlo con la flor de la población trabajadora de Europa, se le puebla con la basura de la Europa atrasada o menos culta.

Porque hay Europa y Europa, conviene no olvidarlo; y se puede estar dentro del texto liberal de la Constitución, que ordena fomentar la inmigración europea, sin dejar por eso de arruinar un país de Sudamérica con solo poblarlo de inmigrados europeos.

En este sentido eran racionales las aprensiones de los Egañas de Chile, de los Rosas en Buenos Aires, de los Francia del Paraguay, cuando temían los efectos de las inmigraciones de Europa. Es que en su tiempo los emigrados de los mejores países de Europa no se daban prisa a naturalizarse en países que conservaban vivos y calientes los restos del coloniaje más abyecto y atrasado. Hubo un tiempo en que América fue un depósito de las excreciones de Europa. En ese tiempo no era maravilla ver que alarmasen a las mejores personas de América, las invasiones de la Europa rezagada.

Ese tiempo no habrá pasado del todo mientras haya una Europa ignorante, viciosa, atrasada, corrompida, al lado de la Europa culta, libre, rica, civilizada, porque es indudable que Europa reúne ambas cosas, como se hallan reunidas en el seno mismo de sus más brillantes y grandes capitales.

Londres y París encierran más barbarie que la Patagonia y el Chaco, si se las contempla en las capas o regiones subterráneas de su población.

«Gobernar es poblar» muy bien; pero poblar es una ciencia, y esta ciencia no es otra cosa que la economía política, que considera la población como instrumento de riqueza y elemento de prosperidad.

La parte principal del arte de poblar es el arte de distribuir la población. A veces, aumentarla demasiado es lo contrario de poblar; es disminuir y arruinar la población del país.

Pero no se distribuye la población por medios artificiales y restricciones contrarias a la ley natural de la distribución, sino consultando y sirviendo esta ley por esas medidas.

Si el salario, es decir, el pan, el hogar, la vida es lo que lleva la población a un punto con preferencia a otro, la ley puede trasladar de un punto a otro el trabajo que produce ese salario. Por ejemplo, en el Plata, la ley puede llevar los mataderos, los saladeros, las barracas o depósitos de cueros, de Buenos Aires a la Ensenada, con solo llevar el puerto de Buenos Aires a la Ensenada.

Esto es con respecto a la distribución de la población que se forma por la «inmigración espontánea», pues en cuanto a la que crece por la «colonización», la distribución en el sentido de su descentralización es más fácil todavía, por el poder de la ley.

Sumamente curiosa es la acción recíproca de los dos mundos en la marcha y desarrollo de la civilización y especialmente de la sociabilidad.

Dos aguas de distinta claridad, que se mezclan y confunden, pueden ser la imagen expresiva del fenómeno a que aludimos. Si un tonel de agua limpia y clara es vertido en otro de agua turbia, el efecto natural será que el agua turbia quedará menos turbia y el agua limpia menos limpia.

Lo que con estas aguas, sucede con los pueblos de ambos mundos. Las inmigraciones europeas en América producen un cambio favorable en la manera de ser de la población americana con que se mezclan, pero es a precio de recibir ellas mismas una transformación menos ventajosa por el influjo del pueblo americano. Todo emigrante europeo que va a América, deja allí su sello de civilización; pero trae, en cambio, el sello del continente menos civilizado.

Así Europa ejerce en América una acción civilizadora, al paso que América ejerce en Europa una reacción en sentido opuesto.

Esto sucede en el hombre, como sucede en los animales. Se ha notado que los animales domésticos llevados de Europa, recuperan en América su tipo y su índole primitivos y salvajes.

La acción de esta doble corriente cada día es más poderosa y activa, y forma una especie de remolino en que se revuelven las democracias modernas sin poderse definir ni dar una dirección determinada.

Como desierto, el nuevo mundo tiene una acción retardataria y reaccionaria en el antiguo. En política, por ejemplo, la federación americana, que no es sino la feudalidad de su Edad Media, está produciendo en Europa, por la acción de su ejemplo, un retroceso de sus Estados unitarios hacia la vieja descentralización de la Edad Media.

Pero la vitalidad y la perfectibilidad de que están dotadas todas las razas o ramas de la especie humana, no permite dudar de que el término final de ese movimiento cederá en bien de mejores destinos para la humanidad entera.

Si América tiene, por su condición desierta, una acción retardataria, es evidente que, por esa misma causa, tiene otra acción favorable al desarrollo del hombre en sus mejores calidades de tal.

Así, las peores inmigraciones de la Europa en América, hasta las inmigraciones de criminales, de ignorantes y de corrompidos, se transforman y mejoran por el hecho de pasar a un mundo cuyas condiciones de abundancia les impone y les facilita un género de vida más conforme a los buenos instintos naturales de que está dotado todo ser racional y libre.

El tipo de nuestro hombre sudamericano —lo dije en las Bases— debe ser el hombre formado para vencer al grande y agobiante enemigo de nuestro progreso: el desierto, el atraso material, la naturaleza bruta y primitiva de nuestro continente.

He ahí el arsenal en que debe buscar Sudamérica las armas para vencer a su enemigo capital.

Hacer en vez de eso, de un hombre una destructora máquina de guerra, es el triunfo de la barbarie; pero hacer de una máquina un hombre que trabaja, que teje, que transporta, que navega, que defiende, que ataca, que ilumina, que riega los campos, que habla de un polo a otro, como hablan dos hombres juntos, es el triunfo de la civilización sobre la materia, triunfo sin víctimas ni lágrimas, porque los vencidos no son otros que nobles soberanos que conservan todo su inmenso poder; y solo parecen someterse al hombre graciosamente como en testimonio de admiración simpática por la majestad de su genio.

Más poderoso que el emperador Carlos V y con más razón que él, podría el genio industrial moderno jactarse de que en sus dominios no se pone el Sol, ni hay zona tórrida, ni zona templada; no hay polos, ni hay antípodas. Colaborador de la Providencia, el genio del hombre hará el verano permanente en Rusia, y hará el invierno inacabable en el Ecuador, porque el calor, el hielo, el vapor, el aire, el gas, el agua, la electricidad, vencidos y sometidos a su dominio, son hoy los esclavos del hombre, que le sirven para llevar su trono a todos los ámbitos de la tierra, y ser en todas partes el soberano de la creación.

«Libertad es poder, fuerza, capacidad» de hacer o no hacer lo que nuestra voluntad desea. Como la fuerza y el poder humano residen en la capacidad inteligente y moral del hombre más que en su capacidad material o animal, no hay más medio de extender y propagar la libertad, que generalizar y extender las condiciones de la libertad, que son la educación, la industria, la riqueza, la capacidad, en fin, en que consiste la fuerza que se llama libertad.

La espada es impotente para el cultivo de esas condiciones, y el soldado es tan propio para formar la libertad como lo es el moralista para fundir cañones.

Cuando se dice que la riqueza nace del trabajo, se entiende que del trabajo del hombre, pues trata la riqueza del hombre.
En otros términos, la riqueza nace del hombre.
Decir que hay tierras que producen algodón, seda, caña de azúcar, etc., es como decir que la máquina de vapor produce movimientos, el molino produce harina, el telar produce lienzo, etc.

No es la máquina la que produce sino el maquinista. La máquina es el instrumento de que se sirve el hombre para producir; y la tierra es una máquina como el arado mismo en manos del hombre, único productor.

El hombre produce en proporción, no de la fertilidad del suelo que le sirve de instrumento, sino en proporción de la resistencia que el suelo le ofrece para que él produzca.

El suelo pobre produce al hombre rico, porque la pobreza del suelo estimula el trabajo del hombre al que más tarde debe éste su riqueza.

El suelo que produce sin trabajo, solo fomenta hombres que no saben trabajar. No mueren de hambre, pero jamás son ricos. Son parásitos del suelo y viven como las plantas, la vida de las plantas naturalmente, no la vida digna del ente humano, que es el creador y hacedor de su propia riqueza.

La riqueza natural y espontánea de ciertos territorios es un escollo de que deben preservarse los pueblos inteligentes que los habitan. Todo pueblo que come de la limosna del suelo, será un pueblo de mendigos toda su vida. Que el pródigo o benefactor sea el suelo o el hombre, el mendigo es el mismo.

La tierra es la madre, el hombre es el padre de la riqueza. En la maternidad de la riqueza no hay generación espontánea. No hay producción de riqueza si la tierra no es fecundada por el hombre. Trabajar es fecundar. El trabajo es la vida, es el goce, es la felicidad del hombre. No es su castigo. Si es verdad que el hombre nace para vivir del sudor de su frente, no es menos cierto que el sudor se hizo para la salud del hombre; que sudar es gozar, y que el trabajo es un goce más bien que un sufrimiento. Trabajar es crear, producir, multiplicarse en las obras de su hechura: nada puede haber más plácido y lisonjero para una naturaleza elevada.

La forma más fecunda y útil en que la riqueza extranjera puede introducirse y aclimatarse en un país nuevo, es la de una inmigración de población inteligente y trabajadora, sin la cual los metales ricos se quedarán siglos y siglos en las entrañas de la tierra; y la tierra, con todas sus ventajas de clima, irrigación, temperatura, ríos, montañas, llanuras, plantas y animales útiles, se quedará siglos y siglos tan pobre como el Chaco, como Mojas, como Lipes, como Patagonia.

Juan B. Alberdi

París, 1879

Introducción

América ha sido descubierta, conquistada y poblada por las razas civilizadas de Europa, a impulsos de la misma ley que sacó de su suelo primitivo a los pueblos de Egipto para atraerlos a Grecia; más tarde a los habitantes de ésta para civilizar las regiones de la Península Itálica; y por fin a los bárbaros habitadores de Germania para cambiar con los restos del mundo romano la virilidad de su sangre por la luz del cristianismo.

Así, el fin providencial de esa ley de expansión es el mejoramiento indefinido de la especie humana, por el cruzamiento de las razas, por la comunicación de las ideas y creencias, y por la nivelación de las poblaciones con las subsistencias.

Por desgracia su ejecución encontró en la América del Sur un obstáculo en el sistema de exclusión de sus primeros conquistadores. Monopolizado por ellos durante tres siglos su extenso y rico suelo, quedaron esterilizados los fines de la conquista en cierto modo para la civilización del mundo.

Las trabas y prohibiciones del sistema colonial impidieron su población en escala grande y fecunda por los pueblos europeos, que acudían a la América del Norte, colonizada por un país de mejor sentido económico; siendo ésa una de las principales causas de su superioridad respecto de la nuestra. El acrecentamiento de la población europea y los progresos que le son inseparables, datan allí en efecto desde el tiempo del sistema colonial. Entonces, lo mismo que hoy, se duplicaba la población cada veinte años; al paso que las Leyes de Indias condenaban a muerte al americano español del interior que comunicase con extranjeros.

Quebrantadas las barreras por la mano de la revolución, debió esperarse que este suelo quedase expedito al libre curso de los pueblos de Europa; pero, bajo los emblemas de la libertad, conservaron nuestros pueblos la complexión repulsiva que España había sabido darles, por un error que hoy hace pesar sobre ella misma sus consecuencias.

Nos hallamos, pues, ante las exigencias de una ley, que reclama para la civilización el suelo que mantenemos desierto para el atraso.

Esta ley de dilatación del género humano se realiza fatalmente, o bien por los medios pacíficos de la civilización, o bien por la conquista de la espada. Pero nunca sucede que naciones más antiguas y populosas se ahoguen por exuberancia de población, en presencia de un mundo que carece de habitantes y abunda de riquezas.

El socialismo europeo es el signo de un desequilibrio de cosas, que tarde o temprano tendrá en este continente su rechazo violento, si nuestra previsión no emplea desde hoy los medios de que esa ley se realice pacíficamente y en provecho de ambos mundos. Ya México ha querido probar la conquista violenta de que todos estamos amenazados para un porvenir más o menos remoto, y de que podemos sustraernos dando espontáneamente a la civilización el goce de este suelo, de cuya mayor parte la tenemos excluida por una injusticia que no podrá terminar bien.

Europa, lo mismo que América, padece por resultado de esta violación hecha al curso natural de las cosas. Allá sobreabunda, hasta constituir un mal, la población de que aquí tenemos necesidad vital. ¿Llegarán aquellas sociedades hasta un desquicio fundamental por cuestiones de propiedad, cuando tenemos a su alcance un quinto del globo terráqueo deshabitado?

El bienestar de ambos mundos se concilia casualmente; y mediante un sistema de política y de instituciones adecuadas, los Estados del otro continente deben propender a enviarnos, por inmigraciones pacíficas, las poblaciones que los nuestros deben atraer por una política e instituciones análogas.

Esta es la ley capital y sumaria del desarrollo de la civilización cristiana y moderna en este continente; lo fue desde su principio, y será la que complete el trabajo que dejó embrionario la Europa española.

De modo que sus constituciones políticas no serán adecuadas a su destino progresista, sino cuando sean la expresión organizada de esa ley de civilización, que se realiza por la acción tranquila de Europa y del mundo externo.

Me propongo en el presente escrito bosquejar el mecanismo de esa ley, indicar las violaciones que ella recibe de nuestro sistema político actual en la América del Sur, y señalar la manera de concebir sus instituciones, de modo que sus fines reciban completa satisfacción.

El espacio es corto y la materia vasta. Seré necesariamente incompleto, pero habré conseguido mi propósito, si consiguiese llevar las miradas de los estadistas de Sudamérica hacia ciertos fines y horizontes, en que lo demás será obra del estudio y del tiempo.

Valparaíso, 1.º de mayo de 1852

Bases y puntos de partida para la organización política de la República Argentina

I. Situación constitucional del Plata

La victoria de Monte Caseros por sí sola no coloca a la República Argentina en posesión de cuanto necesita. Ella viene a ponerla en el camino de su organización y progreso, bajo cuyo aspecto considerada, esa victoria es un evento tan grande como la revolución de mayo, que destruyó el gobierno colonial español.

Sin que se pueda decir que hemos vuelto al punto de partida (pues los Estados no andan sin provecho el camino de los padecimientos), nos hallamos como en 1810 en la necesidad de crear un gobierno general argentino, y una Constitución que sirva de regla de conducta a ese gobierno. Toda la gravedad de la situación reside en esta exigencia. Un cambio obrado en el personal del gobierno presenta menos inconvenientes cuando existe una Constitución que pueda regir la conducta del gobierno creado por la revolución. Pero la República Argentina carece hoy de gobierno, de Constitución y de leyes generales que hagan sus veces. Este es el punto de diferencia de las revoluciones recientes de Montevideo y Buenos Aires: existiendo allí una Constitución, todo el mal ha desaparecido desde que se ha nombrado el nuevo gobierno.

La República Argentina, simple asociación tácita e implícita por hoy, tiene que empezar por crear un gobierno nacional y una Constitución general que le sirva de regla.

Pero ¿cuáles serán las tendencias, propósitos o miras, en vista de los cuales deba concebirse la venidera Constitución? ¿Cuáles las bases y punto de partida del nuevo orden constitucional y del nuevo gobierno, próximos a instalarse? He aquí la materia de este libro, fruto del pensamiento de muchos años, aunque redactado con la urgencia de la situación argentina.

En él me propongo ayudar a los diputados y a la prensa constituyentes a fijar las bases de criterio para marchar en la cuestión constitucional.

Ocupándome de la cuestión argentina, tengo necesidad de tocar la cuestión de la América del Sur, para explicar con más claridad de dónde viene, dónde está y adónde va la República Argentina, en cuanto a sus destinos políticos y sociales.

II. Carácter histórico del derecho constitucional sudamericano: su división esencial en dos períodos

Todo el derecho constitucional de la América antes española es incompleto y vicioso, en cuanto a los medios que deben llevarla a sus grandes destinos. Voy a señalar esos vicios y su causa disculpable, con el objeto de que mi país se abstenga de incurrir en el mal ejemplo general. Alguna ventaja ha de sacar de ser el último que viene a constituirse.

Ninguna de las constituciones de Sudamérica merece ser tomada por modelo de imitación, por los motivos de que paso a ocuparme.

Dos períodos esencialmente diferentes comprende la historia constitucional de nuestra América del Sur: uno que principia en 1810 y concluye con la guerra de la independencia contra España, y otro que data de esta época y acaba en nuestros días.

Todas las constituciones del último período son reminiscencia, tradición, reforma muchas veces textual de las constituciones dadas en el período anterior.

Esas reformas se han hecho con miras interiores: unas veces de robustecer el poder en provecho del orden, otras de debilitarlo en beneficio de la libertad; algunas veces de centralizar la forma de su ejercicio, otras en localizarlo: pero nunca con la mira de suprimir en el derecho constitucional de la primera época lo que tenía de contrario al engrandecimiento y progreso de los nuevos Estados, ni de consagrar los medios conducentes al logro de este gran fin de la revolución americana.

¿Cuáles son, en qué consisten los obstáculos contenidos en el primer derecho constitucional? Voy a indicarlos.

Todas las constituciones dadas en Sudamérica durante la guerra de la independencia, fueron expresión completa de la necesidad dominante de ese tiempo. Esa necesidad consistía en acabar con el poder político que Europa había ejercido en este continente, empezando por la conquista y siguiendo por el coloniaje; y como medio de garantizar su completa extinción, se iba hasta arrebatarle cualquier clase de ascendiente en estos países. La independencia y la libertad exterior eran los vitales intereses que preocupaban a los legisladores de ese tiempo. Tenían razón: comprendían su época y sabían servirla.

Se hacía consistir y se definía todo el mal de América en su dependencia de un gobierno conquistador perteneciente a Europa; se miraba por consiguiente, todo el remedio del mal en el alejamiento del influjo de Europa. Mientras combatíamos contra España disputándole palmo a palmo nuestro suelo americano, y contra el ejemplo monárquico de Europa disputándole la soberanía democrática de este continente, nuestros legisladores no veían nada más arriba de la necesidad de proclamar y asegurar nuestra independencia, y de sustituir los principios de igualdad y libertad como bases del gobierno interior, en lugar del sistema monárquico que había regido antes en América y subsistía todavía en Europa. Europa nos era antipática por su dominación y por su monarquismo.

En ese período, en que la democracia y la independencia eran todo el propósito constitucional; la riqueza, el progreso material, el comercio, la población, la industria, en fin, todos los intereses económicos, eran cosas accesorias, beneficios secundarios, intereses de segundo orden, mal conocidos y mal estudiados, y peor atendidos por supuesto. No dejaban de figurar escritos en nuestras constituciones, pero solo era en clase de pormenores y detalles destinados a hermosear el conjunto.

Bajo ese espíritu de reserva, de prevención y de temor hacia Europa, y de olvido y abandono de los medios de mejoramiento por la acción de los intereses económicos, diéronse las constituciones contemporáneas de San Martín, de Bolívar y O'Higgins, sus inspiradores ilustres, repetidas más tarde casi textualmente y sin bastante criterio por las constituciones ulteriores, que aún subsisten.

Contribuía a colocarnos en ese camino el ejemplo de las dos grandes revoluciones, que servían de modelo a la nuestra: la Revolución francesa de 1789, y la revolución de los Estados Unidos contra Inglaterra. Indicaré el modo de su influjo para prevenir la imitación errónea de esos grandes modelos, a que todavía nos inclinamos los americanos del Sur.

En su redacción nuestras constituciones imitaban las constituciones de la República Francesa y de la República de Norteamérica.

Veamos el resultado que esto producía en nuestros intereses económicos, es decir, en las cuestiones de comercio, de industria, de navegación, de inmigración, de que depende todo el porvenir de la América del Sur.

El ejemplo de la Revolución francesa nos comunicaba su nulidad reconocida en materias económicas.

Sabido es que la Revolución francesa, que sirvió a todas las libertades, desconoció y persiguió la libertad de comercio. La convención hizo de las aduanas una arma de guerra, dirigida especialmente contra Inglaterra, esterilizando de ese modo la excelente medida de la supresión de las aduanas provinciales, decretada por la Asamblea nacional. Napoleón acabó de echar a Francia en esa vía por el bloqueo continental, que se convirtió en base del régimen industrial y comercial de Francia y de Europa durante la vida del imperio. Por resultado de ese sistema, la industria europea se acostumbró a vivir de protección, de tarifas y prohibiciones.

Los Estados Unidos no eran de mejor ejemplo para nosotros en política exterior y en materias económicas, aunque esto parezca extraño.

Una de las grandes miras constitucionales de la «Unión» del Norte era la defensa del país contra los extranjeros, que allí rodeaban por el Norte y Sur a la república naciente, poseyendo en América más territorio que el suyo, y profesando el principio monárquico como sistema de gobierno. España, Inglaterra, Francia, Rusia y casi todas las naciones europeas tenían vastos territorios alrededor de la confederación naciente. Era tan justo, pues, que tratase de garantirse contra el regreso practicable de los extranjeros a quienes venció sin arrojar de América como hoy sería inmotivado ese temor de parte de los Estados de Sudamérica que ningún gobierno europeo tiene a su inmediación.

Desmembración de un Estado marítimo y fabril, los Estados Unidos tenían la aptitud y los medios de ser una y otra cosa, y les convenía la adopción de una política destinada a proteger su industria y su marina, contra la concurrencia exterior, por medio de exclusiones y tarifas. Pero nosotros no tenemos fábricas, ni marina, en cuyo obsequio debamos restringir con prohibiciones y reglamentos la industria y la marina extranjeras, que nos buscan por el vehículo del comercio.

Por otra parte, cuando Washington y Jefferson aconsejaban a los Estados Unidos una política exterior de abstención y de reserva para con los poderes políticos de Europa, era cuando daba principio la Revolución francesa y la terrible conmoción de toda Europa, a fines del último siglo, en cuyo sentido esos hombres célebres daban un excelente consejo a su país, apartándole de ligas políticas con países que ardían en el fuego de una lucha sin relación con los intereses americanos. Ellos hablaban de relaciones políticas, no de tratados y convenciones de comercio. Y aun en este último sentido, los Estados Unidos, poseedores de una marina y de industria fabril, podían dispensarse de ligas estrechas con la Europa marítima y fabricante. Pero la América del Sur desconoce completamente la especialidad de su situación y circunstancias, cuando invoca para sí el ejemplo de la política exterior que Washington aconsejaba a su país, en tiempo y bajo tan circunstancias tan diversas. La América del Norte por el liberalismo de su sistema colonial siempre atrajo pobladores a su suelo en gran cantidad, aun antes de la independencia; pero nosotros, herederos de un sistema tan esencialmente exclusivo, necesitamos de una política fuertemente estimulante en lo exterior.

Todo ha cambiado en esta época: la repetición del sistema que convino en tiempos y países sin analogía con los nuestros, solo serviría para llevarnos al embrutecimiento y a la pobreza.

Esto es sin embargo lo que ofrece el cuadro constitucional de la América del Sur: y para hacer más práctica la verdad de esta observación de tanta trascendencia en nuestros destinos, voy a examinar particularmente las más conocidas constituciones ensayadas o vigentes de Sudamérica, en aquellas disposiciones que se relacionan a la cuestión de población, v. g., por la naturalización y el domicilio; a nuestra educación oficial y a nuestras mejoras municipales, por la admisión de extranjeros a los empleos secundarios; a la inmigración, por la materia religiosa; al comercio, por las reglas de nuestra política comercial exterior; y al progreso, por las garantías de reformas.

Empezaré por las de mi país para dar una prueba de que me guía en esta crítica una imparcialidad completa.

III. Constituciones ensayadas en la República Argentina

La Constitución de la República Argentina, dada en 1826, más espectable por los acontecimientos ruidosos que originó su discusión y sanción, que por su mérito real, es un antecedente que de buena fe debe ser abandonado por su falta de armonía con las necesidades modernas del progreso argentino.

Es casi una literal reproducción de la Constitución que se dio en 1819, cuando los españoles poseían todavía la mitad de esta América del Sur. «No rehúsa confesar (decía la comisión que redactó el proyecto de 1826), no rehúsa confesar que no ha hecho más que perfeccionar la Constitución de 1819.» Fue dada esta Constitución de 1819 por el mismo Congreso que dos años antes acababa de declarar la independencia de la República Argentina de España y de todo otro poder extranjero. Todavía el 31 de octubre de 1818 ese mismo Congreso daba una ley prohibiendo que los españoles europeos sin carta de ciudadanía pudiesen ser nombrados colegas ni árbitros juris. Él aplicaba a los españoles el mismo sistema que éstos habían creado para los otros extranjeros. El Congreso de 1819 tenía por misión romper con Europa en vez de atraerla; y era ésa la ley capital de que estaba preocupado. Su política exterior se encerraba toda en la mira de constituir la independencia de la nueva república, alejando todo peligro de volver a caer en manos de esa Europa, todavía en armas y en posesión de una parte de este suelo.

Ninguna nación de Europa había reconocido todavía la independencia de estas repúblicas.

¿Cómo podía esperarse en tales circunstancias, que el Congreso de 1819 y su obra se penetrasen de las necesidades actuales, que constituyen la vida de estos nuevos Estados, al abrigo hoy día de todo peligro exterior?

Tal fue el modelo confesado de la Constitución de 1826. Veamos si ésta, al rectificar aquel trabajo, lo tocó en los puntos que tanto interesan a las necesidades de la época presente. Veamos con qué miras se concibió el régimen de política exterior contenido en la Constitución de 1826. No olvidemos que la política y gobierno exteriores son la política y el gobierno de regeneración y progreso de estos países, que deberán a la acción externa su vida venidera, como le deben toda su existencia anterior.

«Los dos altos fines de toda asociación política, decía la comisión que redactó el proyecto de 1826, son la seguridad y la libertad.»

Se ve, pues, que el Congreso argentino de 1826 estaba todavía en el terreno de la primera época constitucional. La independencia y la libertad eran para él los dos grandes fines de la asociación. El progreso material, la población, la riqueza, los intereses económicos, que hoy son todo, eran cosas secundarias para los legisladores constituyentes de 1826.

Así la Constitución daba la ciudadanía (art. 4) a los extranjeros que han combatido o combatiesen en los ejércitos de mar y tierra de la república. Eran sus textuales palabras, que ni siquiera distinguían la guerra civil de la nacional. La ocupación de la guerra, aciaga a estos países desolados por el abuso de ella, era título para obtener ciudadanía sin residencia; y el extranjero benemérito a la industria y al comercio, que había importado capitales, máquinas, nuevos procederes industriales, no era ciudadano a pesar de esto, si no se había ocupado en derramar sangre argentina o extranjera.

En ese punto la Constitución de 1826 repetía rutinariamente una disposición de la de 1819, que era expresión de una necesidad del país, en la época de su grande y difícil guerra contra la corona de España.

La Constitución de 1826, tan reservada y parsimoniosa en sus condiciones para la adquisición de nuevos ciudadanos, era pródiga en facilidades para perder los existentes. Hacía cesar los derechos de ciudadanía, entre muchas otras causas, por la admisión de empleos, distinciones o títulos de otra nación. Esa disposición copiada, sin bastante examen, de constituciones europeas, es perniciosa para las repúblicas de Sudamérica, que, obedeciendo a sus antecedentes de comunidad, deben propender a formar una especie de asociación de familias hermanas. Naciones en formación, como las nuestras, no deben tener exigencias que pertenecen a otras ya formadas; no deben decir al poblador que viene de fuera: Si no me pertenecéis del todo, no me pertenecéis de ningún modo. Es preciso conceder la ciudadanía, sin exigir el abandono absoluto de la originaria. Pueblos desiertos, que se hallan en el caso de mendigar población, no deben exigir ese sacrificio, más difícil para el que le hace que útil para el que le recibe.

La Constitución unitaria de 1826, copia confesada de una Constitución del tiempo de la guerra de la independencia, carecía igualmente de garantías de progreso. Ninguna seguridad, ninguna prenda daba de reformas fecundas para lo futuro. Podía haber sido como la Constitución de Chile, v. g., que hace de la educación pública (artículo 153) una atención preferente del gobierno, y promete solemnemente para un término inmediato (disposiciones transitorias) el arreglo electoral, el código administrativo interior, el de administración de justicia, el de la guardia nacional, el arreglo de la instrucción pública. La Constitución de California (art. 9) hace de la educación pública un punto capital de la organización del Estado. Esa alta prudencia, esa profunda provisión, consignada en las leyes fundamentales del país, fue desconocida en la Constitución de 1826, por la razón que hemos señalado ya.

Ella no garantizaba por una disposición especial y terminante la libertad de la industria y del trabajo, esa libertad que Inglaterra había exigido como principal condición en su tratado con la República Argentina, celebrado dos años antes. Esa garantía no falta, por supuesto, en las constituciones de Chile y Montevideo.

No garantizaba bastantemente la propiedad, pues en los casos de expropiación por causa de utilidad pública (art. 176) no establecía que la compensación fuese previa, y que la pública utilidad y la necesidad de la expropiación fuesen calificadas por ley especial. Ese descubierto dejado a la propiedad afectaba el progreso del país, porque ella es el aliciente más activo para estimular su población.

Tampoco garantizaba la inviolabilidad de la posta, de la correspondencia epistolar, de los libros de comercio y papeles privados por una disposición especial y terminante.

Y, lo que es más notable, no garantizaba el derecho y la libertad de locomoción y tránsito, de entrar y salir del país.

Se ve que en cada una de esas omisiones, la ruidosa Constitución desatendía las necesidades económicas de la república, de cuya satisfacción depende todo su porvenir.

Dos causas concurrían a eso: 1, la imitación, la falta de originalidad, es decir, de estudio y de observación; y 2, el estado de cosas de entonces.

La falta de originalidad en el proyecto (es decir, su falta de armonía con las necesidades del país) era confesada por los mismos legisladores. La comisión redactora, decía en su informe, no ha pretendido hacer una obra original. Ella habría sido extravagante desde que se hubiese alejado de lo que en esa materia está reconocido y admitido en las naciones más libres y más civilizadas. En materia de constituciones ya no puede crearse.

Estas palabras contenidas en el informe de la comisión redactora del proyecto sancionado sin alteración, dan toda la medida de la capacidad constitucional del Congreso de ese tiempo.

El Congreso hizo mal en no aspirar a la originalidad. La Constitución que no es original es mala, porque debiendo ser la expresión de una combinación especial de hechos, de hombres y de cosas, debe ofrecer esencialmente la originalidad que afecte esa combinación en el país que ha de constituirse. Lejos de ser extravagante la Constitución argentina, que se desemejare de las constituciones de los países más libres y más civilizados, habría la mayor extravagancia en pretender regir una población pequeña malísimamente preparada para cualquier gobierno constitucional, por el sistema que prevalece en Estados Unidos o en Inglaterra, que son los países más civilizados y más libres.

La originalidad constitucional es la única a que se pueda aspirar sin inmodestia ni pretensión: ella no es como la originalidad en las bellas artes. No consiste en una novedad superior a todas las perfecciones conocidas, sino en la idoneidad para el caso especial en que deba tener aplicación. En este sentido, la originalidad en materia de asociación política es tan fácil y sencilla como en los convenios privados de asociación comercial o civil.

Por otra parte, el estado de cosas de 1826 era causa de que aquel Congreso colocase la seguridad como el primero de los fines de la Constitución.

El país estaba en guerra con el Imperio del Brasil, y bajo el influjo de esa situación se buscaba en el régimen exterior más bien seguridad que franquicia. «La seguridad exterior llama toda nuestra atención y cuidado hacia un gobierno vecino, monárquico y poderoso», decía en su informe la comisión redactora del proyecto sancionado. Así la Constitución empezaba ratificando la independencia declarada ya por actos especiales y solemnes.

Rivadavia mismo, al tomar posesión de la presidencia bajo cuyo influjo debía darse la Constitución, se expresaba de este modo: «Hay otro medio (entre los de arribar a la Constitución) que es otra necesidad, y no puede decirse por desgracia, porque rivaliza con esa desgracia una fortuna; ella es del momento, y por lo mismo urge con preferencia a todo... Esta necesidad es la de una victoria. La guerra en que tan justa como noblemente se halla empeñada esta nación, etc.».

Cuando se teme del exterior, es imposible organizar las relaciones de fuera sobre las bases de la confianza y de una libertad completas.

Rivadavia mismo, a pesar de la luz de su inteligencia y de su buen corazón, no veía con despejo la cuestión constitucional en que inducía al país. Su programa era estrecho, a juzgar por sus propias palabras vertidas en la sesión del Congreso constituyente del 8 de febrero de 1826, al tomar posesión del cargo de presidente de la república. «Él (el presidente, decía) se halla ciertamente convencido de que tenéis medios de constituir el país que representáis y que para ello bastan dos bases: la una que introduzca y sostenga la subordinación recíproca de las personas, y la otra que concilie todos los intereses, y organice y active el movimiento de las cosas.» Precisando la segunda base, añadía lo siguiente: «Esta base es dar a todos los pueblos una cabeza, un punto capital que regle a todos y sobre el que todos se apoyen... al efecto es preciso que todo lo que forme la capital, sea exclusivamente nacional». «El presidente debe advertiros (decía a los diputados constituyentes) de que si vuestro saber y vuestro patriotismo sancionan estas dos bases, la obra está hecha; todo lo demás es reglamentario, y con el establecimiento de ellas habréis dado una Constitución a la nación.»

Tal era la capacidad que dominaba la cuestión constitucional, y no eran más competentes sus colaboradores.

Un eclesiástico, el señor deán Funes, había sido el redactor de la Constitución de 1819; y otros de su clase, como el canónigo don Valentín Gómez y el clérigo don Julián Segundo Agüero, ministro de la presidencia entonces, influyeron de un modo decisivo en la redacción de la Constitución de 1826. El deán Funes traía con el prestigio de su talento y de sus obras conocidas al Congreso de 1826, de que era miembro, los recuerdos y las inspiraciones del Congreso que declaró y constituyó la independencia, al cual había pertenecido también. Muchos otros diputados se hallaban en el mismo caso. El clero argentino, que contribuyó con su patriotismo y sus luces de un modo tan poderoso al éxito de la cuestión política de la independencia, no tenía ni podía tener, por su educación recibida en los seminarios del tiempo colonial, la inspiración y la vocación de los intereses económicos, que son los intereses vitales de esta América, y la aptitud de constituir convenientemente una república esencialmente comercial y pastora como la Confederación Argentina. La patria debe mucho a sus nobles corazones y espíritus altamente cultivados en ciencias morales; pero más deberá en lo futuro, en materias económicas, a simples comerciantes y a economistas prácticos, salidos del terreno de los negocios.

No he hablado aquí de la Constitución de 1826, sino de un modo general, y señaladamente sobre el sistema exterior, por su influjo en los intereses de población, inmigración y comercio exterior.

En otro lugar de este libro tocaré otros puntos capitales de la Constitución de entonces, con el fin de evitar su imitación.

IV. Constitución de Chile. Defectos que hacen peligrosa su imitación

La Constitución de Chile, superior en redacción a todas las de Sudamérica, sensatísima y profunda en cuanto a la composición del Poder ejecutivo, es incompleta y atrasada en cuanto a los medios económicos de progreso y a las grandes necesidades materiales de la América española.

Redactada por don Mariano Egaña, más que una reforma de la Constitución de 1828, como dice su preámbulo, es una tradición de las constituciones de 1813 y 1823, concebidas por su padre y maestro en materia de política, don Juan Egaña, que eran una mezcla de lo mejor que tuvo el régimen colonial, y de lo mejor del régimen moderno de la primera época constitucional. Esta circunstancia, que explica el mérito de la actual Constitución de Chile, es también la que hace su deficiencia.

Los dos Egañas, hombres fuertes en teología y en legislación, acreedores al respeto y agradecimiento eterno de Chile por la parte que han tenido en su organización constitucional, comprendían mal las necesidades económicas de la América del Sur; por eso sus trabajos constitucionales no fueron concebidos de un modo adecuado para ensanchar la población de Chile por condiciones que facilitasen la adquisición de la ciudadanía. Excluyeron todo culto que no fuese el católico, sin advertir que contrariaban mortalmente la necesidad capital de Chile, que es la de su población por inmigraciones de los hombres laboriosos y excelentes que ofrece la Europa protestante y disidente. Excluyeron de los empleos administrativos y municipales y de la magistratura a los extranjeros, y privaron al país de cooperadores eficacísimos en la gestión de su vida administrativa.

Las ideas económicas de don Juan Egaña son dignas de mención, por haber sido el preparador o promotor principal de las instituciones que hasta hoy rigen, y el apóstol de muchas convicciones que hasta ahora son obstáculos en política comercial y económica para el progreso de Chile.

«Puesto (Chile) a los extremos de la tierra, y no siéndole ventajoso el comercio de tráfico o arriería, no tendrá guerras mercantiles, y en especial la industria y agricultura, que casi exclusivamente le conciernen y que son las sólidas, y tal vez las únicas profesiones de una república...»

En materia de empréstitos, que serán el nervio del progreso material en América, como lo fueron de la guerra de su independencia, don Juan Egaña se expresaba de este modo comentando la Constitución de 1813: «No tenemos fondos que hipotecar, ni créditos: luego no podemos formar una deuda». «Cada uno debe pagar la deuda que ha contraído por su bien. Las generaciones futuras no son de nuestra sociedad, ni podemos obligarlas.» «Las naciones asiáticas no son navegantes.» «La localidad de este país no permite un arrieraje y tráfico útil.» «La marina comerciante excita el genio de ambición, conquista y lujo, destruye las costumbres y ocasiona celos, que finalizan en guerras.» «Los industriosos chinos sin navegación viven quietos y servidos de todo el mundo.»

En materia de tolerancia religiosa, he aquí las máximas de don Juan Egaña:

«Sin religión uniforme se formará un pueblo de comerciantes, pero no de ciudadanos».

«Yo creo que el progreso de la población no se consigue tanto con la gran libertad de admitir extranjeros, cuanto con facilitar los medios de subsistencia y comodidad a los habitantes; de suerte que sin dar grandes pasos en la población, perdemos mucho en el espíritu religioso.»

«No condenemos a muerte a los hombres que no creen como nosotros; pero no formemos con ellos una familia.»

He aquí el origen alto e imponente de las aberraciones que tanto cuesta vencer a los reformadores liberales de estos días en materias económicas en la República de Chile.

V. Constitución del Perú. Es calculada para su atraso

A pesar de lo dicho, la Constitución de Chile es infinitamente superior a la del Perú, en lo relativo a población, industria y cultura europea.

Tradición casi entera de la Constitución peruana dada en 1823, bajo el influjo de Bolívar, cuando la mitad del Perú estaba ocupada por las armas españolas, se preocupó ante todo de su independencia de la monarquía española y de toda dominación extranjera.

Como la Constitución de Chile, la del Perú consagra el catolicismo como religión de Estado, sin permitir el ejercicio público de cualquier otro culto (art. 3).

Sus condiciones para la naturalización de los extranjeros parecen calculadas para hacer imposible su otorgamiento. He aquí los trámites que el extranjero tiene que seguir para hacerse natural del Perú:

1.º Demandar la ciudadanía al prefecto;

2.º Acompañarla de documentos justificativos de los requisitos que legitimen su concesión;

3.º El prefecto la dirige con su informe al ministro del interior;

4.º Éste al Congreso;

5.º La junta del departamento da su informe;

6.º El Congreso concede la gracia;

7.º El gobierno expide al agraciado la carta respectiva;

8.º El agraciado la presenta al prefecto del departamento, en cuya presencia presta el juramento de obediencia al gobierno;

9.º Se presenta esta carta ante la municipalidad del domicilio, para que el agraciado sea inscrito en el registro cívico. (Ley de 30 de septiembre de 1821.) Esta inscripción pone al agraciado en la aptitud feliz de poder tomar un fusil, y verter, si es necesario, su sangre en defensa de la hospitalaria república.

El art. 6 de la Constitución reconoce como peruano por naturalización al extranjero admitido al servicio de la república; pero el art. 88 declara que el presidente no puede dar empleo militar, civil, político ni eclesiástico a extranjero alguno, sin acuerdo del consejo de Estado. Ella exige la calidad de peruano por nacimiento para los empleos de presidente, de ministro de Estado, de senador, de diputado, de consejero de Estado, de vocal o fiscal de la corte suprema o de una corte superior cualquiera, de juez de primera instancia, de prefecto, de gobernador, etc., etc.; y lleva el localismo a tal rigor, que un peruano de Arequipa no puede ser prefecto en el Cuzco. Pero esto es nada.

Las garantías individuales solo son acordadas al peruano, al ciudadano, sin hablar del extranjero, del simple habitante del Perú. Así un extranjero, como ha sucedido ahora poco con el general boliviano don José de Ballivián, puede ser expelido del país sin expresión de causa, ni violación del derecho público peruano.

La propiedad, la fortuna es el vivo aliciente que estos países pobres en tantos goces ofrecen al poblador europeo; sin embargo la Constitución actual del Perú dispone (art. 168) que: «Ningún extranjero podrá adquirir, por ningún título, propiedad territorial en la república, sin quedar por este hecho sujeto a las obligaciones de ciudadano, cuyos derechos gozará al mismo tiempo». Por este artículo, el inglés, o alemán, o francés, que compra una casa o un pedazo de terreno en el Perú, está obligado a pagar contribuciones, a servir en la milicia, a verter su sangre, si es necesario, en defensa del país, a todas las obligaciones de ciudadano en fin, y al goce de todos sus derechos, con las restricciones, se supone, del art. 88 arriba mencionado, y sin perjuicio de los años de residencia y demás requisitos exigidos por el artículo 6.

Por ley de 10 de octubre de 1828, está prohibido a los extranjeros la venta por menudeo en factorías, casas y almacenes. Esa ley impone multas al extranjero que abra tienda de menudeo sin estar inscrito en el registro cívico. Infinidad de otras leyes y decretos sueltos reglamentan aquel art. 168 de la Constitución.

En 1830 se expidió un decreto que prohíbe a los extranjeros hacer el comercio interior en el Perú.

Por el art. 178 de la Constitución peruana solo se concede el goce de los derechos civiles al extranjero, al igual de los peruanos, con tal que se sometan a las mismas cargas y pensiones que éstos: es decir, que el extranjero que quiera disfrutar en el Perú del derecho de propiedad, de sus derechos de padre de familia, de marido, en fin de sus derechos civiles, tiene que sujetarse a todas las leyes y pensiones del ciudadano. Así el Perú, para conceder al extranjero lo que todos los legisladores civilizados le ofrecen sin condición alguna, le exige en cambio las cargas y pensiones del ciudadano.

Si el Perú hubiese calculado su legislación fundamental para obtener por resultado su despoblación y despedir de su seno a los habitantes más capaces de fomentar su progreso, no hubiera acertado a emplear medios más eficaces que los contenidos hoy en su Constitución repelente y exclusiva, como el Código de Indias, resucitado allí en todos sus instintos. ¿Para qué más explicación que esta del atraso infinito en que se encuentra aquel país?

VI. Constitución de los Estados que formaron la República de Colombia. Vicios por los que no debe imitarse

Inútil es notar que los Estados que fueron miembros de la disuelta República de Colombia –Ecuador, Nueva Granada y Venezuela– han conservado el tipo constitucional que recibieron de su libertador el general Bolívar en la Constitución de agosto de 1821, inspiración de este guerrero, que todavía debía destruir los ejércitos españoles, amenazantes a Colombia desde el suelo del Perú.

«Estamos (decía la Gaceta de Colombia de esa época) estamos en contacto con dos pueblos limítrofes, el uno erigido en monarquía, y el otro vacilante en el sistema político que debe adoptar: un Congreso de soberanos ha de reunirse en Verona, y no sabemos si Colombia o la América toda será uno de los enfermos que ha de quedar desahuciado por esta nueva clase de médicos, que disponen de la vida política de los pueblos; un ejército respetable amenaza todavía la independencia de los hijos del Sol y sin duda la de Colombia.»

Y sin duda que en el Congreso de los potentados de Europa reunidos en Verona debía figurar la cuestión de la suerte de las colonias españolas en América. El 24 de noviembre de 1822 el duque de Wellington presentó al Congreso un memorándum, en que anunciaba la intención del gobierno británico de reconocer los poderes de hecho del Nuevo Mundo. Monsieur de Chateaubriand, plenipotenciario francés en ese congreso, patrocinando los principios del derecho monárquico, indicó la solución que, según el espíritu de su gobierno, podía conciliar los intereses de la legitimidad con las necesidades de la política. Esta solución, confesada por más de un publicista francés leal a su país, era el establecimiento de príncipes de la casa de Borbón en los tronos constitucionales de la América española. Francia obtuvo el apoyo de esa declaración, en la que dieron al memorándum británico, en el mismo congreso, Austria, Prusia y Rusia, concebidas en sentido análogo. Eso sucedía por los años en que Colombia se daba la Constitución a que hemos aludido.

Las ideas de Bolívar en cuanto a Europa son bien conocidas. Eran las que correspondían a un hombre, que tenía por misión el anonadamiento del poder político de España, y de cualquier otro poder monárquico europeo de los ligados por intereses y sangre con España en este continente. Ellos presidieron a la convocatoria del Congreso de Panamá, que tenía por objeto, entre otros, establecer un pacto de unión y de liga perpetua contra España, o contra cualquier otro poder que procurase dominar la América; y ponerse en aptitud de impedir toda colonización europea en este continente y toda intervención extranjera en los negocios del Nuevo Mundo.

Para honor de Rivadavia y de Buenos Aires, se debe recordar que él se opuso al Congreso de Panamá y a sus principios, porque comprendió que favoreciéndolo, aniquilaba desde el origen sus miras de inmigración europea y de estrechamiento de este continente con el antiguo, que había sido y debía ser el manantial de nuestra civilización y progreso.

El art. 13 de la Constitución del Ecuador excluye del Estado toda religión que no sea la católica. Las garantías de derecho público, contenidas en su título 11, no son extensivas al extranjero de un modo terminante e inequívoco. El art. 51 con que terminan, dispone que: «Todos los extranjeros serán admitidos en el Ecuador, y gozarán de seguridad individual y libertad, siempre que respeten y obedezcan la Constitución y las leyes». Con esta reserva se deja al extranjero perpetuamente expuesto a ser expulsado del país por una contravención de simple policía.

VII. De la Constitución de México, y de los vicios que originan su atraso

México, que debía estimularse con el grande espectáculo de la nación vecina, ha presentado siempre al extranjero, que debía ser su salvador como poblador mexicano, una resistencia tenaz y una mala disposición, que, además de su atraso, le han costado guerras sangrientas y desastrosas. Por el art. 3 de su Constitución vigente, que es la de 4 de octubre de 1824, está prohibido en México el ejercicio público de cualquiera religión que no sea la católica romana. Hasta hoy mismo, la república en México aparece más preocupada de su independencia y de sus temores hacia el extranjero, que de su engrandecimiento interior, como si la independencia pudiera tener otras garantías que la fuerza inherente al desarrollo de la población, de la riqueza y de la industria en un grado poderoso.

Por la ley constitucional mexicana (art. 23), el extranjero no puede adquirir en la república propiedad raíz, si no se ha naturalizado en ella, casado con mexicana, y arreglándose a lo demás que la ley prescribe relativamente a estas adquisiciones. Tampoco podrá trasladar a otro país su propiedad mobiliaria, sino con los requisitos y pagando la cuota que establecen las leyes. Allí rige la ley española (nota XIII, tít. 18, lib. V, Nov. Recop.) sobre que los extranjeros domiciliados o con casa de trato por más de un año pagan todos los derechos y contribuciones que los demás ciudadanos.

Una ley de febrero de 1832 abre las puertas de México a la naturalización de los extranjeros, con tal que llenen los requisitos exigidos por la ley de 14 de abril de 1828. Esos requisitos, entre otros, son: que el postulante exprese un año antes al ayuntamiento su deseo de radicarse, y que después acredite, con citación del síndico, que es católico apostólico romano, que tiene tal giro e industria, buena conducta y otros requisitos más.

Ese sistema ha conducido a México a perder a Tejas y California, y le llevará quizás a desaparecer como nación.

El poblador extranjero no es un peligro para el sostén de la nacionalidad. Montevideo, con su Constitución expansiva y abierta hacia el extranjero, ha salvado su independencia por medio de su población extranjera, y camina a ser la California del Sur.

VIII. Constitución del Estado Oriental del Uruguay. Defectos que hacen peligrosa su imitación

Sin embargo, es menester reconocer que el buen espíritu, el espíritu de progreso, más que en su Constitución, reside para Montevideo en el modo de ser de sus cosas y de su población, en la disposición geográfica de su suelo, de sus puertos, de sus costas y ríos. Conviene tener esto presente, para no dejarse alucinar por el ejemplo de su Constitución escrita, que tiene menos acción que lo que parece en su progreso extraordinario.

Posee ventajas, sin duda alguna, que la hacen superior a muchas otras; pero adolece de faltas, que son resabios del derecho constitucional sudamericano de la primera época.

Sancionada el 10 de septiembre de 1829, es decir, tres años después de la Constitución unitaria argentina, a la que también concurrió Montevideo como provincia argentina en aquella época, no pudo escapar al imperio de su ejemplo.

Por otra parte, expresión de la necesidad de constituir a Montevideo en Estado independiente de los países extranjeros que lo rodeaban y que lo habían disputado, conforme al tratado de 1828, entre el Plata y el Brasil, como lo dice su preámbulo, sus disposiciones obedecían al influjo de ese designio, que no es ciertamente el que debe ser espíritu de nuestras constituciones actuales.

La Constitución de que nos ocupamos, empieza definiendo el Estado Oriental. Toda definición es peligrosa, pero la de un Estado nuevo como ninguna. Esa definición que debía pecar por lata (si puede serlo bastantemente), es inexacta a expensas del Estado Oriental. El Estado (dice su art. 1.º) es la asociación política de todos sus ciudadanos comprendidos en su territorio. No es exacto; el Estado Oriental es algo más que esto en la realidad. Además de la reunión de sus ciudadanos, es Laffond, es Esteves, v. g., son los 20.000 extranjeros avecindados allí, que, sin ser ciudadanos, poseen ingentes fortunas, y tienen tanto interés en la prosperidad del suelo oriental como sus ciudadanos mismos.

En vez de empezar por una declaración de derechos y garantías privados y públicos, la Constitución oriental empieza como la Constitución argentina de 1826, que le ha servido de modelo, con mezquinas distinciones, declarando quiénes son orientales y quiénes no, quiénes son de casa y quienes de fuera: distinciones inhospitalarias y poco discretas de parte de países que no tienen población propia y que necesitan de la ajena. Ciertamente que la Constitución de California no empieza por definiciones ni distinciones de ese género.

Como la Constitución argentina de 1826, la oriental es difícil y embarazosa para adquirir ciudadanos y pródiga para enajenarlos. También da la ciudadanía al que combate en el país, sin previa residencia; pero al extranjero que trae riquezas, ideas, industrias, elementos de orden y de progreso, le exige residencia y otros requisitos para hacerle ciudadano. Tampoco se contenta con medios ciudadanos, con ciudadanos a medias, y expulsa del seno de su reducida familia política al oriental que acepta empleos o distinciones de Chile o de la República Argentina, v. g.

La Constitución oriental carece de garantías de progreso material e intelectual. No consagra la educación pública como prenda de adelantos para lo futuro, ni sanciona estímulos y apoyos al desarrollo inteligente, comercial y agrícola, de que depende el porvenir de esa república. La Constitución americana que desampara el porvenir, lo desampara todo, porque para estas repúblicas de un día, el porvenir es todo, el presente poca cosa.

IX. Constitución del Paraguay. Defectos que hacen aborrecible su ejemplo

La Constitución oriental es la que más se aproxima al sistema conveniente, y la del Paraguay la que más dista.

Aunque no haya peligro de que la República Argentina quiera constituirse a ejemplo del Paraguay, entra en mi plan señalar los obstáculos que contrarían la ley del progreso en esa parte de la América del Sur, tan ligada a la prosperidad de las repúblicas vecinas.

La Constitución del Paraguay, dada en la Asunción el 16 de marzo de 1844, es la Constitución de la dictadura o presidencia omnipotente en institución definitiva y estable; es decir, que es una antítesis, un contrasentido constitucional.

Por cierto que la Constitución del Paraguay, para ser discreta, no debía ser un ideal de libertad política. La dictadura inaudita del doctor Francia no había sido la mejor escuela preparatoria del régimen representativo republicano. La nueva Constitución estaba llamada a señalar algunos grados de progreso sobre lo que antes existía; pero no es esto lo que ha sucedido. Es peor que eso; ella es lo mismo que antes existía, disfrazado con una máscara de Constitución, que oculta la dictadura latente.

El título 1.º consagra el principio liberal de la división de los poderes, declarando exclusiva atribución del Congreso la facultad de hacer leyes.

Pero de nada sirve eso, porque el artículo 4.º lo echa por tierra, declarando que la autoridad del presidente de la república es extraordinaria cuantas veces fuese preciso para conservar el orden (a juicio y por declaración del presidente, se supone).

El presidente es juez privativo de las causas reservadas por el estatuto de administración de justicia.

Hace ejércitos y dispone de ellos sin dar cuenta a nadie.

Crea fuerzas navales con la misma irresponsabilidad.

Hace tratados y concordatos con igual omnipotencia.

Promueve y remueve todos los empleados, sin acuerdo alguno.

Abre puertos de comercio.

Es árbitro de la posta, de los caminos, de la educación pública, de la hacienda, de la policía, sin acuerdo de nadie.

Reúne además todas las atribuciones inherentes al Poder ejecutivo de los gobiernos regulares, sin ninguna de sus responsabilidades.

Dura en sus funciones diez años, durante los cuales solo dos veces se reúne el congreso. Sus sesiones ordinarias tienen lugar cada cinco años. Si en países que están regenerándose y que tienen que rehacerlo todo, son cortas por lo mismo las sesiones anuales de meses, ¿se diría que son escasas las sesiones del Congreso del Paraguay? Tal vez no, pues retiene tan escaso Poder legislativo el congreso, que su reunión es casi insignificante.

El Congreso tiene el poder de elegir el presidente; pero los diputados del Congreso ¿cómo son elegidos? En la forma hasta aquí acostumbrada, dice el art. 1.º, tít. 2 de la Constitución. La costumbre electoral a que alude es naturalmente la del tiempo del doctor Francia, de cuyo liberalismo se puede juzgar por eso solo. Es decir en buenos términos, que el presidente elige y nombra al congreso, como éste elige y nombra al presidente. Dos poderes que se procrean uno a otro de ese modo no pueden ser muy independientes.

El poder fuerte es indispensable en América, es verdad; pero el del Paraguay es la exageración de ese medio, llevada al ridículo y a la injusticia, desde luego que se aplica a una población célebre por su mansedumbre y su disciplina jesuítica de tradición remota.

Nada sería la tiranía presente si al menos diera garantías de libertades y progresos para tiempos venideros. Lo peor es que las puertas del progreso y del país continúan cerradas herméticamente por la Constitución, no ya por el doctor Francia; de modo que la tiranía constitucional del Paraguay y el reposo inmóvil, que es su resultado, son estériles en beneficios futuros y solo ceden en provecho del tirano, es decir, hablando respetuosamente, del presidente constitucional. El país era antes esclavo del doctor Francia; hoy lo es de su Constitución. Peor es su estado actual que el anterior, si se reflexiona que antes la tiranía era un accidente, era un hombre mortal; hoy es un hecho definitivo y permanente, es la Constitución.

En efecto, la Constitución (art. 4, tít. 10) permite salir libremente del territorio de la república, llevando en frutos el valor de sus propiedades y observando además las leyes policiales.

Pero el artículo 5 declara que para entrar en el territorio de la república se observarán las ordenanzas anteriormente establecidas, quedando al supremo gobierno ampliarlas según las circunstancias. Si se recuerda que esas ordenanzas anteriores son las del doctor Francia, que han hecho la celebridad de su régimen de clausura hermética, se verá que el Paraguay continúa aislado del mundo exterior, y todavía su Constitución da al presidente el poder de estrechar ese aislamiento.

Según esas disposiciones, la Constitución paraguaya, que debiera estimular la inmigración de pobladores extranjeros en su suelo desierto, provee al contrario los medios de despoblar el Paraguay de sus habitantes extranjeros, llamados a desarrollar su progreso y bienestar. Ese sistema garantiza al Paraguay la conservación de una población exclusivamente paraguaya, es decir, inepta para la industria y para la libertad.

Por demás es notar que la Constitución paraguaya excluye la libertad religiosa.

Excluye además todas las libertades. La Constitución tiene especial cuidado en no nombrar una sola vez, en todo su texto, la palabra libertad, sin embargo de titularse Ley de la república. Es la primera vez que se ve una Constitución republicana sin una sola libertad. La única garantía que acuerda a todos sus habitantes, es la de quejarse ante el supremo gobierno de la nación. El derecho de queja es consolador sin duda, pero supone la obligación de experimentar motivos de ejercitarlo.

Ese régimen es egoísta, escandaloso, bárbaro, de funesto ejemplo y de ningún provecho a la causa del progreso y cultura de esta parte de la América del Sur. Lejos de imitación, merece la hostilidad de todos los gobiernos patriotas de Sudamérica.

X. Cuál debe ser el espíritu del nuevo derecho constitucional en Sudamérica

Por la reseña que precede vemos que el derecho constitucional de la América del Sur está en oposición con los intereses de su progreso material e industrial, de que depende hoy todo su porvenir. Expresión de las necesidades americanas de otro tiempo, ha dejado de estar en armonía con las nuevas exigencias del presente. Ha llegado la hora de iniciar su revisión en el sentido de las necesidades actuales de América. ¡Ojalá toque a la República Argentina, iniciadora de cambios fundamentales en ese continente, la fortuna de abrir la era nueva por el ejemplo de su Constitución próxima!

De hoy más los trabajos constitucionales deben tomar por punto de partida la nueva situación de la América del Sur.

La situación de hoy no es la de hace treinta años. Necesidades que en otro tiempo eran accesorias, hoy son las dominantes.

La América de hace treinta años solo miró la libertad y la independencia; para ellas escribió sus constituciones. Hizo bien, era su misión de entonces. El momento de echar la dominación europea fuera de este suelo, no era el de atraer los habitantes de esa Europa temida. Los nombres de inmigración y colonización despertaban recuerdos dolorosos y sentimientos de temor. La gloria militar era el objeto supremo de ambición. El comercio, el bienestar material se presentaban como bienes destituidos de brillo. La pobreza y sobriedad de los republicanos de Esparta eran realzadas como virtudes dignas de imitación por nuestros republicanos del primer tiempo. Se oponía con orgullo a las ricas telas de Europa los tejidos grotescos de nuestros campesinos. El lujo era mirado de mal ojo y considerado como el escollo de la moral y de la libertad pública.

Todas las cosas han cambiado, y se miran de distinto modo en la época en que vivimos.

No es que la América de hoy olvide la libertad y la independencia como los grandes fines de su derecho constitucional; sino que, más práctica que teórica, más reflexiva que entusiasta, por resultado de la madurez y de la experiencia, se preocupa de los hechos más que de los nombres, y no tanto se fija en los fines como en los medios prácticos de llegar a la verdad de esos fines. Hoy se busca la realidad práctica de lo que en otro tiempo nos contentábamos con proclamar y escribir.

He aquí el fin de las constituciones de hoy día: ellas deben propender a organizar y constituir los grandes medios prácticos de sacar a la América emancipada del estado oscuro y subalterno en que se encuentra.

Esos medios deben figurar hoy a la cabeza de nuestras constituciones. Así como antes colocábamos la independencia, la libertad, el culto, hoy debemos poner la inmigración libre, la libertad de comercio, los caminos de fierro, la industria sin trabas, no en lugar de aquellos grandes principios, sino como medios esenciales de conseguir que dejen ellos de ser palabras y se vuelvan realidades.

Hoy debemos constituirnos, si nos es permitido este lenguaje, para tener población, para tener caminos de fierro, para ver navegados nuestros ríos, para ver opulentos y ricos nuestros Estados. Los Estados como los hombres deben empezar por su desarrollo y robustecimiento corporal.

Estos son los medios y necesidades que forman la fisonomía peculiar de nuestra época.

Nuestros contratos o pactos constitucionales en la América del Sur deben ser especie de contratos mercantiles de sociedades colectivas, formadas especialmente para dar pobladores a estos desiertos, que bautizamos con los nombres pomposos de repúblicas; para formar caminos de fierro, que supriman las distancias que hacen imposible esa unidad indivisible en la acción política, que con tanto candor han copiado nuestras constituciones de Sudamérica de las constituciones de Francia, donde la unidad política es obra de 800 años de trabajos preparatorios.

Estas son las necesidades de hoy, y las constituciones no deben expresar las de ayer ni las de mañana, sino las del día presente.

No se ha de aspirar a que las constituciones expresen las necesidades de todos los tiempos. Como los andamios de que se vale el arquitecto para construir los edificios, ellas deben servirnos en la obra interminable de nuestro edificio político, para colocarlas hoy de un modo y mañana de otro, según las necesidades de la construcción. Hay constituciones de transición y creación, y constituciones definitivas y de conservación. Las que hoy pide la América del Sur son de la primera especie, son de tiempos excepcionales.

XI. Constitución de California

Tengo la fortuna de poder citar en apoyo del sistema que propongo el ejemplo de la última Constitución célebre dada en América: la Constitución de California, que es la confirmación de nuestras bases constitucionales.

La Constitución del nuevo Estado de California, dada en Monterrey el 12 de octubre de 1849 por una convención de delegados del pueblo de California, es la aplicación simple y fácil al gobierno del nuevo Estado del derecho constitucional dominante en los Estados de la Unión de Norteamérica. Ese derecho forma el sentido común, la razón de todos, entre los habitantes de aquellos venturosos Estados.

Sin universidades, sin academias ni colegio de abogados, el pueblo improvisado de California se ha dado una Constitución llena de previsión, de buen sentido y de oportunidad en cada una de sus disposiciones. Se diría que no hay nada de más ni de menos en ella. Al menos no hay retórica, no hay frases, no hay tono de importancia en su forma y estilo: todo es simple, práctico y positivo, sin dejar de ser digno.

Hace cinco años eran excluidos de aquel territorio los cultos disidentes, los extranjeros, el comercio. Todo era soledad y desamparo bajo el sistema republicano de la América española, hasta que la civilización vecina, provocada por esas exclusiones incivilizadas e injustas, tomó posesión del rico suelo y estableció en él sus leyes de verdadera libertad y franquicia. En cuatro años se ha erigido en Estado de la primera república del universo el país que en tres siglos no salió de oscurísima y miserable aldea.

El oro de sus placeres ha podido concurrir a obrar ese resultado; pero es indudable que, bajo el gobierno mexicano, ese oro no hubiera producido más que tumultos y escándalos entre las multitudes de todas partes agolpadas frenéticamente en un suelo sembrado de oro, pero sin gobierno ni ley. Su Constitución de libertad, su gobierno de tolerancia y de progreso, harán más que el oro, la grandeza del nuevo Estado del Pacífico. El oro podrá acumular miles de aventureros; pero solo la ley de libertad hará de esas multitudes y de ese oro un Estado civilizado y floreciente.

La ley fundamental de California, tradición de la libertad de Norteamérica, está calculada para crear un gran pueblo en pocos años.

Ella hace consistir el pueblo de California en todo el mundo que allí habita, para lo que es el goce de los derechos, privilegios y prerrogativas del ciudadano mismo, en lo tocante a libertad civil, a seguridad personal, a inviolabilidad de la propiedad, de la correspondencia y papeles, del hogar, del tránsito, del trabajo, etc. (art. 1.º, secciones 1 y 17).

Garantiza de que no se hará ley que impida a nadie la adquisición hereditaria, ni disminuya la fe y el valor de los contratos (sección 16).

Confiere voto pasivo para obtener asiento en la legislatura y en el gobierno del Estado, sin más que un año y dos de ciudadanía, al extranjero naturalizado (arts. 4 y 5). Sabido es que las leyes generales de la confederación desde el principio de la Unión abren las puertas del Senado y de la Cámara de diputados a los extranjeros que se naturalizan en los Estados Unidos. Los americanos sabían que en Inglaterra son excluidos del Parlamento los extranjeros naturalizados. Pero «la situación particular de las colonias de América (dice Story) les hizo adoptar un sistema diferente, con el fin de estimular las inmigraciones y el establecimiento de los extranjeros en el país, y de facilitar la distribución de las tierras desiertas». «Se ha notado con razón, agrega Story, que mediante las condiciones de capacidad fijadas por la Constitución, el acceso al gobierno federal queda abierto a los hombres de mérito de toda nación, sean indígenas, sean naturalizados, jóvenes o viejos, sin miramiento a la pobreza o riqueza, sea cual fuere la profesión de fe religiosa.»

La Constitución de California declara que ningún contrato de matrimonio podrá invalidarse por falta de conformidad con los requisitos de cualquiera secta religiosa, si por otra parte fuere honestamente celebrado. De ese modo la Constitución hace inviolables los matrimonios mixtos, que son el medio natural de formación de la familia en nuestra América, llamada a poblarse de extranjeros y de extranjeros de buenas costumbres. Pensar en educación sin proteger la formación de las familias, es esperar ricas cosechas de un suelo sin abono ni preparación.

Para completar la santidad de la familia (semillero del Estado y de la república, medio único fecundo de población y de regeneración social), la legislatura protegerá por ley (son sus hermosas palabras) cierta porción del hogar doméstico y otros bienes de toda cabeza de familia, a fin de evitar su venta forzosa (art. 9, sección 15).

La Constitución obliga a la legislatura a estimular por todos los medios posibles el fomento de los progresos intelectuales, científicos, morales y agrícolas.

Aplica directa e inviolablemente para el sostén de la instrucción pública una parte de los bienes del Estado, y garantiza de ese modo el progreso de sus nuevas generaciones contra todo abuso o descuido del gobierno. Hace de la educación una de las bases fundamentales del pacto político. Le consagra todo el tít. 10.

Establece la igualdad del impuesto sobre todas las propiedades del Estado, y echa las bases del sistema de contribución directa, que es el que conviene a países llamados a recibir del exterior todo su desarrollo, en lugar del impuesto aduanero, que es un gravamen puesto a la civilización misma de estos países.

En apoyo del verdadero crédito, prohíbe a la legislatura dar privilegios para establecimiento de bancos; prohíbe terminantemente la emisión de todo papel asimilable a dinero por bancos de emisión, y solo tolera los bancos de depósito (secciones 31 y 35, art. 4).

No se ha procurado analizar la Constitución de California en todas sus disposiciones protectoras de la libertad y del orden, sino en aquellas que se relacionan con el progreso de la población, de la industria y de la cultura. Las he citado para hacer ver que no son novedades inaplicables las que yo propongo, sino bases sencillas y racionales de la organización de todo país naciente, que sabe proveer, ante todo, a los medios de desenvolver su población, su industria y su civilización, por adquisiciones rápidas de masas de hombres venidos de fuera, y por instituciones propias para atraerlas y fijarlas ventajosamente en un territorio solitario y lóbrego.

XII. Falsa posición de las repúblicas hispanoamericanas. La monarquía no es el medio de salir de ella, sino la república posible antes de la república verdadera

Solo esos grandes medios de carácter económico, es decir, de acción nutritiva y robustecedora de los intereses materiales, podrán ser capaces de sacar a la América del Sur de la posición falsísima en que se halla colocada.

Esa posición nace de que América se ha dado la república por ley de gobierno; y de que la república no es una verdad práctica en su suelo.

La república deja de ser una verdad de hecho en la América del Sur, porque el pueblo no está preparado para regirse por este sistema, superior a su capacidad.

Volver a la monarquía de otro tiempo, ¿sería el camino de dar a esta América un gobierno adecuado a su aptitud? De que la república en la condición actual de nuestro pueblo sea impracticable, ¿se sigue que la monarquía sería más practicable?

Decididamente, no.

La verdad es que no estamos bastante sazonados para el ejercicio del gobierno representativo, sea monárquico o republicano.

Los partidarios de la monarquía en América no se engañan cuando dicen que nos falta aptitud para ser republicanos; pero se engañan más que nosotros los republicanos, cuando piensan que tenemos más medios de ser monarquistas. La idea de una monarquía representativa en la América española es pobrísima y ridícula; carece, a mi ver, hasta de sentido común, si nos fijamos sobre todo en el momento presente y en el estado a que han llegado las cosas. Nuestros monarquistas de la primera época podían tener alguna disculpa en cuanto a sus planes dinásticos: la tradición monárquica distaba un paso, y todavía existía ilusión sobre la posibilidad de reorganizarla. Pero hoy día es cosa que no ocurriría a ninguna cabeza de sentido práctico. Después de una guerra sin término para convertir en monarquía lo que hemos cambiado en repúblicas por una guerra de veinte años, volveríamos andando muy felices a una monarquía más inquieta y turbulenta que la república.

El bello ejemplo del Brasil no debe alucinarnos; felicitemos a ese país de la fortuna que le ha cabido, respetemos su forma, que sabe proteger la civilización, sepamos coexistir con ella, y caminar acordes al fin común de los gobiernos de toda forma, la civilización. Pero abstengámonos de imitarlo en su manera de ser monárquico. Ese país no ha conocido la república ni por un solo día; su vida monárquica no se ha interrumpido por una hora. De monarquía colonial, pasó sin interregno a monarquía independiente. Pero los que hemos practicado la república por espacio de cuarenta años, aunque pésimamente, seríamos peores monarquistas que republicanos, porque hoy comprendemos menos la monarquía que la república.

¿Tomaría raíz la nueva monarquía de la elección? Sería cosa nunca vista: la monarquía es por esencia de origen tradicional, procedente del hecho. ¿Nosotros elegiríamos para condes y marqueses a nuestros amigos iguales a nosotros? ¿Consentiríamos buenamente en ser inferiores a nuestros iguales? Yo desearía ver la cara del que se juzgase competente para ser electo rey en la América republicana. ¿Aceptaríamos reyes y nobles de extracción europea? Solo después de una guerra de reconquista: ¿y quién concebiría, ni consentiría en ese delirio?

El problema del gobierno posible en la América antes española no tiene más que una solución sensata, que consiste en elevar nuestros pueblos a la altura de la forma de gobierno que nos ha impuesto la necesidad; en darles la aptitud que les falta para ser republicanos; en hacerlos dignos de la república, que hemos proclamado, que no podemos practicar hoy ni tampoco abandonar; en mejorar el gobierno por la mejora de los gobernados; en mejorar la sociedad para obtener la mejora del poder, que es su expresión y resultado directo.

Pero el camino es largo y hay mucho que esperar hasta llegar a su fin. ¿No habría en tal caso un gobierno conveniente y adecuado para andar este período de preparación y transición? Lo hay, por fortuna, y sin necesidad de salir de la república.

Felizmente, la república, tan fecunda en formas, reconoce muchos grados, y se presta a todas las exigencias de la edad y del espacio. Saber acomodarla a nuestra edad, es todo el arte de constituirse entre nosotros.

Esa solución tiene un precedente feliz en la república sudamericana, y es el que debemos a la sensatez del pueblo chileno, que ha encontrado en la energía del poder del presidente las garantías públicas que la monarquía ofrece al orden y a la paz, sin faltar a la naturaleza del gobierno republicano. Se atribuye a Bolívar este dicho profundo y espiritual: «Los nuevos Estados de la América antes española necesitan reyes con el nombre de presidentes». Chile ha resuelto el problema sin dinastías y sin dictadura militar, por medio de una Constitución monárquica en el fondo y republicana en la forma: ley que anuda a la tradición de la vida pasada la cadena de la vida moderna. La república no puede tener otra forma cuando sucede inmediatamente a la monarquía; es preciso que el nuevo régimen contenga algo del antiguo; no se andan de un salto las edades extremas de un pueblo. La República francesa, vástago de una monarquía, se habría salvado por ese medio; pero la exageración del radicalismo la volverá por el imperio a la monarquía.

¿Cómo hacer, pues, de nuestras democracias en el nombre, democracias en la realidad? ¿Cómo cambiar en hechos nuestras libertades escritas y nominales? ¿Por qué medios conseguiremos elevar la capacidad real de nuestros pueblos a la altura de sus constituciones escritas y de los principios proclamados?

Por los medios que dejo indicados y que todos conocen; por la educación del pueblo, operada mediante la acción civilizante de Europa, es decir, por la inmigración, por una legislación civil, comercial y marítima sobre bases adecuadas; por constituciones en armonía con nuestro tiempo y nuestras necesidades; por un sistema de gobierno que secunde la acción de esos medios.

Estos medios no son originales, ciertamente; la revolución los ha conocido desde el principio, pero no los ha practicado, sino de un modo incompleto y pequeño.

Yo voy a permitirme decir cómo deben ser comprendidos y organizados esos medios, para que puedan dar por resultado el engrandecimiento apetecido de estos países y la verdad de la república en todas sus consecuencias.

XIII. La educación no es la instrucción

Belgrano, Bolívar, Egaña y Rivadavia comprendieron desde su tiempo que solo por medio de la educación conseguirían algún día estos pueblos hacerse merecedores de la forma de gobierno que la necesidad les impuso anticipadamente. Pero ellos confundieron la educación con la instrucción, el género con la especie. Los arboles son susceptibles de educación; pero solo se instruye a los seres racionales. Hoy día la ciencia pública se da cuenta de esta diferencia capital, y no dista mucho la ocasión célebre en que un profundo pensador, M. Troplong, hizo sensible esta diferencia cuando la discusión sobre la libertad de la enseñanza en Francia.

Aquel error condujo a otro: el de desatender la educación que se opera por la acción espontánea de las cosas, la educación que se hace por el ejemplo de una vida más civilizada que la nuestra; educación fecunda, que Rousseau comprendió en toda su importancia y llamó educación de las cosas.

Ella debe tener el lugar que damos a la instrucción en la edad presente de nuestras repúblicas, por ser el medio más eficaz y más apto de sacarlas con prontitud del atraso en que existen.

Nuestros primeros publicistas dijeron: «¿De qué modo se promueve y fomenta la cultura de los grandes Estados europeos? Por la instrucción, principalmente: luego éste debe ser nuestro punto de partida».

Ellos no vieron que nuestros pueblos nacientes estaban en el caso de hacerse, de formarse, antes de instruirse, y que si la instrucción es el medio de cultura de los pueblos ya desenvueltos, la educación por medio de las cosas es el medio de instrucción que más conviene a pueblos que empiezan a crearse.

En cuanto a la instrucción que se dio a nuestro pueblo, jamás fue adecuada a sus necesidades. Copiada de la que recibían pueblos que no se hallan en nuestro caso, fue siempre estéril y sin resultado provechoso.

La instrucción primaria dada al pueblo más bien fue perniciosa. ¿De qué sirvió al hombre del pueblo el saber leer? De motivo para verse ingerido como instrumento en la gestión de la vida política, que no conocía; para instruirse en el veneno de la prensa electoral, que contamina y destruye en vez de ilustrar; para leer insultos, injurias, sofismas y proclamas de incendio, lo único que pica y estimula su curiosidad inculta y grosera.

No pretendo que deba negarse al pueblo la instrucción primaria, sino que es un medio impotente de mejoramiento comparado con otros, que se han desatendido.

La instrucción superior en nuestras repúblicas no fue menos estéril e inadecuada a nuestras necesidades. ¿Qué han sido nuestros institutos y universidades de Sudamérica, sino fábricas de charlatanismo, de ociosidad, de demagogia y de presunción titulada?

Los ensayos de Rivadavia, en la instrucción secundaria, tenían el defecto de que las ciencias morales y filosóficas eran preferidas a las ciencias prácticas y de aplicación, que son las que deben ponernos en aptitud de vencer esta naturaleza selvática que nos domina por todas partes, siendo la principal misión de nuestra cultura actual el convertirla y vencerla. El principal establecimiento se llamó colegio de ciencias morales. Habría sido mejor que se titulara y fuese colegio de ciencias exactas y de artes aplicadas a la industria.

No pretendo que la moral deba ser olvidada. Sé que sin ella la industria es imposible; pero los hechos prueban que se llega a la moral más presto por el camino de los hábitos laboriosos y productivos de esas nociones honestas, que no por la instrucción abstracta. Estos países necesitan más de ingenieros, de geólogos y naturalistas, que de abogados y teólogos. Su mejora se hará con caminos, con pozos artesianos, con inmigraciones, y no con periódicos agitadores o serviles, ni con sermones o leyendas.

En nuestros planes de instrucción debemos huir de los sofistas, que hacen demagogos, y del monaquismo, que hace esclavos y caracteres disimulados. Que el clero se eduque a sí mismo, pero no se encargue de formar nuestros abogados y estadistas, nuestros negociantes, marinos y guerreros. ¿Podrá el clero dar a nuestra juventud los instintos mercantiles e industriales que deben distinguir al hombre de Sudamérica? ¿Sacará de sus manos esa fiebre de actividad y de empresa que lo haga ser el yankee hispano-americano?

La instrucción, para ser fecunda, ha de contraerse a ciencias y artes de aplicación, a cosas prácticas, a lenguas vivas, a conocimientos de utilidad material e inmediata.

El idioma inglés, como idioma de la libertad, de la industria y del orden, debe ser aún más obligatorio que el latín; no debiera darse diploma ni título universitario al joven que no lo hable y escriba. Esa sola innovación obraría un cambio fundamental en la educación de la juventud. ¿Como recibir el ejemplo y la acción civilizadora de la raza anglosajona sin la posesión general de su lengua?

El plan de instrucción debe multiplicar las escuelas de comercio y de la industria, fundándolas en pueblos mercantiles.

Nuestra juventud debe ser educada en la vida industrial, y para ello ser instruida en las artes y ciencias auxiliares de la industria. El tipo de nuestro hombre sudamericano debe ser el hombre formado para vencer al grande y agobiante enemigo de nuestro progreso: el desierto, el atraso material, la naturaleza bruta y primitiva de nuestro continente.

A este fin debe propenderse a sacar a nuestra juventud de las ciudades mediterráneas, donde subsiste el antiguo régimen con sus hábitos de ociosidad, presunción y disipación, y atraerla a los pueblos litorales, para que se inspire de la Europa, que viene a nuestro suelo, y de los instintos de la vida moderna.

Los pueblos litorales, por el hecho de serlo, son liceos más instructivos que nuestras pretenciosas universidades.

La industria es el único medio de encaminar la juventud al orden. Cuando Inglaterra ha visto arder Europa en la guerra civil, no ha entregado su juventud al misticismo para salvarse; ha levantado un templo a la industria y le ha rendido un culto, que ha obligado a los demagogos a avergonzarse de su locura.

La industria es el calmante por excelencia. Ella conduce por el bienestar y por la riqueza al orden, por el orden a la libertad: ejemplos de ello Inglaterra y los Estados Unidos. La instrucción en América debe encaminar sus propósitos a la industria.

La industria es el gran medio de moralización. Facilitando los medios de vivir, previene el delito, hijo las más veces de la miseria y del ocio. En vano llenaréis la inteligencia de la juventud de nociones abstractas sobre religión; si la dejáis ociosa y pobre, a menos que no la entreguéis a la mendicidad monacal, será arrastrada a la corrupción por el gusto de las comodidades que no puede obtener por falta de medios. Será corrompida sin dejar de ser fanática. Inglaterra y los Estados Unidos han llegado a la moralidad religiosa por la industria; y España no ha podido llegar a la industria y a la libertad por simple devoción. España no ha pecado nunca por impía; pero no le ha bastado eso para escapar de la pobreza, de la corrupción y del despotismo.

La religión, base de toda sociedad, debe ser entre nosotros ramo de educación, no de instrucción. Prácticas y no ideas religiosas es lo que necesitamos. Italia ha llenado de teólogos el mundo; y tal vez los Estados Unidos no cuentan uno solo. ¿Quién diría, sin embargo, que son más religiosas las costumbres italianas que las de Norteamérica? La América del Sur no necesita del cristianismo de gacetas, de exhibición y de parada; del cristianismo académico de Montalembert, ni del cristianismo literario de Chateaubriand. Necesita de la religión el hecho, no la poesía; y ese hecho vendrá por la educación práctica, no por la prédica estéril y verbosa.

En cuanto a la mujer, artífice modesto y poderoso, que, desde su rincón, hace las costumbres privadas y públicas, organiza la familia, prepara el ciudadano y echa las bases del Estado, su instrucción no debe ser brillante. No debe consistir en talentos de ornato y lujo exterior, como la música, el baile, la pintura, según ha sucedido hasta aquí. Necesitamos señoras y no artistas. La mujer debe brillar con el brillo del honor, de la dignidad, de la modestia de su vida. Sus destinos son serios; no ha venido al mundo para ornar el salón, sino para hermosear la soledad fecunda del hogar. Darle apego a su casa, es salvarla; y para que la casa la atraiga, se debe hacer de ella un Edén. Bien se comprende que la conservación de ese Edén exige una asistencia y una laboriosidad incesantes, y que una mujer laboriosa no tiene el tiempo de perderse, ni el gusto de disiparse en vanas reuniones. Mientras la mujer viva en la calle y en medio de las provocaciones, recogiendo aplausos, como actriz, en el salón, rozándose como un diputado entre esa especie de público que se llama la sociedad, educará los hijos a su imagen, servirá a la república como Lola Montes, y será útil para sí misma y para su marido como una Mesalina más o menos decente.

He hablado de la instrucción.

Diré ahora cómo debe operarse nuestra educación.

XIV. Acción civilizadora de Europa en las repúblicas de Sudamérica

Las repúblicas de la América del Sur son producto y testimonio vivo de la acción de Europa en América. Lo que llamamos América independiente no es más que Europa establecida en América; y nuestra revolución no es otra cosa que la desmembración de un poder europeo en dos mitades, que hoy se manejan por sí mismas.

Todo en la civilización de nuestro suelo es europeo; la América misma es un descubrimiento europeo. La sacó a luz un navegante genovés, y fomentó el descubrimiento una soberana de España. Cortés, Pizarro, Mendoza, Valdivia, que no nacieron en América, la poblaron de la gente que hoy la posee, que ciertamente no es indígena.

No tenemos una sola ciudad importante que no haya sido fundada por europeos. Santiago fue fundada por un extranjero llamado Pedro Valdivia, y Buenos Aires por otro extranjero que se llamó Pedro de Mendoza.

Todas nuestras ciudades importantes recibieron nombres europeos de sus fundadores extranjeros. El nombre mismo de América fue tomado de uno de esos descubridores extranjeros, Américo Vespucio, de Florencia.

Hoy mismo, bajo la independencia, el indígena no figura ni compone mundo en nuestra sociedad política y civil.

Nosotros, los que nos llamamos americanos, no somos otra cosa que europeos nacidos en América. Cráneo, sangre, color, todo es de fuera.

El indígena nos hace justicia; nos llama españoles hasta el día. No conozco persona distinguida de nuestra sociedad que lleve apellido pehuenche o araucano. El idioma que hablamos es de Europa. Para humillación de los que reniegan de su influencia, tienen que maldecirla en lengua extranjera. El idioma español lleva su nombre consigo.

Nuestra religión cristiana ha sido traída a América por los extranjeros. A no ser por Europa, hoy América estaría adorando al Sol, a los árboles, a las bestias, quemando hombres en sacrificio, y no conocería el matrimonio. La mano de Europa plantó la cruz de Jesucristo en la América antes gentil. ¡Bendita sea por esto solo la mano de Europa!

Nuestras leyes antiguas y vigentes fueron dadas por reyes extranjeros, y al favor de ellos tenemos hasta hoy códigos civiles, de comercio y criminales. Nuestras leyes patrias son copias de leyes extranjeras.

Nuestro régimen administrativo en hacienda, impuestos, rentas, etc., es casi hoy la obra de Europa. ¿Y qué son nuestras constituciones políticas sino adopción de sistemas europeos de gobierno? ¿Qué es nuestra gran revolución, en cuanto a ideas, sino una faz de la revolución de Francia?

Entrad en nuestras universidades, y dadme ciencia que no sea europea; en nuestras bibliotecas, y dadme un libro útil que no sea extranjero.

Reparad en el traje que lleváis, de pies a cabeza, y será raro que la suela de vuestro calzado sea americana. ¿Qué llamamos buen tono, sino lo que es europeo? ¿Quién lleva la soberanía de nuestras modas, usos elegantes y cómodos? Cuando decimos confortable, conveniente, bien, comme il faut, ¿aludimos a cosas de los araucanos?

¿Quién conoce caballero entre nosotros que haga alarde de ser indio neto? ¿Quién casaría a su hermana o a su hija con un infanzón de la Araucania, y no mil veces con un zapatero inglés?

En América todo lo que no es europeo es bárbaro: no hay más división que ésta: 1.°, el indígena, es decir, el salvaje; 2.°, el europeo, es decir, nosotros, los que hemos nacido en América y hablamos español, los que creemos en Jesucristo y no en Pillán (dios de los indígenas).

No hay otra división del hombre americano. La división en hombre de la ciudad y hombres de las campañas es falsa, no existe; es reminiscencia de los estudios de Niebuhr sobre la historia primitiva de Roma. Rosas no ha dominado con gauchos, sino con la ciudad. Los principales unitarios fueron hombres del campo, tales como Martín Rodríguez, los Ramos, los Miguens, los Díaz Vélez: por el contrario, los hombres de Rosas, los Anchorenas, los

Medranos, los Dorregos, los Arana, fueron educados en las ciudades. La mashorca no se componía de gauchos.

La única subdivisión que admite el hombre americano español es en hombre del litoral y hombre de tierra adentro o mediterráneo. Esta división es real y profunda. El primero es fruto de la acción civilizadora de la Europa de este siglo, que se ejerce por el comercio y por la inmigración en los pueblos de la costa. El otro es obra de la Europa del siglo XVI, de la Europa del tiempo de la conquista, que se conserva intacto como en un recipiente, en los pueblos interiores de nuestro continente, donde lo colocó España, con el objeto de que se conservase así.

De Chuquisaca a Valparaíso hay tres siglos de distancia: y no es el instituto de Santiago el que ha creado esta diferencia en favor de esta ciudad. No son nuestros pobres colegios los que han puesto el litoral de Sudamérica 300 años más adelante que las ciudades mediterráneas. Justamente carece de universidades el litoral. A la acción viva de la Europa actual, ejercida por medio del comercio libre, por la inmigración y por la industria, en los pueblos de la margen, se debe su inmenso progreso respecto de los otros.

En Chile no han salido del instituto los Portales, los Rengifo y los Urmeneta, hombres de Estado que han ejercido alto influjo. Los dos Egañas, organizadores ilustres de Chile, se inspiraron en Europa en sus fecundos trabajos. Más de una vez los jefes y los profesores del instituto han tomado de Valparaíso sus más brillantes y útiles inspiraciones de gobierno.

Desde el siglo XVI hasta hoy no ha cesado Europa un solo día de ser el manantial y origen de la civilización de este continente. Bajo el antiguo régimen, Europa desempeñó ese papel por conducto de España. Esta nación nos trajo la última expresión de la Edad Media, y el principio del renacimiento de la civilización en Europa.

Con la revolución americana acabó la acción de la Europa española en este continente; pero tomó su lugar la acción de la Europa anglosajona y francesa. Los americanos de hoy somos europeos que hemos cambiado de maestros: a la iniciativa española ha sucedido la inglesa y francesa. Pero siempre es Europa la obrera de nuestra civilización. El medio de acción ha cambiado, pero el producto es el mismo. A la acción oficial o gubernamental ha sucedido la acción social, de pueblo, de raza. La Europa de estos días no hace otra cosa en América, que completar la obra de la Europa de la Edad Media, que se mantiene embrionaria, en la mitad de su formación. Su medio actual de influencia no será la espada, no será la conquista. Ya América está conquistada, es europea y por lo mismo inconquistable. La guerra de conquista supone civilizaciones rivales, Estados opuestos –el salvaje y el europeo, v. gr.–. Este antagonismo no existe; el salvaje está vencido, en América no tiene dominio ni señorío. Nosotros, europeos de raza y de civilización, somos los dueños de América.

Es tiempo de reconocer esta ley de nuestro progreso americano, y volver a llamar en socorro de nuestra cultura incompleta a esa Europa, que hemos combatido y vencido por las armas en los campos de batalla, pero que estamos lejos de vencer en los campos del pensamiento y de la industria.

Alimentando rencores de circunstancias, todavía hay quienes se alarmen con el solo nombre de Europa; todavía hay quienes abriguen temores de perdición y esclavitud.

Tales sentimientos constituyen un estado de enfermedad en nuestros espíritus sudamericanos, sumamente aciago a nuestra prosperidad, y digno por lo mismo de estudiarse.

Los reyes de España nos enseñaron a odiar bajo el nombre de extranjero, a todo el que no era español. Los libertadores de 1810, a su vez, nos enseñaron a detestar bajo el nombre de europeo a todo el que no había nacido en América. España misma fue comprendida en este odio. La cuestión de guerra se estableció en estos términos: Europa y América, el viejo mundo y el mundo de Colón. Aquel odio se llamó lealtad y éste patriotismo. En su tiempo esos odios fueron resortes útiles y oportunos; hoy son preocupaciones aciagas a la prosperidad de estos países.

La prensa, la instrucción, la historia, preparadas para el pueblo, deben trabajar para destruir las preocupaciones contra el extranjerismo, por ser obstáculo que lucha de frente con el progreso de este continente. La aversión al extranjero es barbarie en otras naciones; en las de América del Sur es algo más, es causa de ruina y de disolución de la sociedad de tipo español. Se debe combatir esa tendencia ruinosa con las armas de la credulidad misma y de la verdad grosera que están al alcance de nuestras masas. La prensa de iniciación y propaganda del verdadero espíritu de progreso debe preguntar a los hombres de nuestro pueblo si se consideran de raza indígena, si se tienen por indios pampas o pehuenches de origen, si se creen descendientes de salvajes y gentiles, y no de las razas extranjeras que trajeron la religión de Jesucristo y la civilización de Europa a este continente, en otro tiempo patria de gentiles.

Nuestro apostolado de civilización debe poner de bulto, y en toda su desnudez material, a los ojos de nuestros buenos pueblos envenenados de prevención contra lo que constituye su vida y progreso, los siguientes hechos de evidencia histórica. Nuestro santo Papa Pío IX, actual jefe de la Iglesia Católica, es un extranjero, un italiano, como han sido extranjeros cuantos papas le han precedido, y lo serán cuantos le sucedan en la santa silla. Extranjeros son los santos que están en nuestros altares, y nuestro pueblo creyente se arrodilla todos los días ante esos beneméritos santos extranjeros, que nunca pisaron el suelo de América, ni hablaron castellano los más.

San Eduardo, santo Tomás, san Galo, santa Úrsula, santa Margarita y muchos otros santos católicos eran ingleses, eran extranjeros a nuestra nación y a nuestra lengua. Nuestro pueblo no los entendería sí los oyese hablar en inglés, que era su lengua, y los llamaría gringos, tal vez.

San Ramón Nonato era catalán, san Lorenzo, san Felipe Benicio, san Anselmo, san Silvestre eran italianos, iguales en origen a esos extranjeros que nuestro pueblo apellida con desprecio carcamanes, sin recordar que tenemos infinitos carcamanes en nuestros altares. San Nicolás era un suizo, y san Casimiro era húngaro.

Por fin, el Hombre-Dios, Nuestro Señor Jesucristo, no nació en América, sino en Asia, en Belén, ciudad pequeña de Judá, país dos veces más distante y extranjero de nosotros que Europa. Nuestro pueblo, escuchando su divina palabra, no le habría entendido, porque no hablaba castellano; le habría llamado extranjero, porque lo era en efecto: pero ese divino extranjero, que ha suprimido las fronteras y hecho de todos los pueblos de la tierra una familia de hermanos, ¿no consagra y ennoblece, por decirlo así, la condición del extranjero, por el hecho de ser la suya misma?

Recordemos a nuestro pueblo que la patria no es el suelo. Tenemos suelo hace tres siglos, y solo tenemos patria desde 1810. La patria es la libertad, es el orden, la riqueza, la civilización organizados en el suelo nativo, bajo su enseña y en su nombre. Pues bien; esto se nos ha traído por Europa: es decir, Europa nos ha traído la noción del orden, la ciencia de la libertad, el arte de la riqueza, los principios de la civilización cristiana. Europa, pues, nos ha traído la patria, si agregamos que nos trajo hasta la población, que constituye el personal y el cuerpo de la patria.

Nuestros patriotas de la primera época no son los que poseen ideas más acertadas del modo de hacer prosperar esta América, que con tanto acierto supieron sustraer al poder español. Las nociones del patriotismo, el artificio de una causa puramente americana de que se valieron como medio de guerra conveniente a aquel tiempo, los dominan y poseen todavía. Así hemos visto a Bolívar hasta 1826 provocar ligas para contener a Europa, que nada pretendía, y al general San Martín aplaudir en 1844 la resistencia de Rosas a reclamaciones accidentales de algunos Estados europeos. Después de haber representado una necesidad real y grande de la América de aquel tiempo, desconocen hoy hasta cierto punto las nuevas exigencias de este continente. La gloria militar, que absorbió su vida, los preocupa todavía más que el progreso.

Sin embargo, a la necesidad de gloria ha sucedido la necesidad de provecho y de comodidad, y el heroísmo guerrero no es ya el órgano competente de las necesidades prosaicas del comercio y de la industria, que constituyen la vida actual de estos países.

Enamorados de su obra, los patriotas de la primera época se asustan de todo lo que creen comprometerla.

Pero nosotros, más fijos en la obra de la civilización que en la del patriotismo de cierta época, vimos venir sin pavor todo cuanto América puede producir en acontecimientos grandes. Penetrados de que su situación actual es de transición, de que sus destinos futuros son tan grandes como desconocidos, nada nos asusta y en todo fundamos sublimes esperanzas de mejora. Ella no está bien; está desierta, solitaria, pobre. Pide población, prosperidad.

¿De dónde le vendrá esto en lo futuro? Del mismo origen de que vino antes de ahora: de Europa.

XV. De la inmigración como medio de progreso y de cultura para la América del Sur. Medios de fomentar la inmigración. Tratados extranjeros. La inmigración espontánea y no la artificial. Tolerancia religiosa. Ferrocarriles. Franquicias. Libre navegación pluvial

¿Cómo, en qué forma vendrá en lo futuro el espíritu vivificante de la civilización europea a nuestro suelo? Como vino en todas épocas: Europa nos traerá su espíritu nuevo, sus hábitos de industria, sus prácticas de civilización, en las inmigraciones que nos envíe.

Cada europeo que viene a nuestras playas nos trae más civilizaciones en sus hábitos, que luego comunica a nuestros habitantes, que muchos libros de filosofía. Se comprende mal la perfección que no se ve, toca ni palpa. Un hombre laborioso es el catecismo más edificante.

¿Queremos plantar y aclimatar en América la libertad inglesa, la cultura francesa, la laboriosidad del hombre de Europa y de Estados Unidos? Traigamos pedazos vivos de ellas en las costumbres de sus habitantes y radiquémoslas aquí.

¿Queremos que los hábitos de orden, de disciplina y de industria prevalezcan en nuestra América? Llenémosla de gente que posea hondamente esos hábitos. Ellos son comunicativos; al lado del industrial europeo pronto se forma el industrial americano. La planta de la civilización no se propaga de semilla. Es como la viña, prende de gajo.

Este es el medio único de que América, hoy desierta, llegue a ser un mundo opulento en poco tiempo. La reproducción por sí sola es medio lentísimo.

Si queremos ver agrandados nuestros Estados en corto tiempo, traigamos de fuera sus elementos ya formados y preparados.

Sin grandes poblaciones no hay desarrollo de cultura, no hay progreso considerable; todo es mezquino y pequeño. Naciones de medio millón de habitantes, pueden serlo por su territorio; por su población serán provincias, aldeas; y todas sus cosas llevarán siempre el sello mezquino de provincia.

Aviso importante a los hombres de Estado sudamericanos: las escuelas primarias, los liceos, las universidades, son, por sí solos, pobrísimos medios de adelanto sin las grandes empresas de producción, hijas de las grandes porciones de hombres.

La población –necesidad sudamericana que representa todas las demás– es la medida exacta de la capacidad de nuestros gobiernos. El ministro de Estado que no duplica el censo de estos pueblos cada diez años, ha perdido su tiempo en bagatelas y nimiedades.

Haced pasar el roto, el gaucho, el cholo, unidad elemental de nuestras masas populares, por todas las transformaciones del mejor sistema de instrucción; en cien años no haréis de él un obrero inglés, que trabaja, consume, vive digna y confortablemente. Poned el millón de habitantes, que forma la población media de estas repúblicas, en el mejor pie de educación posible, tan instruido como el cantón de Ginebra en Suiza, como la más culta provincia de Francia: ¿tendréis con eso un grande y floreciente Estado? Ciertamente que no: un millón de hombres en territorio cómodo para 50 millones, ¿es otra cosa que una miserable población?

Se hace este argumento: educando nuestras masas, tendremos orden; teniendo orden vendrá la población de fuera.

Os diré que invertís el verdadero método de progreso. No tendréis orden ni educación popular, sino por el influjo de masas introducidas con hábitos arraigados de ese orden y buena educación.

Multiplicad la población seria, y veréis a los vanos agitadores, desairados y solos, con sus planes de revueltas frívolas, en medio de un mundo absorbido por ocupaciones graves.

¿Cómo conseguir todo esto? Más fácilmente que gastando millones en tentativas mezquinas de mejoras interminables.

Tratados extranjeros. Firmad tratados con el extranjero en que deis garantías de que sus derechos naturales de propiedad, de libertad civil, de seguridad, de adquisición y de tránsito, les serán respetados. Esos tratados serán la más bella parte de la Constitución; la parte exterior, que es llave del progreso de estos países, llamados a recibir su acrecentamiento de fuera. Para que esa rama del derecho público sea inviolable y duradera, firmad tratados por término indefinido o prolongadísimo. No temáis encadenaros al orden y a la cultura.

Temer que los tratados sean perpetuos, es temer que se perpetúen las garantías individuales en nuestro suelo. El tratado argentino con la Gran Bretaña ha impedido que Rosas hiciera de Buenos Aires otro Paraguay.

No temáis enajenar el porvenir remoto de nuestra industria a la civilización, si hay riesgo de que la arrebaten la barbarie o la tiranía interiores. El temor a los tratados es resabio de la primera época guerrera de nuestra revolución: es un principio viejo y pasado de tiempo, o una imitación indiscreta y mal traída de la política exterior que Washington aconsejaba a los Estados Unidos en circunstancias y por motivos del todo diferentes a los que nos cercan.

Los tratados de amistad y comercio son el medio honorable de colocar la civilización sudamericana bajo el protectorado de la civilización del mundo. ¿Queréis, en efecto, que nuestras constituciones y todas las garantías de industria, de propiedad y libertad civil, consagradas por ellas, vivan inviolables bajo el protectorado del cañón de todos los pueblos, sin mengua de nuestra nacionalidad? Consignad los derechos y garantías civiles, que ellas otorgan a sus habitantes, en tratados de amistad, de comercio y de navegación con el extranjero. Manteniendo, haciendo él mantener los tratados, no hará sino mantener nuestra Constitución. Cuantas más garantías deis al extranjero, mayores derechos asegurados tendréis en vuestro país.

Tratad con todas las naciones, no con algunas, conceded a todas las mismas garantías, para que ninguna pueda subyugaros, y para que las unas sirvan de obstáculo contra las aspiraciones de las otras. Si Francia hubiera tenido en el Plata un tratado igual al de Inglaterra, no habría existido la emulación oculta bajo el manto de una alianza, que por diez años ha mantenido el malestar de las cosas del Plata, obrando a medias y siempre con la segunda mira de conservar ventajas exclusivas y parciales.

Plan de inmigración. La inmigración espontánea es la verdadera y grande inmigración. Nuestros gobiernos deben provocarla, no haciéndose ellos empresarios, no por mezquinas concesiones de terreno habitables por osos, en contratos falaces y usurarios, más dañinos a la población que al poblador, no por puñaditos de hombres, por arreglillos propios para hacer el negocio de algún especulador influyente; eso es la mentira, la farsa de la inmigración fecunda; sino por el sistema grande, largo y desinteresado, que ha hecho nacer a California en cuatro años por la libertad prodigada, por franquicias que hagan olvidar su condición al extranjero, persuadiéndole de que habita su patria; facilitando, sin medida ni regla, todas las miras legítimas, todas las tendencias útiles.

Los Estados Unidos son un pueblo tan adelantado, porque se componen y se han compuesto incesantemente de elementos europeos. En todas épocas han recibido una inmigración abundantísima de Europa. Se engañan los que creen que ella solo data desde la época de la independencia. Los legisladores de los Estados propendían a eso muy sabiamente; y uno de los motivos de su rompimiento perpetuo con la metrópoli, fue la barrera o dificultad que Inglaterra quiso poner a esta inmigración que insensiblemente convertía en colosos sus colonias. Ese motivo está invocado en el acta misma de la declaración de la independencia de los Estados Unidos. Véase, según eso, si la acumulación de extranjeros impidió a los Estados Unidos conquistar su independencia y crear una nacionalidad grande y poderosa.

Tolerancia religiosa. Si queréis pobladores morales y religiosos, no fomentéis el ateísmo. Si queréis familias que formen las costumbres privadas, respetad su altar a cada creencia. La América española, reducida al catolicismo, con exclusión de otro culto, representa un solitario y silencioso convento de monjes. El dilema es fatal: o católica exclusivamente y despoblada; o poblada y próspera, y tolerante en materia de religión. Llamar la raza anglosajona y las poblaciones de Alemania, de Suecia y de Suiza, y negarles el ejercicio de su culto, es lo mismo que no llamarlas, sino por ceremonia, por hipocresía de liberalismo.

Esto es verdadero a la letra: excluir los cultos disidentes de la América del Sur, es excluir a los ingleses, a los alemanes, a los suizos, a los norteamericanos, que no son católicos; es decir, a los pobladores de que más necesita este continente. Traerlos sin su culto, es traerlos sin el agente que los hace ser lo que son; a que vivan sin religión, a que se hagan ateos.

Hay pretensiones que carecen de sentido común, y es una de ellas querer población, familias, costumbres y al mismo tiempo rodear de obstáculos el matrimonio del poblador disidente: es pretender aliar la moral y la prostitución. Si no podéis destruir la afinidad invencible de los sexos, ¿qué hacéis con arrebatar la legitimidad a las uniones naturales? Multiplicar las concubinas en vez de las esposas; destinar a nuestras mujeres americanas a ser escarnio de los extranjeros; hacer que los americanos nazcan manchados; llenar toda nuestra América de guachos, de prostitutas, de enfermedades, de impiedad, en una palabra. Eso no se puede pretender en nombre del catolicismo sin insulto a la magnificencia de esta noble Iglesia, tan capaz de asociarse a todos los progresos humanos.

Querer el fomento de la moral en los usos de la vida, y perseguir iglesias que enseñan la doctrina de Jesucristo, ¿es cosa que tenga sentido recto?

Sosteniendo esta doctrina no hago otra cosa que el elogio de una ley de mi país que ha recibido la sanción de la experiencia. Desde octubre de 1825 existe en Buenos Aires la libertad de cultos, pero es preciso que esa concesión provincial se extienda a toda la República Argentina por su Constitución, como medio de extender al interior el establecimiento de la Europa inmigrante. Ya lo está por el tratado con Inglaterra, y ninguna Constitución local, interior, debe ser excepción o derogación del compromiso nacional contenido en el tratado de 2 de febrero de 1825.

España era sabia en emplear por táctica el exclusivismo católico, como medio de monopolizar el poder de estos países, y como medio de civilizar las razas indígenas. Por eso el Código de Indias empezaba asegurando la fe católica de las colonias. Pero nuestras constituciones modernas no deben copiar en eso la legislación de Indias, porque es restablecer el antiguo régimen de monopolio en beneficio de nuestros primeros pobladores católicos, y perjudicar las miras amplias y generosas del nuevo régimen americano.

Inmigración mediterránea. Hasta aquí la inmigración europea ha quedado en los pueblos de la costa, y de ahí la superioridad del litoral de América, en cultura, sobre los pueblos de tierra adentro.

Bajo el gobierno independiente ha continuado el sistema de la legislación de Indias que excluía del interior al extranjero bajo las más rígidas penas. El título 27 de la Recopilación Indiana contiene 38 leyes destinadas a cerrar herméticamente el interior de la América del Sur al extranjero no peninsular. La más suave de ellas era la ley 7.ª, que imponía la pena de muerte al que trataba con extranjeros. La ley 9.ª mandaba limpiar la tierra de extranjeros, en obsequio del mantenimiento de la fe católica.

¿Quién no ve que la obra secular de esa legislación se mantiene hasta hoy latente en las entrañas del nuevo régimen? ¿Cuál otro es el origen de las resistencias que hasta hoy mismo halla el extranjero en el interior de nuestros países de Sudamérica?

Al nuevo régimen le toca invertir el sistema colonial, y sacar al interior de su antigua clausura, desbaratando por una legislación contraria y reaccionaria de la de Indias el espíritu de reserva y de exclusión que había formado ésta en nuestras costumbres.

Pero el medio más eficaz de elevar la capacidad y cultura de nuestros pueblos de situación mediterránea a la altura y capacidad de las ciudades marítimas, es aproximarlos a la costa, por decirlo así, mediante un sistema de vías de transporte grande y liberal, que los ponga al alcance de la acción civilizante de Europa.

Los grandes medios de introducir Europa en los países interiores de nuestro continente en escala y proporciones bastante poderosas para obrar un cambio portentoso en pocos años, son el ferrocarril, la libre navegación interior y la libertad comercial. Europa viene a estas lejanas regiones en alas del comercio y de la industria, y busca la riqueza en nuestro continente. La riqueza, como la población, como la cultura, es imposible donde los medios de comunicación son difíciles, pequeños y costosos.

Ella viene a América al favor de la facilidad que ofrece el océano. Prolongad el océano hasta el interior de este continente por el vapor terrestre y fluvial, y tendréis el interior tan lleno de inmigrantes europeos como el litoral.

Ferrocarriles. El ferrocarril es el medio de dar vuelta al derecho lo que la España colonizadora colocó al revés en este continente. Ella colocó las cabezas de nuestros Estados donde deben estar los pies. Para sus miras de aislamiento y monopolio, fue sabio ese sistema; para las nuestras de expansión y libertad comercial, es funesto. Es preciso traer las capitales a las costas, o bien llevar el litoral al interior del continente. El ferrocarril y el telégrafo eléctrico, que son la supresión del espacio, obran este portento mejor que todos los potentados de la tierra. El ferrocarril innova, reforma y cambia las cosas más difíciles, sin decretos ni asonadas.

Él hará la unidad de la República Argentina mejor que todos los congresos. Los congresos podrán declarar una e indivisible; sin el camino de fierro que acerque sus extremos remotos, quedará siempre divisible y dividida contra todos los decretos legislativos.

Sin el ferrocarril no tendréis unidad política en países donde la distancia hace imposible la acción del poder central. ¿Queréis que el gobierno, que los legisladores, que los tribunales de la capital litoral, legislen y juzguen los asuntos de las provincias de San Juan y Mendoza, por ejemplo? Traed el litoral hasta esos parajes por el ferrocarril, o viceversa; colocad esos extremos a tres días de distancia, por lo menos. Pero tener la metrópoli o capital a veinte días, es poco menos que tenerla en España, como cuando regía el sistema antiguo, que destruimos por ese absurdo especialmente. Así, pues, la unidad política debe empezar por la unidad territorial, y solo el ferrocarril puede hacer de dos parajes separados por quinientas leguas un paraje único.

Tampoco podréis llevar hasta el interior de nuestros países la acción de Europa por medio de sus inmigraciones, que hoy regeneran nuestras costas, sino por vehículos tan poderosos como los ferrocarriles. Ellos son o serán a la vida local de nuestros territorios interiores lo que las grandes arterias a los extremos inferiores del cuerpo humano, manantiales de vida. Los españoles lo conocieron así, y en el último tiempo de su reinado en América se ocuparon seriamente en la construcción de un camino carril interoceánico a través de los Andes y del desierto argentino. Era eso un poco más audaz que el canal de los Andes, en que pensó Rivadavia, penetrado de la misma necesidad. ¿Por qué llamaríamos utopía la creación de una vía que preocupó al mismo gobierno español de otra época, tan positivo y parsimonioso en sus grandes trabajos de mejoramiento?

El virrey Sobremonte, en 1804, restableció el antiguo proyecto español de canalizar el río Tercero para acercar los Andes al Plata; y en 1813, bajo el gobierno patrio, surgió la misma idea. Con el título modesto de la Navegación del río Tercero, escribió entonces el coronel don Pedro Andrés García un libro que daría envidia a monsieur Miguel Chevalier, sobre vías de comunicación como medios de gobierno, de comercio y de industria.

Para tener ferrocarriles, abundan medios en estos países. Negociad empréstitos en el extranjero, empeñad vuestras rentas y bienes nacionales para empresas que los harán prosperar y multiplicarse. Sería pueril esperar a que las rentas ordinarias alcancen para gastos semejantes; invertid ese orden, empezad por los gastos, y tendréis rentas. Si hubiésemos esperado a tener rentas capaces de costear los gastos de la guerra de la independencia contra España, hasta hoy fuéramos colonos. Con empréstitos tuvimos cañones, fusiles, buques y soldados, y conseguimos hacernos independientes. Lo que hicimos para salir de la esclavitud, debemos hacer para salir del atraso, que es igual a la servidumbre: la gloria no debe tener más títulos que la civilización.

Pero no obtendréis préstamos si no tenéis crédito nacional, es decir, un crédito fundado en las seguridades y responsabilidades unidas de todos los pueblos del Estado. Con créditos de cabildos o provincias, no haréis caminos de hierro, ni nada grande. Uníos en cuerpo de nación, consolidad la responsabilidad de vuestras rentas y caudales presentes y futuros, y tendréis quien os preste millones para atender a vuestras necesidades locales y generales; porque si no tenéis plata hoy, tenéis los medios de ser opulentos mañana. Dispersos y reñidos, no esperéis sino pobreza y menosprecio.

Franquicias, privilegios. Proteged al mismo tiempo empresas particulares para la construcción de ferrocarriles. Colmadlas de ventajas, de privilegios, de todo el favor imaginable, sin deteneros en medios. Preferid este expediente a cualquier otro. En Lima se ha dado todo un convento y noventa y nueve años de privilegio al primer ferrocarril entre la capital y el litoral: la mitad de todos los conventos allí existentes habría sido bien dada, siendo necesario. Los caminos de fierro son en este siglo lo que los conventos eran en la Edad Media: cada época tiene sus agentes de cultura. El pueblo de la Caldera se ha improvisado alrededor de un ferrocarril, como en otra época se formaban alrededor de una iglesia; el interés es el mismo: aproximar al hombre a su Criador por la perfección de su naturaleza.

¿Son insuficientes nuestros capitales para esas empresas? Entregadlos entonces a capitales extranjeros. Dejad que los tesoros de fuera como los hombres se domicilien en nuestro suelo. Rodead de inmunidad y de privilegios el tesoro extranjero, para que se naturalice entre nosotros.

Esta América necesita de capitales tanto como de población. El inmigrante sin dinero es un soldado sin armas. Haced que inmigren los pesos en estos países de riqueza futura y pobreza actual. Pero el peso es un inmigrado que exige muchas concesiones y privilegios. Dádselos, porque el capital es el brazo izquierdo del progreso de estos países. Es el secreto de que se valieron los Estados Unidos y Holanda para dar impulso mágico a su industria y comercio. Las leyes de Indias para civilizar este continente, como en la Edad Media por la propaganda religiosa, colmaban de privilegios a los conventos, como medio de fomentar el establecimiento de estas guardias avanzadas de la civilización de aquella época. Otro tanto deben hacer nuestras leyes actuales, para dar pábulo al desarrollo industrial y comercial, prodigando el favor a las empresas industriales que levanten su bandera atrevida en los desiertos de nuestro continente. El privilegio a la industria heroica es el aliciente mágico para atraer riquezas de fuera. Por eso los Estados Unidos asignaron al Congreso general, entre sus grandes atribuciones, la de fomentar la prosperidad de la confederación por la concesión de privilegios a los autores e inventores; y aquella tierra de libertad se ha fecundado, entre otros medios, por privilegios dados por la libertad al heroísmo de empresa, al talento de mejoras.

Navegación interior. Los grandes ríos, esos caminos que andan, como decía Pascal, son otro medio de internar la acción civilizadora de Europa por la imaginación de sus habitantes en lo interior de nuestro continente. Pero los ríos que no se navegan son como si no existieran. Hacerlos del dominio exclusivo de nuestras banderas indigentes y pobres, es como tenerlos sin navegación. Para que ellos cumplan el destino que han recibido de Dios, poblando el interior del continente, es necesario entregarlos a la ley de los mares, es decir, a la libertad absoluta. Dios no los ha hecho grandes como mares mediterráneos, para que solo se naveguen por una familia.

Proclamad la libertad de sus aguas. Y para que sea permanente, para que la mano instable de nuestros gobiernos no derogue hoy lo que acordó ayer, firmad tratados perpetuos de libre navegación.

Para escribir esos tratados, no leáis a Wattel ni a Martens, no recordéis el Elba y el Mississippi. Leed en el libro de las necesidades de Sudamérica, y lo que ellas dicten, escribidlo con el brazo de Enrique VIII, sin temer la risa ni la reprobación de la incapacidad. La América del Sur está en situación tan crítica y excepcional, que solo por medios no conocidos podrá escapar de ella con buen éxito. La suerte de México es un aviso de lo que traerá el sistema de vacilación y reserva.

Que la luz del mundo penetre en todos los ámbitos de nuestras repúblicas. ¿Con qué derecho mantener en perpetua brutalidad lo más hermoso de nuestras regiones? Demos a la civilización de la Europa actual lo que le negaron nuestros antiguos amos. Para ejercer el monopolio, que era la esencia de su sistema, solo dieron una puerta a la República Argentina; y nosotros hemos conservado en nombre del patriotismo el exclusivismo del sistema colonial. No más exclusión ni clausura, sea cual fuere el color que se invoque. No más exclusivismo en nombre de la patria.

Nuevos destinos de la América mediterránea. Que cada caleta sea un puerto: cada afluente navegable reciba los reflejos civilizadores de la bandera de Albión; que en las márgenes de Bermejo y del Pilcomayo brillen confundidas las mismas banderas de todas partes, que alegran las aguas del Támesis, ría de Inglaterra y del universo.

¡Y las aduanas!, grita la rutina. ¡Aberración! ¿Queréis embrutecer en nombre del fisco? ¿Pero hay nada menos fiscal que el atraso y la pobreza? Los Estados no se han hecho para las aduanas, sino éstas para los Estados. ¿Teméis que a fuerza de población y de riqueza falten recursos para costear las autoridades, que son indispensables para hacer respetar esas riquezas? ¡Economía idiota, que teme la sed entre los raudales dulces del río del Paraná! ¿Y no recordáis que el comercio libre con Inglaterra desde el tiempo del gobierno colonial tuvo un origen rentístico o fiscal en el Río de la Plata, es decir, que se creó la libertad para tener rentas?

Si queréis que el comercio pueble nuestros desiertos, no matéis el tráfico con las aduanas interiores. Si una sola aduana está de más, ¿qué diremos de catorce aduanas? La aduana es la prohibición; es un impuesto que debiera borrarse de las rentas sudamericanas. Es un impuesto que gravita sobre la civilización y el progreso de estos países, cuyos elementos vienen de fuera. Se debiera, ensayar su supresión absoluta por veinte años, y acudir al empréstito para llenar el déficit. Eso sería gastar, en la libertad, que fecunda, un poco de lo que hemos gastado en la guerra, que esteriliza.

No temáis tampoco que la nacionalidad se comprometa por la acumulación de extranjeros, ni que desaparezca el tipo nacional. Ese temor es estrecho y preocupado. Mucha sangre extranjera ha corrido en defensa de la independencia americana. Montevideo, defendido por extranjeros, ha merecido el nombre de Nueva Troya. Valparaíso, compuesto de extranjeros, es el lujo de la nacionalidad chilena. El pueblo inglés ha sido el pueblo más conquistado de cuantos existen; todas las naciones han pisado su suelo y mezclado a él su sangre y su raza. Es producto de un cruzamiento infinito de castas; y por eso justamente el inglés es el más perfecto de los hombres, y su nacionalidad tan pronunciada que hace creer al vulgo que su raza es sin mezcla.

No temáis, pues, la confusión de razas y de lenguas. De la Babel, del caos saldrá algún día brillante y nítida la nacionalidad sudamericana. El suelo prohíja a los hombres, los arrastra, se los asimila y hace suyos. El emigrado es como el colono; deja la madre patria por la patria de su adopción. Hace 2.000 años que se dijo esta palabra que forma la divisa de este siglo: Ubi bene, ibi patria.

Y ante los reclamos europeos por inobservancia de los tratados que firméis, no corráis a la espada ni gritéis: «¡Conquista!» No va bien tanta susceptibilidad a pueblos nuevos, que para prosperar necesitan de todo el mundo. Cada edad tiene su honor peculiar. Comprendamos el que nos corresponde. Mirémonos mucho antes de desnudar la espada: no porque seamos débiles, sino porque nuestra inexperiencia y desorden normales nos dan la presunción de culpabilidad ante el mundo en nuestros conflictos externos; y sobre todo porque la paz nos vale el doble que la gloria.

La victoria nos dará laureles: pero el laurel es planta estéril para América. Vale más la espiga de la paz, que es de oro, no en la lengua del poeta, sino en la lengua del economista.

Ha pasado la época de los héroes; entramos hoy en la edad del buen sentido. El tipo de la grandeza americana no es Napoleón, es Washington; y Washington no representa triunfos militares, sino prosperidad, engrandecimiento, organización y paz. Es el héroe del orden en la libertad por excelencia.

Por solo sus triunfos guerreros hoy estaría Washington sepultado en el olvido de su país y del mundo. La América española tiene generales infinitos que representan hechos de armas más brillantes y numerosos que los del general Washington. Su título a la inmortalidad reside en la Constitución admirable que ha hecho de su país el modelo del universo, y que Washington selló con su nombre. Rosas tuvo en su mano cómo hacer eso en la República Argentina, y su mayor crimen es haber malogrado esa oportunidad.

Reducir en deshoras una gran masa de hombres a su octava parte por la acción del cañón: he ahí el heroísmo antiguo y pasado.

Por el contrario, multiplicar en pocos días una población pequeña, es el heroísmo del estadista moderno: la grandeza de creación, en lugar de la grandeza salvaje de exterminio.

El censo de la población es la regla de la capacidad de los ministros americanos.

Desde la mitad del siglo XVI la América interior y mediterránea ha sido un sagrario impenetrable para la Europa no peninsular. Han llegado los tiempos de su franquicia absoluta y general. En 300 años no ha ocurrido período más solemne para el mundo de Colón.

La Europa del momento no viene a tirar cañonazos a esclavos. Aspira solo a quemar carbón de piedra en lo alto de los ríos, que hoy solo corren para los peces. Abrid sus puertas de par en par a la entrada majestuosa del mundo, sin discutir si es por concesión o por derecho; y para prevenir cuestiones, abridlas antes de discutir. Cuando la campana del vapor haya resonado delante de la virginal y solitaria Asunción, la sombra de Suárez quedará atónita a la presencia de los nuevos misioneros, que visan empresas desconocidas a los Jesuitas del siglo XVIII. Las aves, poseedoras hoy de los encantados bosques, darán un vuelo de espanto; y el salvaje del Chaco, apoyado en el arco de su flecha, contemplará con tristeza el curso de la formidable máquina que le intima el abandono de aquellas márgenes. Resto infeliz de la criatura primitiva: decid adiós al dominio de vuestros pasados. La razón despliega hoy sus banderas sagradas en el país que no protegerá ya con asilo inmerecido la bestialidad de la más noble de las razas.

Sobre las márgenes pintorescas del Bermejo levantará algún día la gratitud nacional un monumento en que se lea: «Al Congreso de 1852, libertador de estas aguas, la posteridad reconocida».

XVI. De la legislación como medio de estimular la población y el desarrollo de nuestras repúblicas

La legislación civil y comercial, los reglamentos de policía industrial y mercantil no deben rechazar al extranjero que la Constitución atrae. Poco importaría que encentrase caminos fáciles y ríos abiertos para penetrar en lo interior, si había de ser para estrellarse en leyes civiles repelentes. Lo que se avanzaría por un lado, se perdería por otro.

Más noble fuera excluirle abiertamente, como hacían las leyes de Indias, que internarle con promesas falaces, para hacerle víctima de un estado de cosas enteramente colonial y hostil. El nuevo régimen en el litoral y el antiguo en el interior, la libertad en la Constitución y las cadenas en los reglamentos y las leyes civiles, es medio seguro de desacreditar el nuevo sistema de gobierno y mantener el atraso de estos países.

Será preciso, pues, que las leyes civiles de tramitación y de comercio se modifiquen y conciban en el sentido de las mismas tendencias que deben presidir a la Constitución; de la cual, en último análisis, no son otra cosa que leyes orgánicas las varias ramas del derecho privado.

Las exigencias económicas e industriales de nuestra época y de la América del Sur deben servir de base de criterio para la reforma de nuestra legislación interior, como servirán para la concepción de su derecho constitucional.

La Constitución debe dar garantías de que sus leyes orgánicas no serán excepciones derogatorias de los grandes principios consagrados por ella, como se ha visto más de una vez. Es preciso que el derecho administrativo no sea un medio falaz de eliminar o escamotear las libertades y garantías constitucionales. Por ejemplo: «La prensa es libre», dice la Constitución; pero puede venir la ley orgánica de la prensa y crear tantas trabas y limitaciones al ejercicio de esa libertad, que la deje ilusoria y mentirosa. «Es libre del sufragio», dice la Constitución; pero vendrá la ley orgánica electoral, y a fuerza de requisitos y limitaciones excepcionales, convertirá en mentira la libertad de votar. «El comercio es libre», dice la Constitución; pero viene el fisco con sus reglamentos, y a ejemplo de aquella ley madrileña de imprenta, de que hablaba Fígaro, organiza esa libertad, diciendo: «Con tal que ningún buque fondee sin pagar derechos de puerto, de anclaje, de faro; que ninguna mercadería entre o salga sin pagar derechos a la aduana; que nadie abra casa de trato sin pagar su patente anual; que nadie comercie en el interior sin pagar derechos de peaje; que ningún documento de crédito se firme sino en papel sellado; que ningún comerciante se mueva sin pasaporte, ni ninguna mercadería sin guía, competentemente pagados al fisco; fuera de éstas y otras limitaciones, el comercio es completamente libre, como dice la Constitución».

En la promulgación de nuestras leyes patrias, hasta aquí hemos seguido por modelo favorito la legislación francesa. Los códigos civil y de comercio franceses tienen muchísimo de bueno, y merecen la aplicación que de ellos se ha hecho en la mitad de Europa. Pero se ha notado con razón, que no están en armonía con las necesidades económicas de esta época, tan diferente de la época en que se dio la legislación romana, de que son imitación el código civil moderno de Francia lo mismo que nuestro antiguo derecho civil español.

El derecho romano, patricio por inspiración, contrajo sus disposiciones a la propiedad raíz más bien que a la mobiliaria, que prevalece en nuestro siglo comercial. Recargó con una mira sabia para aquel tiempo de formalidades infinitas la adquisición y transmisión de la propiedad raíz, y esas formalidades, copiadas por nuestros códigos modernos y aplicadas a la circulación de la propiedad mobiliaria, la despojan de la celeridad exigida por las operaciones del comercio. El derecho civil sudamericano debe dar facilidades a la industria y al comercio, simplificando las formas y reduciendo los requisitos de la adquisición y transmisión de la propiedad mobiliaria, abreviando el sistema probatorio de los actos originarios de las propiedades dudosas, reglando el plan de enjuiciamiento sobre bases anchas de publicidad, brevedad y economía.

Donde la justicia es cara, nadie la busca, y todo se entrega al dominio de la iniquidad. Entre la injusticia barata y la justicia cara, no hay término que elegir.

La propiedad, la vida, el honor, son bienes nominales, cuando la justicia es mala. No hay aliciente para trabajar en la adquisición de bienes que han de estar a la merced de los pícaros.

La ley, la Constitución, el gobierno, son palabras vacías, si no se reducen a hechos por la mano del juez, que, en último resultado, es quien los hace ser realidad o mentira.

La ley de enjuiciamiento sudamericano debe admitir al extranjero a formar parte de los juzgados inferiores.

En la administración como en la industria, la cooperación del extranjero es útil a nuestra educación práctica.

En provecho de la población de nuestras repúblicas, por inmigraciones extranjeras, nuestras leyes civiles deben contraerse especialmente:

1.º A remover las trabas e impedimentos de tiempos atrasados que hacen imposibles o difíciles los matrimonios mixtos;

2.º A simplificar las condiciones civiles para la adquisición del domicilio;

3.º A conceder al extranjero el goce de los derechos civiles, sin la condición de una reciprocidad irrisoria;

4.º A concluir con el derecho de albinagio, dándole los mismos derechos civiles, que al ciudadano para disponer de sus bienes póstumos por testamento o de otro modo.

En provecho de la industria, nuestro derecho civil debe contraerse a la reforma del sistema hipotecario, sobre las bases de publicidad, especialidad e igualdad, reduciendo el número de los privilegios e hipotecas en favor de los incapaces, como causa de prelación en los concursos formados a deudores insolventes.

La ley debe buscar seguridades para los incapaces, no a expensas del crédito privado, que hace florecer la riqueza nacional, sino en medios independientes.

El crédito privado debe ser el niño mimado de la legislación americana; debe tener más privilegios que la incapacidad, porque es el agente heroico llamado a civilizar este continente desierto. El crédito es la disponibilidad del capital; y el capital es la varilla mágica que debe darnos población, caminos, canales, industria, educación y libertad. Toda ley contraria al crédito privado es un acto de lesa-América.

El comercio de Sudamérica, tan original y peculiar por la naturaleza de los objetos que son materia de él, y por las operaciones de que consta ordinariamente, pide leyes más adecuadas que la ordenanza local, que hace 200 años se dio en España a la villa de Bilbao, compuesta entonces de 14.000 almas.

La legislación debe también retocarse, en beneficio de la seguridad, moralidad y brevedad de los negocios mercantiles. Donde la insolvencia culpable es tolerada, o morosa la realización de los bienes del fallido, no hay desarrollo de comercio, no hay apego a la propiedad, falta la confianza en los negocios, y con ella el principio en que descansa la vida del comercio. El código de comercio es el código de la vida misma de estos países, y sobre todo de la República Argentina, cuya existencia en lo pasado y en la actualidad está representada por la industria mercantil.

En provecho del comercio marítimo interior y externo, nuestras leyes mercantiles deben facilitar al extranjero la adquisición, en su nombre, de la propiedad de buques nacionales, la transmisión de las propiedades navales, y permitir la tripulación por marineros extranjeros de los buques con bandera nacional, renunciando cualquier ventaja de ese género que por tratados se hubiese obtenido en países europeos bajo condición de restringir nuestra marina.

Para obrar estos cambios tan exigidos por nuestro adelantamiento, no es menester pensar en códigos completos.

Las reformas parciales y prontas son las más convenientes. Es la manera de legislar de los pueblos libres. La manía de los códigos viene de la vanidad de los emperadores. Inglaterra no tiene un solo código, y raro es el interés que no esté legislado.

La legislación civil y comercial argentina debe ser uniforme como ha sido hasta aquí. No sería racional que tuviésemos tantos códigos de comercio, tantas legislaciones civiles, tantos sistemas hipotecarios, como provincias. La uniformidad de la legislación, en esos ramos, no daña en lo mínimo a las atribuciones de soberanía local, y favorece altamente el desarrollo de nuestra nacionalidad argentina.

Hasta aquí he señalado las miras o tendencias generales en vista de las cuales deberían concebirse las constituciones y leyes de Sudamérica. Contrayéndome ahora a la República Argentina, voy a indicar las bases en que, según mi opinión, debe apoyarse la Constitución que se proyecta.

XVII. Bases y puntos de partida para la Constitución del gobierno de la República Argentina

Confraternidad y fusión de todos los partidos políticos.
Justo J. de Urquiza.

Hay una, fórmula, tan vulgar como profunda, que sirve de encabezamiento a casi todas las constituciones conocidas. Casi todas empiezan declarando que son dadas «en nombre de Dios, legislador supremo de las naciones». Esta palabra grande y hermosa debe ser tomada, no en su sentido místico, sino en su profundo sentido político.

Dios, en efecto, da a cada pueblo su Constitución o manera de ser normal, como la da a cada hombre.

El hombre no elige discrecionalmente su Constitución gruesa o delgada, nerviosa o sanguínea; así tampoco el pueblo se da por su voluntad una Constitución monárquica o republicana, federal o unitaria. Él recibe estas disposiciones al nacer: las recibe del suelo que le toca por morada, del número y de la condición de los pobladores con que empieza, de las instituciones anteriores y de los hechos que constituyen su historia: en todo lo cual no tiene más acción su voluntad que la dirección dada al desarrollo de esas cosas en el sentido más ventajoso a su destino providencial.

Nuestra revolución tomó de la francesa esta definición de Rousseau: La ley es la voluntad general. En contraposición al principio antiguo de que la ley era la voluntad de los reyes, la máxima era excelente y útil a la causa republicana. Pero es definición estrecha y materialista en cuanto hace desconocer al legislador humano el punto de partida para la elaboración de su trabajo de simple interpretación, por decirlo así. Es una especie de sacrilegio definir la ley, la voluntad general de un pueblo. La voluntad es impotente ante los hechos, que son obra de la Providencia. ¿Sería ley la voluntad de un congreso, expresión del pueblo, que, teniendo en vista la escasez y la conveniencia de brazos, ordenase que los argentinos nazcan con seis brazos? ¿Sería ley la voluntad general, expresada por un Congreso constituyente, que obligase a todo argentino a pensar con sus rodillas y no con su cabeza? Pues la misma impotencia, poco más o menos, le asistiría para mudar y trastornar la acción de los elementos naturales que concurren a formar la Constitución normal de aquella nación. «Fatal es la ilusión en que cae un legislador, decía Rivadavia, cuando pretende que su talento y voluntad pueden mudar la naturaleza de las cosas, o suplir a ella sancionando y decretando creaciones.»

La ley, constitucional o civil, es la regla de existencia de los seres colectivos que se llaman Estados; y su autor, en último análisis, no es otro que el de esa existencia misma regida por la ley.

El Congreso Argentino constituyente no será llamado a hacer la República Argentina, ni a crear las reglas o leyes de su organismo normal; él no podrá reducir su territorio, ni cambiar su Constitución geológica, ni mudar el curso de los grandes ríos, ni volver minerales los terrenos agrícolas. Él vendrá a estudiar y a escribir las leyes naturales en que todo eso propende a combinarse y desarrollarse del modo más ventajoso a los destinos providenciales de la República Argentina.

Este es el sentido de la regla tan conocida, de que las constituciones deben ser adecuadas al país que las recibe; y toda la teoría de Montesquieu sobre el influjo del clima en la legislación de los pueblos no tiene otro significado que éste.

Así, pues, los hechos, la realidad, que son obra de Dios y existen por la acción del tiempo y de la historia anterior de nuestro país, serán los que deban imponer la Constitución que la República Argentina reciba de las manos de sus legisladores constituyentes. Esos hechos, esos elementos naturales de la Constitución normal, que ya tiene la república por la obra del tiempo y de Dios, deberán ser objeto del estudio de los legisladores, y bases y fundamentos de su obra de simple estudio y redacción, digámosle, así, y no de creación. Lo demás es legislar para un día, perder el tiempo en especulaciones ineptas y pueriles.

Y desde luego, aplicando ese método a la solución del problema más difícil que haya presentado hasta hoy la organización política de la República Argentina –que consiste en determinar cuál sea la base más conveniente para el arreglo de su gobierno general, si la forma unitaria o la federativa–, el Congreso hallará que estas dos bases tienen antecedentes tradicionales en la vida anterior de la República Argentina, que ambas han coexistido y coexisten formando como los dos elementos de la existencia política de aquella república.

El Congreso no podrá menos de llegar a ese resultado, si, conducido por un buen método de observación y experimentación, empieza por darse cuenta de los hechos y clasificarlos convenientemente, para deducir de ellos el conocimiento de su poder respectivo.

La historia nos muestra que los antecedentes políticos de la República Argentina, relativos a la forma del gobierno general, se dividen en dos clases, que se refieren a los dos principios federativo y unitario.

Empecemos por enumerar los antecedentes unitarios.

Los antecedentes unitarios del gobierno argentino se dividen en dos clases: unos que corresponden a la época del gobierno colonial, y otros que pertenecen al período de la revolución.

He aquí los antecedentes unitarios pertenecientes a nuestra anterior existencia colonial:

1.º Unidad de origen español en la población argentina.

2.º Unidad de creencias y de culto religioso.

3.º Unidad de costumbres y de idioma.

4.º Unidad política y de gobierno, pues todas las provincias formaban parte de un solo Estado.

5.º Unidad de legislación civil, comercial y penal.

6.º Unidad judiciaria, en el procedimiento y en la jurisdicción y competencia, pues todas las provincias del virreinato reconocían un solo tribunal de apelaciones, instalado en la capital, con el nombre de Real Audiencia.

7.º Unidad territorial, bajo la denominación de Virreinato de la Plata.

8.º Unidad financiera o de rentas y gastos públicos.

9.º Unidad administrativa en todo lo demás, pues la acción central partía del virrey, jefe supremo del Estado, instalado en la capital del virreinato.

10. La ciudad de Buenos Aires, constituida en capital del virreinato, es otro antecedente unitario de nuestra antigua existencia colonial.

Enumeremos ahora los antecedentes unitarios del tiempo de la revolución:

1.º Unidad de creencias políticas y de principios republicanos. La nación ha pensado como un solo hombre en materia de democracia y de república.

2.º Unidad de sacrificios en la guerra de la Independencia. Todas las provincias han unido su sangre, sus dolores y sus peligros en esa empresa.

3.º Unidad de conducta, de esfuerzos y de acción en dicha guerra.

4.º Los distintos pactos de unión general celebrados e interrumpidos durante la revolución, constituyen otro antecedente unitario de la época moderna del país, que está consignado en sus leyes y en sus tratados con el extranjero. El primero de ellos es el acto solemne de declaración de la independencia de la República Argentina del dominio y vasallaje de los españoles. En ese acto, el pueblo argentino aparece refundido en un solo pueblo, y ese acto está y estará perpetuamente vigente para su gloria.

5.º Los congresos, presidencias, directorios supremos y generales, que con intermitencias más o menos largas, se han dejado ver durante la revolución.

6.º La unidad diplomática, externa o internacional, consignada en tratados celebrados con Inglaterra, con el Brasil, con Francia, etc., cuyos actos formarán parte de la Constitución externa del país, sea cual fuere.

7.º La unidad de glorias y de reputación.

8.º La unidad de colores simbólicos de la República Argentina.

9.º La unidad de armas o de escudo.

10. La unidad implícita, intuitiva, que se revela cada vez que se dice sin pensarlo: República Argentina, territorio argentino, pueblo argentino y no República Sanjuanina, Nación Porteña, Estado Santafecino.

11. La misma palabra «argentina» es un antecedente unitario.

En fuerza de esos antecedentes, la República Argentina ha formado un solo pueblo, un grande y solo Estado consolidado, una colonia unitaria, por más de 200 años, bajo el nombre de Virreinato de la Plata; y durante la revolución en que se apeló al pueblo de las provincias, para la creación de una soberanía independiente y americana, los antecedentes del centralismo monárquico y pasado ejercieron un influjo invencible en la política moderna, como lo ejercen hoy mismo, impidiéndonos pensar que la República Argentina sea otra cosa que un solo Estado, aunque federativo y compuesto de muchas provincias, dotadas de soberanía y libertades relativas y subordinadas.

Guardémonos, pues, de creer que la unidad de gobierno haya sido un episodio de la vida de la República Argentina; ella, por el contrario, forma el rasgo distintivo de su existencia de más de dos siglos.

Pero, veamos ahora los antecedentes también normales y poderosos que hacen imposible por ahora la unidad indivisible del gobierno interior argentino, y que obligarán a todo sistema de gobierno central, a dividir y conciliar su acción con las soberanías provinciales, limitadas a su vez como el gobierno general en lo relativo a la administración interior.

Son antecedentes federativos de la República Argentina, tanto coloniales como patrios, los siguientes hechos, consignados en su historia y comprobados por su notoriedad:

1.º Las diversidades, las rivalidades provinciales, sembradas sistemáticamente por la dominación colonial, y renovadas por la demagogia republicana.

2.º Los largos interregnos de aislamiento y de independencia provincial, ocurridos durante la revolución.

3.º Las especialidades provinciales, derivadas del suelo y del clima, de que se siguen otras en el carácter, en los hábitos, en el acento, en los productos de la industria y del comercio, y en su situación respecto del extranjero.

4.º Las distancias enormes y costosas que separan unas provincias de otras, en el territorio de doscientas mil leguas cuadradas, que habita nuestra población de un millón de habitantes.

5.º La falta de caminos, de canales, de medios de organizar un sistema de comunicaciones y transportes, y de acción política y administrativa pronta y fácil.

6.º Los hábitos ya adquiridos de legislaciones, de tribunales de justicia y de gobiernos provinciales. Hace ya muchos años que las leyes argentinas no se hacen en Buenos Aires, ni se fallan allí los pleitos de los habitantes de las provincias, como sucedía en otra época.

7.º La soberanía parcial que la revolución de mayo reconoció a cada una de las provincias, y que ningún poder central les ha disputado en la época moderna.

8.º Las extensas franquicias municipales y la grande latitud dada al gobierno provincial, por el antiguo régimen español, en los pueblos de la República Argentina.

9.º La imposibilidad de hecho para reducir sin sangre y sin violencia a las provincias o a sus gobernantes al abandono espontáneo de un depósito, que, conservado un solo día, difícilmente se abandona en adelante: el poder de la propia dirección, la soberanía o libertad local.

10. Los tratados, las ligas parciales, celebradas por varias provincias entre sí durante el período de aislamiento.

11. El provincialismo monetario, de que Buenos Aires ha dado el antecedente más notable con su papel moneda de provincia.

12. Por fin, el acuerdo de los gobiernos provinciales de la confederación, celebrado en San Nicolás el 31 de mayo de 1852, ratificando el pacto litoral de 1831, que consagra el principio federativo de gobierno.

Todos los hechos que quedan expuestos pertenecen y forman parte de la vida normal y real de la República Argentina, en cuanto a la base de su gobierno general; y ningún Congreso constituyente tendría el poder de hacerlos desaparecer instantáneamente por decretos o constituciones de su mimo. Ellos deben ser tomados por bases y consultados de una manera discreta en la Constitución escrita, que ha de ser expresión de la Constitución real, natural y posible.

El poder respectivo de esos hechos anteriores, tanto unitarios como federativos, conduce a la opinión pública de aquella república al abandono de todo sistema exclusivo y al alejamiento de las dos tendencias o principios, que habiendo aspirado en vano al gobierno exclusivo del país, durante una lucha estéril alimentada por largos años, buscan hoy una fusión parlamentaria en el seno de un sistema mixto, que abrace y concilie las libertades de cada provincia y las prerrogativas de toda la nación: solución inevitable y única, que resulta de la aplicación a los dos grandes términos del problema argentino —la nación y la provincia—, de la fórmula llamada hoy a presidir la política moderna, que consiste en la combinación armónica de la individualidad con la generalidad del localismo con la nación, o bien de la libertad con la asociación; ley natural de todo cuerpo orgánico, sea colectivo o sea individual, llámese Estado o llámese hombre; según la cual tiene el organismo dos vidas, por decirlo así, una de localidad y otra general o común, a semejanza de lo que enseña la fisiología de los seres animados, cuya vida reconoce dos existencias, una parcial de cada órgano, y a la vez otra general de todo el organismo.

XVIII. Continuación del mismo asunto. Fines de la Constitución argentina

Del mismo modo que el Congreso debe guiarse por la observación y el estudio de los hechos normales, para determinar la base que más convine al gobierno general argentino, así también debe acudir a la observación y al estudio de los hechos para estudiar los fines más convenientes de la Constitución.

Todo el presente libro no está reducido más que a la exposición de los fines que debe proponerse el nuevo derecho constitucional sudamericano; sin embargo, vamos a enumerarlos con más precisión en este capítulo, a propósito de la Constitución de la República Argentina.

En presencia del desierto, en medio de los mares, al principio de los caminos desconocidos y de las empresas inciertas y grandes de la vida, el hombre tiene necesidad de apoyarse en Dios, y de entregar a su protección la mitad del éxito de sus miras.

La religión debe ser hoy, como en el siglo XVI, el primer objeto de nuestras leyes fundamentales. Ella es a la complexión de los pueblos lo que es la pureza de la sangre a la salud de los individuos. En este escrito de política, solo será mirada como resorte de orden social, como medio de organización política; pues, como ha dicho Montesquieu, es admirable que la religión cristiana, que proporciona la dicha del otro mundo, haga también la de éste.

Pero en este punto, como en otros muchos, nuestro derecho constitucional moderno debe separarse del derecho indiano o colonial, y del derecho constitucional de la primera época de la revolución.

El derecho colonial era exclusivo en materia de religión, como lo era en materia de comercio, de población, de industria, etc. El exclusivismo era su esencia en todo lo que estatuía, pues baste recordar que era un derecho colonial, de exclusión y monopolio. El culto exclusivo era empleado en el sentido de esa política como resorte de Estado. Por otra parte, España excluía de sus dominios los cultos disidentes, a cambio de concesiones que los Papas hacían a sus reyes sobre intereses de su tiempo. Pero nuestra política moderna americana, que en vez de excluir, debe propender a atraer, a conceder, no podrá ratificar y restablecer el sistema colonial, sobre exclusión de cultos, sin dañar los fines y propósitos del nuevo régimen americano. Ella debe mantener y proteger la religión de nuestros padres, como la primera necesidad de nuestro orden social y político; pero debe protegerla por la libertad, por la tolerancia y por todos los medios que son peculiares y propios del régimen democrático y liberal, y no como el antiguo derecho indiano por exclusiones y prohibiciones de otros cultos cristianos. Los Estados Unidos e Inglaterra son las naciones más religiosas de la tierra en sus costumbres, y han llegado a ese resultado por los mismos medios precisamente que deseamos ver adoptados por la América del Sur.

En los primeros días de la revolución americana, nuestra política constitucional hacía bien en ofrecer al catolicismo el respeto de sus antiguos privilegios y exclusiones en este continente, como procedía con igual discreción protestando al trono de España que la revolución era hecha en su provecho. Eran concesiones de táctica exigidas por el éxito de la empresa. Pero América no podría persistir hoy en la misma política constitucional, sin dejar ilusorios e ineficaces los fines de su revolución de progreso y de libertad. Será necesario, pues, consagrar el catolicismo como religión de Estado, pero sin excluir el ejercicio público de los otros cultos cristianos. La libertad religiosa es tan necesaria al país como la misma religión católica. Lejos de ser inconciliables, se necesitan y completan mutuamente. La libertad religiosa es el medio de poblar estos países. La religión católica es el medio de educar esas poblaciones. Por fortuna, en este punto, la República Argentina no tendrá sino que ratificar y extender a todo su territorio lo que ya tiene en Buenos Aires hace veinticinco años. Todos los obispos recibidos en la república de veinte años a esta parte han jurado obediencia a esas leyes de libertad de cultos. Ya sería tarde para que Roma hiciese objeciones sobre ese punto a la moderna Constitución de la nación.

Los otros grandes fines de la Constitución argentina no serán hoy, como se ha demostrado en este libro, lo que eran en el primer período de la revolución.

En aquella época se trataba de afianzar la independencia por las armas; hoy debemos tratar de asegurarla por el engrandecimiento material y moral de nuestros pueblos.

Los fines políticos eran los grandes fines de aquel tiempo: hoy deben preocuparnos especialmente los fines económicos.

Alejar la Europa, que nos había tenido esclavizados, era el gran fin constitucional de la primera época; atraerla para que nos civilice libres por sus poblaciones, como nos civilizó esclavos por sus gobiernos, debe ser el fin constitucional de nuestro tiempo. En este punto nuestra política constitucional americana debe ser tan original como es la situación de la América del Sur, que debe servirle de regla. Imitar el régimen externo de naciones antiguas, ya civilizadas, exuberantes de población y escasas de territorio, es caer en un grosero y funesto absurdo; es aplicar a un cuerpo exhausto el régimen alimenticio que conviene a un hombre sofocado por la plétora y la obesidad. Mientras la América del Sur no tenga una política constitucional exterior suya y peculiar a sus necesidades especialísimas, no saldrá de la condición oscura y subalterna en que se encuentra. La aplicación a nuestra política económica exterior de las doctrinas internacionales que gobiernan las relaciones de las naciones europeas, ha dañado nuestro progreso tanto como los estragos de la guerra civil.

Con un millón escaso de habitantes por toda población en un territorio de doscientas mil leguas, no tiene de nación la República Argentina sino el nombre y el territorio. Su distancia de Europa le vale el ser reconocida nación independiente. La falta de población que le impide ser nación, le impide también la adquisición de un gobierno general completo.

Según esto, la población de la República Argentina, hoy desierta y solitaria, debe ser el grande y primordial fin de su Constitución por largos años. Ella debe garantizar la ejecución de todos los medios de obtener ese vital resultado. Yo llamaré estos medios garantías públicas de progreso y de engrandecimiento. En este punto la Constitución no debe limitarse a promesas; debe dar garantías de ejecución y realidad.

Así, para poblar el país, debe garantizar la libertad religiosa y facilitar los matrimonios mixtos, sin lo cual habrá población, ¡pero escasa, impura y estéril!

Debe, prodigar la ciudadanía y el domicilio al extranjero sin imponérselos. Prodigar, digo, porque es la palabra que expresa el medio de que se necesita. Algunas constituciones sudamericanas han adoptado las condiciones con que Inglaterra y Francia conceden la naturalización al extranjero, de que esas naciones no necesitan para aumentar su población excesiva. Es la imitación llevada al idiotismo y al absurdo.

Debe la Constitución asimilar los derechos civiles del extranjero, de que tenemos vital necesidad, a los derechos civiles del nacional, sin condiciones de una reciprocidad imposible, ilusoria y absurda.

Debe abrirles acceso a los empleos públicos de rango secundario, más que en provecho de ellos, en beneficio del país, que de ese modo aprovechará de su aptitud para la gestión de nuestros negocios públicos y facilitará la educación oficial de nuestros ciudadanos por la acción del ejemplo práctico, como en los negocios de la industria privada. En el régimen municipal será ventajosísimo este sistema. Un antiguo municipal inglés o norteamericano, establecido en nuestros países e incorporado a nuestros cabildos o consejos locales, sería el monitor más edificante o instructivo en ese ramo, en que los hispanoamericanos no desempeñamos de un modo tan mezquino y estrecho de ordinario, como en la policía de nuestras propias casas privadas.

Siendo el desarrollo y la explotación de los elementos de riqueza que contiene la República Argentina el principal elemento de su engrandecimiento y el aliciente más enérgico de la inmigración extranjera de que necesita, su Constitución debe reconocer, entre sus grandes fines, la inviolabilidad del derecho de propiedad y la libertad completa del trabajo y de la industria. Prometer y escribir estas garantías, no es consagrarlas. Se aspira a la realidad, no a la esperanza. Las constituciones serias no deben constar de promesas, seno de garantías de ejecución. Así la Constitución argentina no debe limitarse a declarar inviolable el derecho privado de propiedad, sino que debe garantizar la reforma de todas las leyes civiles y de todos los reglamentos coloniales vigentes, a pesar de la república, que hacen ilusorio y nominal ese derecho. Con un derecho constitucional republicano y un derecho administrativo colonial y monárquico, la América del Sur arrebata por un lado lo que promete por otro: la libertad en la superficie y la esclavitud en el fondo.

Debe pues dar garantías de que no se expedirá ley orgánica o civil que altere, por excepciones reglamentarias, la fuerza del derecho de propiedad consagrado entre sus grandes principios, como hace la Constitución de California.

Nuestro derecho colonial no tenía por principal objeto garantizar la propiedad del individuo sino la propiedad del fisco. Las colonias españolas eran formadas para el fisco, no el fisco para las colonias. Su legislación era conforme a su destino: eran máquinas para crear rentas fiscales. Ante el interés fiscal era nulo el interés del individuo. Al entrar en la revolución, hemos escrito en nuestras constituciones la inviolabilidad del derecho privado; pero hemos dejado en presencia subsistente el antiguo culto del interés fiscal. De modo que, a pesar de la revolución y de la independencia, hemos continuado siendo repúblicas hechas para el fisco. Es menester otorgar garantías de que esto será reformado, y de que las palabras de la Constitución sobre el derecho de propiedad se volverán realidad práctica por leyes orgánicas y reglamentarias, en armonía con el derecho constitucional moderno.

La libertad del trabajo y de la industria consignada en la Constitución no pasará de una promesa, si no se garantiza al mismo tiempo la abolición de todas las antiguas leyes coloniales que esclavizan la industria, y la sanción de leyes nuevas destinadas a dar ejecución y realidad a esa libertad industrial consignada en la Constitución, sin destruirlas con excepciones.

De todas las industrias conocidas, el comercio marítimo y terrestre es la que forma la vocación especial de la República Argentina. Ella deriva esa vocación de la forma, producciones y extensión de su suelo, de sus portentosos ríos, que hacen de aquel país el órgano de los cambios de toda la América del Sur, y de su situación respecto de Europa. Según esto, la libertad y el desarrollo del comercio interior y exterior, marítimo y terrestre, deben figurar entre los fines del primer rango de la Constitución argentina. Pero este gran fin quedará ilusorio, si la Constitución no garantiza al mismo tiempo la ejecución de los medios de verlo realizado. La libertad del comercio interior solo será un nombre, mientras haya catorce aduanas interiores, que son catorce desmentidos dados a la libertad. La aduana debe ser una y nacional, en cuanto al producto de su renta; y en cuanto a su régimen reglamentario, la aduana colonial o fiscal, la aduana inquisitorial, iliberal y mezquina de otro tiempo, la aduana intolerante, del monopolio y de las exclusiones, no debe ser la aduana de un régimen de libertad y de engrandecimiento nacional. Es menester consignar garantías de reforma a este doble respecto, y promesas solemnes de que la libertad de comercio y de industria no será eludida por reglamentos fiscales.

La libertad de comercio sin libertad de navegación fluvial es un contrasentido, porque siendo fluviales todos los puertos argentinos, cerrar los ríos a las banderas extranjeras, es bloquear las provincias y entregar todo el comercio a Buenos Aires.

Esas reformas deben ser otros tantos deberes impuestos por la Constitución al gobierno general, con designación de un plazo perentorio, si es posible, para su ejecución, y con graves y determinadas responsabilidades por su no ejecución. Las verdaderas y altas responsabilidades ministeriales residen en el desempeño de esos deberes del poder, más que en otro lugar de la Constitución de países nacientes.

Esos fines que en otra época eran accesorios, o más bien desatendidos, deben colocarse hoy a la cabeza de nuestras constituciones como los primordiales propósitos de su instituto.

Después de los grandes intereses económicos, como fines del pacto constitucional, entrarán la independencia y los medios de defenderla contra los ataques improbables o imposibles de las potencias europeas. No es que estos fines sean secundarios en importancia, sino que los medios económicos son los que deben llevarnos a su consecución. Vencida y alejada la Europa militar de todo nuestro continente del Sur, no debemos constituirnos como para defendernos de sus remotos y débiles ataques. En este punto no debemos seguir el ejemplo de los Estados Unidos de Norteamérica, que tienen en su vecindad Estados europeos con más territorio que el suyo, los cuales han sido enemigos en otro tiempo, y hoy son sus rivales en comercio, industria y navegación.

Como el origen antiguo, presente y venidero de nuestra civilización y progreso reside en el exterior, nuestra Constitución debe ser calculada, en su conjunto y pormenores, para estimular, atraer y facilitar la acción de ese influjo externo, en vez de contenerlo y alejarlo. A este respecto la República Argentina solo tendrá que generalizar y extender a todas las naciones extranjeras los antecedentes que ya tiene consignados en su tratado con Inglaterra. No debe haber más que un derecho público extranjero; todo distinción y excepción son odiosas. La Constitución argentina debe contener una sección destinada especialmente a fijar los principios y reglas del derecho público deferido a los extranjeros en el Río de la Plata, y esas reglas no deben ser otras que las contenidas en el tratado con Inglaterra, celebrado el 2 de febrero de 1825. A todo extranjero deben ser aplicables las siguientes garantías, que en ese tratado solo se establecen en favor de los ingleses. Todos deben disfrutar constitucionalmente, no precisamente por tratados:

De la libertad de comercio,

De la franquicia de llegar seguros y libremente con sus buques y cargamentos a los puertos y ríos, accesibles por la ley a todo extranjero;

Del derecho de alquilar y ocupar casas a los fines de su tráfico;

De no ser obligados a pagar derechos diferenciales;

De gestionar y practicar en su nombre todos los actos de comercio, sin ser obligados a emplear personas del país a este efecto;

De ejercer todos les derechos civiles inherentes al ciudadano de la república;

De no poder ser obligados al servicio militar;

De estar libres de empréstitos forzosos, de exacciones o requisiciones militares;

De mantener en pie todas estas garantías, a pesar de cualquier rompimiento con la nación del extranjero residente en el Plata;

De disfrutar de entera libertad de conciencia y de culto, pudiendo edificar iglesias y capillas en cualquier paraje de la República Argentina.

Todo eso y algo más está concedido a los súbditos británicos en la República Argentina por el tratado de plazo indefinido, celebrado el 2 de febrero de 1825; y no hay sino muchas razones de conveniencia para el país en extender y aplicar esas concesiones a los extranjeros de todas las naciones del mundo, tengan o no tratados con la República Argentina. La república necesita conceder esas garantías, por una exigencia imperiosa de su población y cultura, y debe concederlas espontáneamente, por medio de su Constitución, sin aspirar a ilusorias, vanas y pueriles ventajas de una reciprocidad sin objeto por larguísimos años.

Hoy más que nunca fuera provechosa la adopción de ese sistema, calculado para recibir las poblaciones, que arrojadas de Europa por la guerra civil y las crisis industriales, atraviesan por delante de las ricas regiones del Plata, para buscar en California la fortuna que podrían encontrar allí con más facilidad, con menos riesgos y sin alejarse tanto de Europa.

La paz y el orden interior son otro de los grandes fines que debe tener en vista la sanción de la Constitución argentina; porque la paz es de tal modo necesaria al desarrollo de las instituciones, que sin ella serán vanos y estériles todos los esfuerzos hechos en favor de la prosperidad del país. La paz, por sí misma, es tan esencial al progreso de estos países en formación y desarrollo, que la Constitución que no diese más beneficio que ella, sería admirable y fecunda en resultados. Más adelante tocaré este punto de interés decisivo para la suerte de estas repúblicas, que marchan a su desaparición por el camino de la guerra civil, en que México ha perdido ya la mitad más bella de su territorio.

Finalmente, por su índole y espíritu la nueva Constitución argentina debe ser una Constitución absorbente, atractiva, dotada de tal fuerza de asimilación, que haga suyo cuanto elemento extraño se acerque al país, una Constitución calculada especial y directamente para dar cuatro o seis millones de habitantes a la República Argentina en poquísimos años; una Constitución destinada a trasladar la ciudad de Buenos Aires a un paso de San Juan, de La Rioja y de Salta, y a llevar estos pueblos hasta las márgenes fecundas del Plata, por el ferrocarril y el telégrafo eléctrico que suprimen las distancias; una Constitución que en pocos años haga de Santa Fe, del Rosario, de Gualeguaychú, del Paraná y de Corrientes otras tantas Buenos Aires en población y cultura, por el mismo medio que ha hecho la grandeza de ésta, a saber, por su contacto inmediato, con la Europa civilizada y civilizante; una Constitución que arrebatando sus habitantes a Europa, y asimilándolos a nuestra población, haga en corto tiempo tan populoso a nuestro país, que no pueda temer a la Europa oficial en ningún tiempo.

Una Constitución que tenga el poder de las Hadas, que construían palacios en una noche.

California, improvisación de cuatro años, ha realizado la fábula y hecho conocer la verdadera ley de formación de los nuevos Estados en América, trayendo de fuera grandes piezas de pueblo, ya formadas, acomodándolas en cuerpo de nación y dándoles la enseña americana. Montevideo es otro ejemplo precioso de esta ley de población rapidísima. Y no es el oro el que ha obrado ese milagro en Norteamérica: es la libertad, que antes de improvisar a California, improvisó los Estados Unidos, cuya existencia representa un solo día en la vida política del mundo, y una mitad de él en grandeza y prosperidad. Y si es verdad que el oro ha contribuido a la realización de ese portento, mejor para la verdad del sistema que ofrecemos, que la riqueza es la hada que improvisa los pueblos.

Convencido de la necesidad de que éstos y no otros más limitados deben ser los fines de la Constitución que necesita la República Argentina, no puedo negar que me ha parecido apocado el programa enunciado en el preámbulo del acuerdo de San Nicolás, que declara como su objeto la reunión del Congreso que ha de sancionar la Constitución política que regularice las relaciones que deben existir entre todos los pueblos argentinos, como pertenecientes a una misma familia; que establezca y defina los altos poderes nacionales, y afiance el orden y prosperidad interior y la respetabilidad exterior de la nación.

Estos fines son excelentes sin duda; la Constitución que no los tuviera en mira, sería inservible; pero no son todos los fines esenciales que debe proponerse la Constitución argentina.

No pretendo que la Constitución deba abrazarlo todo; deseara más bien que pecase por reservada y concisa. Pero será necesario que en lo poco que comprenda, no falte lo que constituye por ahora la salvación de la República Argentina.

XIX. Continuación del mismo asunto. Del gobierno y su forma. La unidad pura es imposible

Acabamos de ver cuáles serán los fines que haya de proponerse la Constitución. Pero no se buscan fines sin emplear los medios de obtenerlos; y para obtenerlos seria y eficazmente, es menester que los medios correspondan a los fines.

El primero de ellos será la creación de un gobierno general como los objetos o fines tenidos en vista, y permanente como la vida de la Constitución.

La Constitución de un país supone un gobierno encargado de hacerla cumplir: ninguna Constitución, ninguna ley se sostiene por su propia virtud.

Así, la Constitución en sí misma no es más que la organización del gobierno considerado en los sujetos y cosas sobre que ha de recaer su acción, en la manera como ha de ser elegido, en los medios o facultades de que ha de disponer, y en las limitaciones que ha de respetar.

Según esto, la idea de constituir la República Argentina no significa otra cosa que la idea de crear un gobierno general permanente, dividido en los tres poderes elementales destinados a hacer, a interpretar y a aplicar la ley tanto constitucional como orgánica.

Los artículos de la Constitución, decía Rossi, son como cabezas de capítulos del derecho administrativo. Toda Constitución se realiza por medio de leyes orgánicas. Será necesario, pues, que haya un Poder legislativo permanente, encargado de darlas.

Tanto esas leyes como la Constitución serán susceptibles de dudas en su aplicación. Un Poder judiciario permanente y general será indispensable para la República Argentina.

De las tres formas esenciales de gobierno que reconoce la ciencia, el monárquico, el aristocrático y el republicano, este último ha sido proclamado por la revolución americana como el gobierno de estos países. No hay, pues, lugar a cuestión sobre forma de gobierno.

En cuanto al fondo, éste reside originariamente en la nación, y la democracia, entre nosotros, más que una forma, es la esencia misma del gobierno.

La federación o unidad, es decir, la mayor o menor centralización del gobierno general, son un accidente, un accesorio subalterno de la forma de gobierno. Este accesorio, sin embargo, ha dominado toda la cuestión constitucional de la República Argentina hasta aquí.

Las cosas han hecho prevalecer el federalismo, como regla del gobierno general.

Pero la voz federación significa liga, unión, vínculo.

Como liga, como unión, la federación puede ser más o menos estrecha. Hay grados diferentes de federación según esto. ¿Cuál será el grado conveniente a la República Argentina? Lo dirán sus antecedentes históricos y las condiciones normales de su modo de ser físico y social.

Así en este punto de la Constitución, como en los anteriores y en todos los demás, la observación de los hechos y el poder de los antecedentes del país deberán ser la regla y punto de partida del Congreso constituyente.

Pero, desde que se habla de Constitución y de gobierno generales, tenemos ya que la federación no será una simple alianza de provincias independientes.

Una Constitución no es una alianza. Las alianzas no suponen un gobierno general, como lo supone esencialmente una Constitución.

Quiere decir esto que las ideas y los deseos dominantes van por buen camino.

Estando a la ley de los antecedentes y al imperio de la actualidad, la República Argentina será y no podrá menos de ser un Estado federativo, una república nacional, compuesta de varias provincias, a la vez independientes y subordinadas al gobierno general creado por ellas. Gobierno federal, central o general, significa igual cosa en la ciencia del publicista.

Una federación concebida de este modo tendrá la ventaja de reunir los dos principios rivales en el fondo de una fusión, que tiene su raíz en las condiciones naturales e históricas del país, y que acaba de ser proclamada y prometida a la nación por la voz victoriosa del general Urquiza. El acuerdo de San Nicolás ha venido últimamente a sacar de dudas este punto.

La idea de una unidad pura debe ser abandonada de buena fe, no por vía de concesión, sino por convencimiento. Es un hermoso ideal de gobierno; pero en la actualidad de nuestro país, imposible en la práctica. Lo que es imposible, no es del dominio de la política, pertenece a la universidad, o si es bello, a la poesía.

El enemigo capital de la unidad pura en la República Argentina, no es don Juan Manuel Rosas, sino el espacio de doscientas mil leguas cuadradas en que se deslíe, como gota de carmín en el río Paraná, el puñadito de nuestra población de un millón escaso.

La distancia es origen de soberanía local, porque ella suple la fuerza. ¿Por qué es independiente el gaucho? Porque habita la pampa. ¿Por qué la Europa nos reconoce como nación, teniendo menos población que la antigua provincia de Burdeos? Porque estamos a tres mil leguas. Esta misma razón hace ser soberanas a su modo a nuestras provincias interiores, separadas de Buenos Aires, su antigua capital, por trescientas leguas de desierto.

Los unitarios de 1826 no conocían las condiciones prácticas de la unidad política; no las conocían tampoco sus predecesores de los congresos anteriores.

Como lo general de los legisladores del la América del Sur, imitando las constituciones de la Revolución francesa, sancionaron la unidad indivisible en países vastísimos y desiertos, que, si bien son susceptibles de un gobierno, no lo son de un gobierno indivisible. El señor Rivadavia, jefe del partido unitario en esa época, trajo de Francia y de Inglaterra el entusiasmo y la admiración del sistema de gobierno que había visto en ejercicio con tanto éxito en esos viejos Estados. Pero ni él ni sus sectarios se daban cuenta de las condiciones a que debía su existencia el centralismo en Europa, y de los obstáculos para su aplicación en el Plata.

Los motivos que ellos invocaban en favor de su admisión, son precisamente los que lo hacían imposible: tales eran la grande extensión del territorio, la falta de población, de luces, de recursos. Esos motivos podían justificar su conveniencia o necesidad, pero no su posibilidad.

«La seguridad interior de nuestra república, decía la comisión redactora del proyecto de Constitución unitaria, nunca podrá consultarse suficientemente en un país de extensión inmensa y despoblado como el nuestro, sino dando al poder del gobierno una acción fácil, rápida y fuerte, que no puede tener en la complicada y débil organización del sistema federal.» Sí; ¿pero cómo daríais al poder del gobierno una acción fácil, rápida y fuerte sobre poblaciones escasísimas diseminadas en la superficie de un país de extensión inconmensurable? ¿Cómo concebir la rapidez y facilidad de acción al través de territorios inexplorados, extensísimos, destituidos de población, de caminos y de recursos?

No tenemos luces ni riquezas en los pueblos para ser federales, decían: «¿Pero creéis que la unidad sea el gobierno de los ignorantes y de los pobres? ¿Será la pobreza la que ha originado la consolidación de los tres reinos de la Gran Bretaña en un solo gobierno nacional? ¿Será la ignorancia de Marsella, de Lyon, de Dijon, de Burdeos, de Rouen, etc., el origen de la unidad francesa?».

No, ciertamente. Lo cierto es que Francia es unitaria, por la misma razón que hace existir a la unión de Norteamérica: por la riqueza, por la población, la practicabilidad del territorio y la cultura de sus habitantes, que son la base de todo gobierno general. Nosotros somos incapaces de federación y de unidad perfectas, porque somos pobres, incultos y pocos.

Para todos los sistemas tenemos obstáculos, y para el republicano representativo tanto como para otro cualquiera. Sin embargo, estamos arrojados en él, y no conocemos otros más aplicables a pesar de nuestras desventajas. La democracia misma se aviene mal con nuestros medios, y, sin embargo, estamos en ella y somos incapaces de vivir sin ella. Pues esto mismo sucederá con nuestro federalismo o sistema general de gobierno; será incompleto, pero inevitable a la vez.

Por otra parte, ¿la unidad pura es acaso hija del pacto?

¿Qué es la unidad o consolidación del gobierno? Es la desaparición, es la absorción de todos los gobiernos locales en un solo gobierno nacional. Pero ¿qué gobierno consiente en desaparecer? El sable, la conquista son los que le suprimen. Así se formó la consolidación del reino unido de la Gran Bretaña; y la espada ha agregado una por una las provincias que hoy, después de ocho siglos de esfuerzos, componen la unidad de la República Francesa, más digna de reforma que de imitación en ese punto, según Thierry y Armando Carrel. Nuestra unidad misma, bajo el antiguo régimen, la unidad del virreinato de la Plata, ¿cómo se formó? ¿Por el voto libre de los pueblos? No, ciertamente; por la obra de los conquistadores y del poder realista y central de que dependían.

¿Sería éste el medio de formar nuestra unidad? No, porque sería injusto, ineficaz y superfluo, desde que hay otro medio posible de organización. Si el poder local no se abdica hasta desaparecer, se delega al menos en parte como medio de existir fuerte y mejor. Este será el medio posible de componer un gobierno general, sin que desaparezcan los gobiernos locales.

La unidad no es el punto de partida, es el punto final de los gobiernos; la historia lo dice, y la razón lo demuestra. «Por el contrario, toda confederación (decía Rossi) es un estado intermediario entre la independencia absoluta de muchas individualidades políticas, y su completa fusión en una sola y misma soberanía.»

Por ese intermedio será necesario pasar para llegar a la unidad patria.

Los unitarios no han representado un mal principio, sino un principio, impracticable en el país, en la época y en la medida que ellos deseaban. De todos modos ellos servían a una tendencia, a un elemento que será esencial en la organización de la república. Los puros teóricos, como hombres de Estado, no tienen, más defecto que el ser precoces, ha dicho un escritor de genio: falta honorable, que es privilegio de las altas inteligencias.

XX. Continuación del mismo asunto. Origen y causas de la descentralización del gobierno de la República Argentina

La descentralización política y administrativa de la república reconoce dos orígenes: uno mediato y anterior a la revolución; otro inmediato y dependiente de este cambio.

El mediato origen es el antiguo régimen municipal español, que en Europa como en América era excepcional y sin ejemplo por la extensión que daba al poder de los cabildos o representaciones elegidas por los pueblos. Esa institución ha sido la primera forma, el primer grado de existencia del poder representativo provincial entre nosotros, como lo ha sido en España misma; siendo de notar que su poder es más extenso en los tiempos menos cercanos del nuestro, de modo que también ha podido aplicarse a nosotros el dicho de madame Staël, de que «la libertad es antigua, y el despotismo es moderno».

España no fue más centralista en el arreglo que dio a sus virreinatos de América, que lo había sido en el de su monarquía peninsular. Con doble motivo el localismo conservó aquí mayor latitud que la conocida en las provincias de España con el nombre de fueros y privilegios.

Nunca los esfuerzos ulteriores de centralización pudieron destruir el germen de libertad y de independencia locales depositado en las costumbres de los pueblos españoles por las antiguas instituciones de libertad municipal. Los cabildantes conservaron siempre el nombre de padres de la república, y los cabildos el tratamiento de excelentísimo. Por una ley de Juan I de Castilla, las decisiones de los cabildos no podían ser revocadas por el rey. La ley 1.ª, tít. 4.º, partida 3.ª, hacía de elección popular el nombramiento de regidores, que eran jueces y administradores del gobierno local. Varias leyes del libro VII de la Novísima recopilación disponían que las ciudades se gobernasen por las ordenanzas dadas por sus cabildos, y se reuniesen éstos en casas grandes y bien hechas, a entender de las cosas cumplideras de la república que han de gobernar. (Palabras de la ley 1.ª, tít. 2.º, lib. 7.º, Novísima recopilación.)

Las leyes españolas aplicables directamente al gobierno de América, lejos de modificar, confirmaron esos antecedentes peninsulares. La unidad del gobierno de los virreinatos no excluía la existencia de gobiernos de provincia dotados de un poder extenso y muchas veces peculiar.

Tanto los gobernadores o intendentes de provincia como el virrey, de que dependían en parte, recibían del rey inmediata y directamente su nombramiento. Los gobernadores eran nombrados en España, no en Buenos Aires, y tanto ellos como el virrey, su jefe, recibían del soberano sus respectivas facultades de gobierno. Era extenso el poder que los gobernadores de provincia ejercían en los ramos de hacienda, policía, guerra y justicia; tenían un sueldo anual de 6.000 pesos y los honores de mariscal de campo. El virrey estaba obligado a cooperar a su gobierno local. (Ordenanza de intendentes para el virreinato de la Plata.)

Vemos, pues, que el gobierno local o provincial es uno de nuestros antecedentes administrativos, que remonta y se liga a la historia de España y de su gobierno colonial en América: por lo cual constituye una base histórica que debe servir de punto de partida en la organización constitucional del país.

La revolución de mayo de 1810, el nuevo régimen republicano, lejos de alterar, confirmó y robusteció ese antecedente más de lo que convenía a las necesidades del país. Es digno de examen este origen moderno o inmediato de la descentralización del gobierno en la República Argentina.

El gobierno colonial del Río de la Plata era unitario, a pesar de la extensión de los gobiernos locales. Residía en un solo individuo, que, con el título de virrey, gobernaba todo el virreinato en nombre del rey de España y de las Indias.

La revolución de 1810, operada contra el gobierno español, tuvo lugar en Buenos Aires, capital del virreinato.

El pueblo de esa ciudad peticionó al cabildo local, para que instalara una junta encargada del gobierno provisorio, compuesta de los individuos indicados por el pueblo.

El cabildo de Buenos Aires accedió a la petición popular, y nombró una junta de gobierno, compuesta de nueve individuos, que reemplazó al virrey. Este gobierno de muchos, en lugar del gobierno de uno, ya era un paso a la relajación del poder central.

El cabildo de Buenos Aires que, no teniendo poder sobre los cabildos de las otras provincias, no podía imponerles un gobierno creado por él, se limitó a participarles el cambio, invitándoles a reproducirlo en sus respectivas jurisdicciones.

La junta gubernativa, que reconocía su origen local y provincial, y que aun suponiéndose sucesora del virrey, conocía no tener el poder, de que éste mismo había carecido, para crear los gobiernos nuevos de provincia, dirigió el 26 de mayo una circular a las provincias, convocándolas a enviar sus diputados para tomar parte en la composición de la junta y en el gobierno ejecutivo de que estaba encargada. Esta circular, atribuida al doctor Castelli, miembro de la junta, fue un paso de imprevisión de inmensa consecuencia, como lo reconoció oficialmente este mismo cuerpo en la sesión del 18 de diciembre de 1810, que dio por resultado la incorporación de nueve miembros más a la junta gubernativa, quedando el Poder ejecutivo compuesto de dieciséis personas desde ese día. No hubo forma de impedir ese desacierto. Los diputados provinciales, constituidos en Buenos Aires, pidieron un lugar en la junta gubernativa. Ellos eran nueve; la junta constaba entonces de siete miembros, por la ausencia de los señores Castelli y Belgrano. La junta se oponía a la incorporación, observando con razón que un número tan considerable de vocales sería embarazoso al ejercicio del Poder ejecutivo. Los diputados invocaron la circular de 26 de mayo en que la misma junta les ofreció parte de su poder. Esta reconoció y confesó aquel acto de inexperiencia de su parte. La decisión estuvo a pique de ser entregada al pueblo;

pero se convino en que fuese producto de la votación de los nueve diputados reunidos a los siete individuos de la junta. Los nueve no podían ser vencidos por los siete, y la junta quedó compuesta de dieciséis personas. Desde ese momento empezó la disolución del Poder ejecutivo instalado en mayo, que no alcanzó a vivir un año entero.

Ese resultado estaba preparado por desavenencias que habían tenido lugar entre el presidente y los vocales de la junta primitiva. Difícil era que un gobierno confiado a tantas manos dejase de ser materia de discordia. Se confió el poder a una junta de varios individuos, siguiendo el ejemplo que acababa de dar la madre patria con motivo del cautiverio del rey Fernando VII; pero la junta de Buenos Aires no imitó el ejemplo del la junta de Sevilla, que se hizo obedecer de las Andalucías, ni el de la de Valencia, que dominó todo el reino.

Colocado el gobierno en manos de uno solo, habría sido más fácil sustituir la autoridad general del virrey por un gobierno general revolucionario; pero la exaltación del liberalismo naciente era un obstáculo invencible a la concentración del poder en manos de uno solo. El presidente de la junta, don Cornelio Zaavedra, había sido revestido de los mismos honores del virrey, por orden expedida el 28 de mayo. La junta misma decretó eso, convencida de la necesidad de dar fuerza moral y prestigio al nuevo gobierno, desempeñado por hombres que el pueblo podía considerar inferiores al virrey, viéndoles en su ordinaria sencillez. Pero esos honores usados tal vez indiscretamente por el presidente, no tardaron en despertar emulaciones pequeñas en el seno del gobierno múltiple. Un militar que tenía el don de la trova, saludó emperador, en un banquete, al presidente Zaavedra: y este asomo de la idea de concentrar el poder en uno solo, que debía de haberse alentado, dio lugar a un decreto en que se quitaron al presidente de la junta los honores conferidos el 28 de mayo. El art. 11 de ese decreto da la medida de la exaltación de las ideas del doctor Moreno, émulo de Zaavedra, secretario de la junta y redactor de aquel acta, cuyo art. 11 es como sigue: «Habiendo echado un brindis don Antonio Duarte, con que ofendió la probidad del presidente y atacó los derechos de la patria, debía perecer en un cadalso; por el estado de embriaguez en que se hallaba se le perdona la vida; pero se le destierra perpetuamente de esta ciudad, porque un habitante de Buenos Aires ni ebrio ni dormido debe tener inspiraciones contra la libertad de su país».

Ese decreto contra el presidente fue dado el 6 de diciembre de 1810.

Doce días después, una idea de represalia hizo incorporar en el personal de la junta los diputados de las provincias, obligando al doctor Moreno a dimitir el cargo de secretario y de vocal del gobierno provisorio, que no tardó él mismo en disolverse.

Otras causas concurrían con éstas para el desquicio del poder central. Desde que se trató de destituir al virrey en Buenos Aires, el partido español pensó en los gobernadores de las provincias para apoyar la reacción contra el gobierno de mayo. De ahí vino que los revolucionarios exigieron, como condición precisa, la expedición de quinientos hombres en el término de quince días, para proteger la libertad de las provincias. Esa condición figura en el acta de 25 de mayo, y muestra que el gobierno revolucionario venía al mundo armado de recelos contra los gobiernos provinciales. El gobierno de Montevideo fue el primero en desconocer la nueva autoridad de Buenos Aires, su capital entonces. Los jefes de las otras provincias no tardaron en seguir el mismo ejemplo, armándose contra la junta de Buenos Aires. Elío en Montevideo y Liniers en Córdoba abrieron desde esa época la carrera en que más tarde han figurado Artigas, Francia, López y Quiroga, creando un estado de cosas más fácil de mejorar que de destruir.

No viene, pues, de 1820, como se ha dicho, el desquicio del gobierno central de la República Argentina, sino de los primeros pasos de la revolución de mayo, que destruyó el gobierno unitario colonial deponiendo al virrey, y no acertó a reemplazarlo por otro gobierno patrio de carácter central.

Derrocado el virrey, porque representaba a un monarca que no existía ya en el trono de España, y porque había debido su promoción a la junta central, que no existía tampoco, no quedaba poder alguno central en la extensión de los dominios españoles. En América hizo el pueblo lo mismo que en la península: viéndose sin su legítimo soberano, asumió el poder y lo delegó en juntas o gobiernos locales.

La soberanía local tomó entonces el lugar de la soberanía general acéfala; y no es otro, en resumen, el origen inmediato del federalismo o localismo republicano en las provincias del Río de la Plata.

XXI. Continuación del mismo asunto. La federación pura es imposible en la República Argentina. Cuál federación es practicable en aquel país

Por la simple federación, la federación pura, no es menos irrealizable, no es menos imposible en la República Argentina, que la unidad pura ensayada en 1826.

Una simple federación no es otra cosa que una alianza, una liga eventual de poderes iguales e independientes absolutamente. Pero toda alianza es revocable por una de las partes contratantes, pues no hay alianzas perpetuas e indisolubles. Si tal sistema fuese aplicable a las provincias interiores de la República Argentina, sería forzoso reconocer en cualquiera de ellas el derecho de revocar la liga federal por su parte, de separarse de ella y de anexarse a cualquiera de las otras Repúblicas de la América del Sur; a Bolivia, a Chile, a Montevideo, v. g. Sin embargo, no habría argentino, por federal que fuera, que no calificase ese derecho de herejía política, o crimen de lesa nación. El mismo Rosas, disputando al Paraguay su independencia, ha demostrado que veía en la República Argentina algo más que una simple y pura alianza de territorios independientes.

Una simple federación excluye la idea de un gobierno general y común a los confederados, pues no hay alianza que haga necesaria la creación de un gobierno para todos los aliados. Así, cuando algunas provincias argentinas se han ligado parcialmente por simples federaciones, no han reconocido por eso un gobierno general para su administración interior.

Excluye igualmente la simple federación toda idea de nacionalidad o fusión, pues toda alianza deja intacta la soberanía de los aliados.

La federación pura en el Río de la Plata tiene, pues, contra sí los antecedentes nacionales o unitarios que hemos enumerado más arriba; y además todos los elementos y condiciones actuales que forman la manera de ser normal de aquel país. Los unitarios han tenido razón siempre que han llamado absurda la idea de asociar las provincias interiores de la República Argentina sobre el pie de la Confederación Germánica o de otras confederaciones de naciones o Estados soberanos e independientes, en el sentido que el derecho internacional da a esta palabra; pero se han engañado cuando han creído que no había más federación que las simples y puras alianzas de poderes independientes e inconexos.

La federación de los Estados Unidos de Norteamérica no es una simple federación, sino una federación compuesta, una federación unitaria y centralista, digámoslo así; y por eso precisamente subsiste hasta la fecha y ha podido hacer la dicha de aquel país. Se sabe que ella fue precedida de una confederación o federación pura y simple, que en ocho años puso a esos Estados al borde de su ruina.

Por su parte, los federales argentinos de 1826 comprendieron mal el sistema que querían aplicar a su país.

Como Rivadavia trajo de Francia el entusiasmo y la adhesión por el sistema unitario, que nuestra revolución había copiado más de una vez de la de ese país, Dorrego, el jefe del partido federal de entonces, trajo de los Estados Unidos su devoción entusiasta al sistema de gobierno federativo. Pero Dorrego, aunque militar como Hamilton, el autor de la Constitución norteamericana, no era publicista, y a pesar de su talento indisputable, conocía imperfectamente el gobierno de los Estados Unidos, donde solo estuvo los cuatro días de su proscripción. Su partido estaba menos bien informado que él en doctrina federalista.

Ellos confundían la Confederación de los Estados Unidos de 9 de julio de 1778 con la Constitución de los Estados Unidos de América, promulgada por Washington el 17 de septiembre de 1787. Entre esos dos sistemas, sin embargo, hay esta diferencia: que el primero arruinó los Estados Unidos en ocho años, y el otro los restituyó a la vida y los condujo a la opulencia de que hoy disfrutan. El primero era una simple federación; el segundo es un sistema mixto de federal y unitario. Washington decidió la sanción de este último sistema, y combatió con todas sus fuerzas la primera federación simple y pura, que dichosamente se abandonó antes que concluyese con los Estados Unidos. De aquí viene que nuestros unitarios de 1826 citaban en favor de su idea la opinión de Washington, y nuestros federales no sabían responder que Washington era opuesto a la federación pura, sin ser partidario de la unidad pura.

La idea de nuestros federales no era del todo errónea, y solo pecaba por extremada y exclusiva. Como los unitarios, sus rivales, ellos representaban también un buen principio, una tendencia que procedía de la historia y de las condiciones normales del país.

Las cosas felizmente nos traen hoy al verdadero término, al término medio, que representa la paz entre la provincia y la nación, entre la parte y el todo, entre el localismo y la idea de una República Argentina.

Será, pues, nuestra forma normal un gobierno mixto, consolidable en la unidad de un régimen nacional; pero no indivisible como quería el Congreso de 1826, sino divisible y dividido en gobiernos provinciales limitados, como el gobierno central, por la ley federal de la república.

Si la imitación no es por sí sola una razón, tampoco hay razón para huir de ella cuando concurre motivo de seguirla. No porque los romanos y los franceses tengan en su derecho civil un contrato llamado de venta, lo hemos de borrar del nuestro a fuer de originales. Hay una anatomía de los Estados, como hay una anatomía de los cuerpos vivientes, que reconoce leyes y modos de ser universales.

Es practicable y debe practicarse en la República Argentina la federación mixta o combinada con el nacionalismo, porque este sistema es expresión de la necesidad presente y resultado inevitable de los hechos pasados.

Ha existido en cierto modo bajo el gobierno colonial, como lo hemos demostrado más arriba, en que coexistieron combinados la unidad del virreinato y los gobiernos provinciales, emanados como aquél de la elección directa del soberano.

La revolución de mayo confirmó esa unidad múltiple o compleja de nuestro gobierno argentino, por el voto de mantener la integridad territorial del virreinato, y por la convocatoria dirigida a las demás provincias para crear un gobierno de todo el virreinato.

Ha recibido también la sanción de la ciencia argentina, representada por ilustres publicistas. Los dos ministros del gobierno de mayo de 1810 han aconsejado a la república ese sistema.

«Puede haber una federación de solo una nación», decía el doctor Moreno.

> «El gran principio de esta clase de gobierno (decía) se halla en que los Estados individuales, reteniendo la parte de soberanía que necesitan para sus negocios interiores, ceden a una autoridad suprema y nacional la parte

de soberanía que llamaremos eminente para los negocios generales; en otros términos, para todos aquellos puntos en que deben obrar como nación.»

«Deseo ciertas modificaciones que suavicen la oposición de los pueblos (decía el doctor Paso en el Congreso de 1826), y que dulcifiquen lo que hallen ellos de amargo en el gobierno de uno solo. Es decir, que las formas que nos rijan sean mixtas de unidad y federación.»

Los himnos populares de nuestra revolución de 1810 anunciaban la aparición en la faz del mundo de una nueva y gloriosa nación, recibiendo saludos de todos los libres, dirigidos al gran pueblo argentino. La musa de la libertad solo veía un pueblo argentino, una nación argentina, y no muchas naciones, y no catorce pueblos.

En el símbolo o escudo de armas argentinas aparece la misma idea, representada por dos manos estrechadas formando un solo nudo sin consolidarse: emblema de la unión combinada con la independencia.

Reaparece la misma idea en el acta célebre del 9 de julio de 1816, en que se lee: que preguntados los representantes de los pueblos si querían que las provincias de la unión fuesen UNA NACIÓN LIBRE E INDEPENDIENTE, reiteraron su voto llenos de santo ardor por la independencia DEL PAÍS.

Tiene además en su apoyo el ejemplo del primer país de América y del mundo, en cuanto a sistema de gobierno: los Estados Unidos del Norte.

Es aconsejado por la sana política argentina, y es hostia de paz y de concordia entre los partidos, tan largo tiempo divididos, de aquel país, ávido ya de reposo y de estabilidad.

Acaba de adoptarse oficialmente, por el acuerdo celebrado el 31 de mayo de 1852, entre los gobernadores de todas las provincias argentinas en San Nicolás de los Arroyos. Al mismo tiempo que ese acuerdo declara llegado el caso de arreglar por medio de un Congreso general federativo la administración general del país bajo el sistema federal (art. 2.º), declara también que las provincias son miembros de la nación (art. 5.º), que el Congreso sancionará una Constitución nacional (art. 6.º), y que los diputados constituyentes deben persuadirse que el bien de los pueblos no se conseguirá sino por la consolidación de un régimen nacional regular y justo (art. 7.º). He ahí la consagración completa de la teoría constitucional de que hemos tenido el honor de ser órgano en este libro. Ahora será preciso que la Constitución definitiva no se desvíe de esa base.

Europa misma nos ofrece dos ejemplos recientes en su apoyo: la Constitución helvética de 12 de septiembre de 1848, y la Constitución germánica ensayada en Francfort al mismo tiempo, en que esas dos confederaciones de Europa han abandonado el federalismo puro por el federalismo unitario, que proponemos.

XXII. Idea de la manera práctica de organizar el gobierno mixto que se propone, tomada de los gobiernos federales de Norteamérica, Suiza y Alemania. Cuestión electoral

El mecanismo del gobierno general de Norteamérica nos ofrece una idea del modo de hacer práctica la asociación de los principios en la organización de las autoridades generales. Allí también, como entre nosotros, se disputaban el poderío del gobierno las dos tendencias unitaria y federal, y la necesidad de amalgamarlas en el seno de un sistema compuesto, les sugirió un mecanismo, que puede ser aplicado a un orden de cosas semejante, con las modificaciones exigidas por la especialidad de cada caso. La asimilación discreta de un sistema adaptable en circunstancias análogas no es la copia servil, que jamás puede ser discreta en política constitucional. Indicaré el fondo del sistema, sin descender a pormenores que deben reglarse por las circunstancias especiales del caso.

La ejecución del sistema mixto que proponemos será realizable por la división del cuerpo legislativo general en dos cámaras: una destinada a representar las provincias en su soberanía local, debiendo su elección, en segundo grado, a las legislaturas provinciales, que deben ser conservadas; y otra que, debiendo su elección al pueblo de toda la república, represente a éste, sin consideración a localidades, y como si todas las provincias formasen un solo Estado argentino. En la primera cámara serán iguales las provincias, teniendo cada una igual número de representantes en la legislatura general; en la segunda estarán representadas según el censo de la población, y naturalmente serán desiguales.

Este doble sistema de representación igual y desigual en las dos cámaras que concurran a la sanción de ley, será el medio de satisfacer dos necesidades del modo de ser actual de nuestro país. Por una parte es necesario reconocer que, a pesar de las diferencias que existen entre las provincias bajo el aspecto del territorio, de la población y de la riqueza, ellas son iguales como cuerpos políticos. Puede ser diverso su poder, pero el derecho es el mismo. Así en la república de las siete provincias unidas, Holanda estaba con algunos de los Estados federados en razón de 1 a 19. Pero bajo otro aspecto, tampoco se puede desconocer la necesidad de dar a cada provincia en el Congreso una representación proporcional a su población desigual, pues sería injusto que Buenos Aires eligiese un diputado por cada setenta mil almas, y que La Rioja eligese uno por cada diez mil. Por ese sistema, las poblaciones más adelantadas de la república vendrán a tener menos parte en el gobierno y dirección del país.

Así tendremos un Congreso general, formado de dos cámaras, que será el eco de las provincias y el eco de la nación: Congreso federativo y nacional a la vez, cuyas leyes serán la obra combinada de cada provincia en particular y de todas en general.

Si contra el sistema de dos cámaras legislativas se objetase el ejemplo de México, que no ha podido librarse de la anarquía a pesar de él, también podría recordarse que la República Argentina ha sido desgraciada las cuatro veces que ha ensayado la representación legislativa por una sola cámara.

Para realizar la misma fusión de principios en la composición del Poder ejecutivo nacional, deberá éste recibir su elección del pueblo o de las legislaturas de todas las provincias, en cuyo sentido será, por su origen y carácter un gobierno nacional y federativo perfectamente en cuanto al ejercicio de sus funciones, por la limitación que su poder recibirá de la acción de los gobiernos provinciales.

Igual carácter mixto ofrecerá el Poder judiciario federal, si ha de deber la promoción de sus miembros al Poder ejecutivo general que represente la nacionalidad del país, y al acuerdo de la Cámara o sección legislativa que represente las provincias en su soberanía particular; y si sus funciones se limitasen a conocer de la constitucionalidad de los actos públicos, dejando a las judicaturas provinciales el conocimiento de las controversias de dominio privado.

El gobierno general de los Estados Unidos no es el único que ofrezca el mecanismo empleado para asociar en la formación de las autoridades generales los dos elementos unitario y federal. No hay federación célebre y digna de figurar como modelo que no presente igual ejemplo en el día. Es que todas ellas sienten la misma necesidad inherente a su complexión de centralizar sus medios de libertad, de orden y de engrandecimiento. En América, los Estados Unidos, y en Europa, Suiza y Alemania, han abandonado, el federalismo puro por el federalismo unitario en la Constitución de su gobierno general.

Suiza fue una federación de Estados y no un Estado federativo hasta 1798. Asociados sucesivamente desde el siglo XIV con la mira de su defensa común y no de hacer vida solidaria, sus cantones resistieron siempre toda idea de centralización. Medio francesa y vecina de Francia, fue Suiza la primera en recibir la influencia unitaria de la revolución de 1789. La revolución le llevó en las puntas de las bayonetas el dogma de las repúblicas unas e indivisibles. Pero las tradiciones del país resistieron profundamente esa unidad.

Napoleón con su tacto de Estado comprendió la necesidad de respetar la historia y los antecedentes; y en su acta de mediación de 1802 restableció las constituciones cantonales, sin desatender la unidad de Suiza, conservando el equilibrio del poder central y de la libertad de los cantones.

Bajo el tratado de Viena de 1815, volvió Suiza al federalismo puro. Hasta 1848 fue incesante la lucha del Sonderbund –liga parcial de los cantones que defendían la descentralización– con los partidarios de la unidad nacional.

Como en Norteamérica en 1787, los dos principios rivales de Suiza encontraron la paz en la Constitución de 12 de septiembre de 1848. La idea de Napoleón de 1802 es la base del sistema que tiene por objeto ensanchar las prerrogativas del poder central. Comienza la Constitución por reconocer la soberanía de los cantones, pero subordinándola a la del Estado. Considera los cantones como un elemento de la nación, pero arriba de la consideración de los intereses locales coloca el interés de la patria común.

En la organización del poder central prevalece completamente nuestra idea, o más bien la idea americana. La autoridad suprema de Suiza es ejercida por una asamblea federal dividida en dos secciones, a saber: un consejo nacional y otro de los Estados o cantones. El consejo nacional se compone de diputados del pueblo suizo, elegidos por votación directa, en razón de uno por veinte mil almas; y el consejo de los cantones se compone de cuarenta y cuatro miembros, nombrados por los Estados cantonales, a razón de dos por cada cantón. Al favor de ese sistema, Suiza posee hoy el poder de cohesión y de unidad, que faltó siempre a sus adelantos, sin caer en la unidad excesiva que le impuso el directorio francés, y que Napoleón tuvo el buen sentido de cambiar por el sistema mixto, que se ha restablecido en 1848.

Estrechar el vínculo que une los Estados federados de Alemania y hacer de esta federación de Estados un Estado federativo, fue todo el propósito del Parlamento de Francfort, al dar la Constitución alemana de 1848. Ella sentaba como principio la superioridad de la autoridad general sobre las autoridades particulares, declarando sin embargo, que los Estados conservan su independencia en cuanto no era limitada por la Constitución del Imperio, y guardaban sus dignidades y derechos no delegados expresamente a la autoridad central. Daba el Poder legislativo a un parlamento compuesto de dos cámaras, bajo los nombres de Cámara de los Estados y Cámara del pueblo, elegidas por sistemas diferentes. El poder de las tradiciones seculares de aislamiento de ese país y las dimensiones de los principales reinos de que consta, fueron causa de que quedase sin efecto el ensayo constitucional de Francfort, que representa a pesar de eso el anhelo ardiente y general de Alemania por la centralización del gobierno.

Vemos, pues, que en Europa, lo mismo que en América, las federaciones tienden a estrechar más y más su vínculo de unión y a dilatar la esfera de acción civilizadora y progresista del gobierno central o federal. Si los países que nunca han formado un Estado propenden a realizarlo, ¿qué no deberán hacer los que son fracciones de una unidad que ha existido por dos siglos?

Sistema electoral. En cuanto al sistema electoral que haya de emplearse para la formación de los poderes públicos —punto esencialísimo a la paz y prosperidad de estas repúblicas— la Constitución argentina no debe olvidar las condiciones de inteligencia y de bienestar material exigidas por la prudencia en todas partes, como garantías de la pureza y acierto del sufragio; y al fijar las condiciones de elegibilidad, debe tener muy presente la necesidad que estos países escasos de hombres tienen de ser poco rígidos en punto a nacionalidad de origen. Países que deben formarse y aumentarse con extranjeros de regiones más ilustradas que las nuestras, no deben cerrarles absolutamente las puertas de la representación, si quieren que ésta se mantenga a la altura de la civilización del país.

La inteligencia y la fortuna en cierto grado no son condiciones que excluyan la universalidad del sufragio, desde que ellas son asequibles para todos mediante la educación y la industria. Sin una alteración grave en el sistema electoral de la República Argentina, habrá que renunciar a la esperanza de obtener gobiernos dignos de la obra del sufragio.

Para obviar los inconvenientes de una supresión brusca de los derechos de que ha estado en posesión la multitud, podrá emplearse el sistema de elección doble y triple, que es el mejor medio de purificar el sufragio universal sin reducirlo ni suprimirlo, y de preparar las masas para el ejercicio futuro del sufragio directo.

Todo el éxito del sistema republicano en países como los nuestros depende del sistema electoral. No hay pueblo, por limitado que sea, al que no pueda aplicarse la república, si se sabe adaptar a su capacidad el sistema de elección o de su intervención en la formación del poder y de las leyes. A no ser por eso, jamás habría existido la república en Grecia y en Roma, donde el pueblo sufragante solo constaba de los capaces, es decir, de una minoría reducidísima en comparación del pueblo inactivo.

Y para que la misma regla de fusión presida a la formación de los gobiernos provinciales, la Constitución tendrá que dejar a las provincias sus legislaturas, sus gobernadores y sus jueces de primera y segunda instancia, más o menos como hoy existen, en cuanto a su modo de formación o elección, se entiende, no así en lo tocante a los objetos y extensión de sus facultades. Legislaturas o consejos de administración, gobernadores o juntas económicas, ¿qué importan los nombres? Los objetos y la extensión de su poder es lo que ha de verse.

XXIII. Continuación del mismo asunto. Objetos y facultades del gobierno general

La creación de un gobierno general supone la renuncia o abandono de cierta porción de facultades por parte de los gobiernos provinciales. Dar una parte del gobierno local, y pretender conservarlo íntegro, es como restar de cinco dos, y pretender que queden siempre cinco.

Según esto, pedir un gobierno general, es consentir en el abandono de la parte del gobierno provincial que ha de servir para la formación del gobierno general; y rehusar esa porción de poder, bajo cualquier pretexto, es oponerse a que exista una nación, sea unitaria o federativa. La federación, lo mismo que la unidad, supone el abandono de una cantidad de poder local, que se delega al poder federal o central.

Pero no será gobierno general el gobierno que no ejerza su autoridad, que no se haga obedecer en la generalidad del suelo del país y por la generalidad de los habitantes que lo forman, porque un gobierno que no gobierna es una palabra que carece de sentido. El gobierno general, pues, si ha de ser un hecho real y no una mentira, ha de tener poder en el interior de las provincias, que forman el Estado o cuerpo general de nación, o de lo contrario será un gobierno sin objeto, o por mejor decir, no será gobierno.

De aquí resulta que constituir o formar un gobierno general, es lo mismo que constituir o formar objetos generales de gobierno. En este sentido la palabra constituir el país, quiere decir consolidar, uniformar, nacionalizar ciertos objetos, en cuanto a su régimen de gobierno.

Discutir ciertas cosas, es hacer dudosa su verdad y conveniencia; una de ellas es la necesidad de generalizar y unir ciertos intereses, medios y propósitos de las provincias argentinas, para dirigirlos por un gobierno común y general. En política, como en industria, nada se consigue sin la unión de las fuerzas y facultades dispersas. Esta comparación es débil por insuficiente. En política, no hay existencia nacional, no hay Estado, no hay cuerpo de nación, si no hay consolidación o unión de ciertos intereses, medios y propósitos, como no hay vida en el ser orgánico, cuando las facultades vitales cesan de propender a un solo fin.

La unión argentina constituye nuestro pasado de 200 años y forma la base de nuestra existencia venidera. Sin la unión de los intereses argentinos, habrá provincias argentinas, no República Argentina, ni pueblo argentino: habrá riojanos, cuyanos, porteños, etc., no argentinos.

Una provincia en sí es la impotencia misma, y nada hará jamás que no sea provincial, es decir, pequeño, oscuro, miserable, provincial, en fin, aunque la provincia se apellide Estado.

Solo es grande lo que es nacional o federal. La gloria que no es nacional, es doméstica, no pertenece a la historia. El cañón extranjero no saluda jamás la bandera que no es nacional. Solo ella merece respeto, porque solo ella es fuerte.

Caminos de fierro, canales, puentes, grandes mejoras materiales, empresas de colonización, son cosas superiores a la capacidad de cualquier provincia aislada, por rica que sea. Esas obras piden millones; y esta cifra es desconocida en el vocabulario provincial.

Pero ¿cuáles objetos y hasta qué grado serán sometidos a la acción del gobierno general? O lo que es lo mismo, ¿cuáles serán las atribuciones o poderes concedidos por las provincias al gobierno general, creado por todas ellas?

Para la solución de este problema debemos acudir a nuestra fuente favorita: los hechos anteriores, los antecedentes, las condiciones de la vida normal del país. Si los legisladores dejasen siempre hablar a los hechos, que son la voz de la Providencia y de la historia, habría menos disputas y menos pérdida de tiempo. La República Argentina no es un pueblo que esté por crearse, no se compone de gentes desembarcadas ayer y venidas de otro mundo para constituirse recién. Es un pueblo con más de dos siglos de existencia, que tiene instituciones antiguas y modernas, desquiciadas e interrumpidas, pero reales y existentes en cierto modo.

Así, muchos de los que han de ser objetos del gobierno general, están ya generalizados de antemano, por actos solemnes y vigentes.

Uno de ellos es el territorio argentino, sobre cuya extensión, integridad y límites están de acuerdo Europa, América y los geógrafos, salvo pequeñas discusiones sobre fronteras externas. Bajo el nombre de República o Confederación Argentina, todo el mundo reconoce un cierto y determinado territorio, que pertenece a una asociación política, que no se equivoca ni confunde con otra.

Los colores nacionales, sancionados por ley de 26 de febrero de 1818 del Congreso general de las provincias unidas de aquella época, se han considerado por todos los partidos y gobiernos como colores nacionales: tales son el blanco y el azul, en el modo y forma hasta ahora acostumbrados (palabra de la ley que sancionó la inspiración del pueblo). El mundo exterior no conoce otros colores argentinos que esos.

La unidad diplomática o de política exterior es otro objeto del gobierno general, que en cierto modo ha existido hasta hoy en la República Argentina, en virtud de la delegación que las provincias argentinas, aisladas o no, han hecho en el gobernador de Buenos Aires, de la facultad de representarlas en tratados y en diferencias exteriores, en que todas ellas han figurado formando un solo país. Pero ese hecho debe de recibir una organización más completa en la Constitución. El gobierno exterior del país comprende atribuciones legislativas y judiciales, cuyo ejercicio no puede ser entregado al Poder ejecutivo de una provincia sin crear la dictatura exterior del país. Son objetos pertenecientes al gobierno exterior de todo país la paz, la guerra, la navegación, el comercio, las alianzas con las potencias extranjeras, y otros varios, que por su naturaleza son del dominio del Poder legislativo; y no existiendo en nuestro país un Poder legislativo permanente, quedará sin ejercicio ni autoridad esa parte exterior del gobierno de la República Argentina, de que depende toda su prosperidad, como se ha demostrado en todo este escrito. Así, pues, la vida, la existencia exterior del país, será inevitablemente uno de los objetos que se constituyan nacionales. En este punto la consolidación deberá ser absoluta e indivisible. Para el extranjero, es decir, para el que ve de fuera la República Argentina, ésta debe ser una e indivisible: multíplice por dentro y unitaria por fuera. La necesidad y conveniencia de este sistema ha sido reconocida invariablemente hasta por los partidarios del aislamiento absoluto en el régimen interior. Todos los tratados existentes entre la República Argentina y las naciones extranjeras están celebrados sobre esa base, y sería imposible celebrarlos de otro modo. La idea de un tratado de comercio exterior, de una declaración de guerra extranjera, de negociaciones diplomáticas, celebrados o declarados por una provincia aislada, sería absurda y risible.

Tenemos, pues, que en materia de negocios exteriores, tanto políticos como comerciales, la República Argentina debe ser un solo Estado, y como Estado único no debe tener más que un solo gobierno nacional o federal.

La aduana exterior, aunque no está nacionalizada, es un objeto nacional, desde que toda la república paga los derechos de aduana marítima, que solo percibe la provincia de Buenos Aires, exclusivo puerto de un país que puede y debe tener muchos otros, aunque la aduana deba ser una y nacional en cuanto al sistema de percepción y aplicación del producto de sus rentas.

Los demás objetos que el Congreso deberá constituir como nacionales y generales, en cuanto a su arreglo, gobierno y dirección permanente, se hallan felizmente acordados ya y señalados como bases futuras de organización general en actos públicos que envuelven compromisos solemnes.

El tratado litoral, firmado en Santa Fe el 4 de enero de 1831 por tres provincias importantísimas de la república, al que después han adherido todas y acaba de ratificarse por el acuerdo de San Nicolás de 31 de mayo de 1852, señala como objetos cuyo arreglo será del resorte del Congreso general:

1.º La administración general del país bajo el sistema federal.
2.ª El comercio interior y exterior.
3.º La navegación.
4.º El cobro y distribución de las rentas generales.
5.º El pago de la deuda de la república.
6.º Todo lo conveniente a la seguridad y engrandecimiento de la república en general.
7.º Su crédito interior y exterior.
8.º El cuidado de proteger y garantir la independencia, libertad y soberanía de cada provincia.

Estas bases son preciosas. Ellas han hecho y formado su trabajo al Congreso constituyente en una parte esencialísima de su obra.

Por ellas conocemos ya cuáles son los objetos que han de constituirse nacionales o federales, y sabemos que esos objetos han de depender, para su arreglo y gobierno, del Congreso general.

Esas bases son tan ricas y fecundas, que el Congreso solo tendrá que deducir sus consecuencias naturales, para obtener el catálogo de todos los objetos que han de declararse y constituirse nacionales y subordinados al gobierno general de toda la república.

Consignándolas una a una en el texto de la futura Constitución federal, tendrá señaladas las principales atribuciones del Poder legislativo permanente. Las demás serán deducciones de ellas.

La facultad de establecer y reglar la administración general del país bajo el sistema federal, deferida al Congreso argentino por el tratado litoral de 1831, envuelve el poder de expedir el código o leyes, del régimen interior general de la confederación. Los objetos naturales de estas leyes, es decir, los grandes objetos comprendidos en la materia de la administración general, serán el establecimiento de la jerarquía o escala gradual de los funcionarios y sus atribuciones, por cuyo medio reciban su completa ejecución las decisiones del gobierno central de la confederación en los ramos asignados a su jurisdicción y competencia nacionales.

Respetando el principio de las soberanías provinciales, admitido como base constitucional, ese arreglo administrativo solo deberá comprender los objetos generales y de provincia a provincia, sin entrar en el mecanismo interior de éstas. Así, el régimen municipal y de administración interna de cada provincia serán del resorte exclusivo de sus legislaturas, en la parte que no se hubiese delegado al gobierno general.

En cuanto a los funcionarios o agentes del gobierno general, ellos podrán ser a la vez, según los objetos, los mismos empleados provinciales y otros nombrados directamente por el gobierno general sujetos a su autoridad.

Como la administración interior de un país abraza los ramos de gobierno, hacienda, milicias, comercio, industria, etc., el poder administrativo deferido al Congreso comprenderá naturalmente el de reglamentar todos esos ramos en la parte que se declaren objetos del gobierno general.

Por eso es que el tratado de Santa Fe enumera a continuación de ese objeto, entre los que han de constituirse generales y reglamentarse por el gobierno federal, el comercio interior y exterior y la navegación.

El comercio interior y exterior y la navegación forman un mismo objeto, porque la navegación consiste en el tráfico marítimo, que como el terrestre son ramos accesorios del comercio general.
La navegación como el comercio se dividirá en exterior e interior o fluvial, y ambos serán objetos declarados nacionales, y dependientes, en su arreglo y gobierno, de las autoridades federales o centrales.

Asignar al gobierno general el arreglo del comercio interior y exterior, es darle la facultad de reglar las monedas, los correos, el peaje, las aduanas, que son cosas esencialmente dependientes y conexas con la industria comercial. Luego estos objetos deben ser declarados nacionales, y su arreglo entregado por la Constitución exclusivamente al gobierno general. Y no podría ser de otro modo, porque con catorce aduanas, catorce sistemas de monedas, pesos y medidas, catorce direcciones diversas de postas y catorce sistemas de peajes, sería imposible la existencia, no digo el progreso, del comercio argentino, de que ha de depender toda la prosperidad de la confederación. El artículo 16 del Acuerdo del 31 de mayo de 1852 consagra este principio.

Asignar al gobierno general el arreglo del cobro y distribución de las rentas generales, es darle el poder de establecer los impuestos generales que han de ser fuente de esas rentas. Hablar de rentas generales es convenir en impuestos generales. Es además consentir en que habrá intereses de fondos públicos nacionales, productos de ventas nacionales, comisos por infracciones de aduanas nacionales, que son otras tantas fuentes de renta pública. Es consentir, en una palabra, en que habrá un tesoro nacional o federal, fundado en la nacionalidad de aquellos objetos.

El pago de la deuda de la república, atribuido en su arreglo al gobierno general, supone en primer lugar la nacionalización de ciertas deudas, supone que hay o habrá deudas nacionales o federales; y en segundo lugar, supone en el gobierno común o federal el poder de endeudarse en nombre de la confederación, o lo que es lo mismo, de contraer deudas, de levantar empréstitos a su nombre. Supone, en fin, la posibilidad y existencia de un crédito nacional.

Constituir un crédito nacional o federal, es decir, unir las provincias para contraer deudas y tomar dinero prestado en el extranjero, con hipoteca de las rentas y de las propiedades unidas de todas ellas, es salvar el presente y el porvenir de la confederación.

El dinero es el nervio del progreso y del engrandecimiento, es el alma de la paz y del orden, como es el agente rey de la guerra. Sin él la República Argentina no tendrá caminos, ni puentes, ni obras nacionales, ni ejército, ni marina, ni gobierno general, ni diplomacia, ni orden, ni seguridad, ni consideración exterior. Pero el medio de tenerle en cantidad capaz de obtener el logro de estos objetos y fines (y no simplemente para pagar empleados, como hasta aquí) es el crédito nacional, es decir, la posibilidad de obtenerlo por empréstitos garantizados con la hipoteca de todas las rentas y propiedades provinciales unidas y consolidadas a este fin. Es sensatísima la idea de establecer una deuda federal o nacional, de entregar su arreglo a la confederación o unión de todas las provincias en la persona de un gobierno común o general.

Asignar al Congreso de la confederación la facultad de proveer a todo lo que interese a la seguridad y engrandecimiento de la república en general, es hacer del orden interior y exterior uno de los grandes fines de la Constitución, y del engrandecimiento y prosperidad otro de igual rango. Es también dar al gobierno general el poder de levantar y reglamentar un ejército federal destinado al mantenimiento de ese orden interno y externo; como asimismo el de levantar fondos para la construcción de las obras nacionales exigidas por el engrandecimiento del país. Y en efecto, el solo medio de obtener la paz entre las provincias confederadas, y entre la confederación toda y las naciones extranjeras, el único medio de llevar a cabo la construcción de las grandes vías de comunicación, tan necesarias a la población y al comercio como a la acción del poder central, es decir, a la existencia de la confederación, será el encargar de la vigilancia, dirección y fomento de esos intereses al gobierno general de la confederación, y consolidar en un solo cuerpo de nación las fuerzas y los medios dispersos del país, en el interés de esos grandes y comunes fines. Las más de estas bases acaban de recibir su sanción en el acuerdo de 31 de mayo de 1852 celebrado en San Nicolás.

XXIV. Continuación del mismo asunto. Extensión de las facultades y poderes del gobierno general

Determinados los objetos sobre que ha de recaer la acción del gobierno general de la confederación, vendrá la cuestión de saber: ¿hasta dónde se extenderá su acción o poder sobre esos objetos, a fin de que la soberanía provincial, admitida también como base constitucional, quede subsistente y respetada?

Sobre los objetos declarados del dominio del gobierno federal, su acción debe ser ilimitada, o más bien, no debe reconocer otros límites que la Constitución y la necesidad de los medios convenientes para hacer efectiva la Constitución. Como poder nacional, sus resoluciones deben tener supremacía sobre los actos de los gobiernos provinciales, y su acción en los objetos de su jurisdicción no debe tener obstáculo ni resistencia. Así, por ejemplo, si se trata de recursos pecuniarios para asegurar la defensa de la confederación contra una agresión insolente o destructora de su independencia, usando de su poder de imposición el Congreso debe tener la facultad de establecer cuantas contribuciones creyese necesarias, en todas juntas y en cada una de las provincias confederadas.

De otro modo, su poder no será, general, sino en el nombre. Siendo uno y nacional el país en los objetos constituidos de dominio del gobierno federal o común, para la acción de este gobierno nacional deben ser como no existentes los gobiernos provinciales. Él debe tener facultad de obrar sobre todos los individuos de la confederación, sobre todos los habitantes de las provincias, no al favor de los gobiernos locales, sino directa e inmediatamente, como sobre ciudadanos de un mismo país y sujetos a un misino gobierno general. No olvidemos que la confederación ha de ser no una simple liga de gobiernos locales, sino una fusión o consolidación de los habitantes de todas las provincias en un Estado general federativo, compuesto de soberanías provinciales, unidas y consolidadas para ciertos objetos, sin dejar de ser independientes en ciertos otros. Esta forma mixta y compuesta, de que no faltan ejemplos célebres en América, hace que el país sea a la vez una reunión de provincias independientes y soberanas en ciertos ramos, y una nación sola, refundida y consolidada en ciertos otros.

La soberanía provincial, acordada por base, quedará subsistente y respetada en todo aquello que no pertenezca a los objetos sometidos a la acción exclusiva del gobierno general, que serán por regla fundamental de derecho público todos aquellos que expresamente no atribuya la Constitución al poder del gobierno federativo o central.

Quedara subsistente, sobre todo, el poder importantísimo de elegir sus propias autoridades sin ingerencia del poder central, de darse su Constitución provincial, de formar y cubrir su presupuesto de gastos locales con la misma independencia.

Este gobierno, general y local a la vez, será complicado y difícil, pero no por ello dejará de ser el único gobierno posible para la República Argentina. Las formas simples y puras son más fáciles, pero todos ven que la República Argentina es tan incapaz de una pura y simple federación, como de una pura y simple unidad. Necesita, por circunstancias, de una federación unitaria o de una unidad federativa.

Esta fórmula de solución no es original. Es la que resolvió la crisis de ocho años de vergüenza, de pobreza y de desquicio, por la cual pasó la confederación de Estados Unidos antes de darse la forma mixta que hoy tiene. Allí, como en la República Argentina, luchando los dos principios unitario y federativo; y convencidos de la incapacidad de destruirse uno a otro, hicieron la paz y tomaron asiento unidos y combinados en la Constitución admirable que hoy los rige.

No se triunfa de un principio por las bayonetas; se le desarma instantáneamente, se le priva de sus soldados, de su bandera, de su voz, por un azar militar; pero el principio, lejos de morir, se inocula en el vencedor mismo, y triunfa hasta por medio de sus enemigos. Así el principio unitario de gobierno, aunque se le suponga muerto por algunos en la República Argentina, no lo está, y debe ser consignado con lealtad en la Constitución general, en la parte que le corresponda, y en combinación discreta y sincera con el principio de soberanía provincial o federal, según la fórmula que hemos dado.

La aplicación de esa fórmula a nuestro país no es un expediente artificioso para escamotear la soberanía provincial. Yo califico de inhábil todo artificio dirigido a fascinar la sagacidad del espíritu provincial, y una Constitución pérfida y falaz lleva siempre el germen de muerte en sus entrañas. Es la adopción leal y sincera de una solución, que los antecedentes del país hacen inevitable y única.

Tampoco será plagio ni copia servil de una forma exótica. Deja de ser exótica, desde que es aplicable a la organización del gobierno argentino: y no será copia servil, desde que se aplique con las modificaciones exigidas por la manera de ser especial del país, a cuyas variaciones se presta esa fórmula como todas las fórmulas conocidas de gobierno.

Bajo el gobierno español, nuestras provincias compusieron un solo virreinato, una sola colonia. Los Estados Unidos, bajo la dominación inglesa, fueron tantas colonias o gobiernos independientes absolutamente unos de otros como Estados. Cada Estado de Norteamérica era mayor en población que toda la actual Confederación Argentina cada provincia de ésta es menor que el condado o partido en que se subdividen aquellos Estados. Este antecedente, por ejemplo, hará que en la adopción argentina del gobierno compuesto de la América del Norte, entre más porción de centralismo, más cantidad de elemento nacional, que en el sistema de Norteamérica.

Y aunque las distancias sean un obstáculo real para el centralismo puro, no lo serán para el centralismo relativo o parcial que proponemos, desde que hemos visto en nuestra misma América española bajo el antiguo régimen vastísimos imperios o reinados, administrados con más inteligencia que en nuestro tiempo por virreyes que apenas habitaban la provincia metrópoli. Ni debemos olvidar, en cuanto a esto, que las leyes civiles y criminales, el arreglo concejil o municipal, la planta financiera o fiscal, que hasta hoy poseen las provincias argentinas, fueron dados por un gobierno que residía a dos mil leguas de América, lo que demuestra que la distancia no excluye absolutamente todo centralismo.

Dije que las provincias no podrían dar parte de su poder al gobierno central, y retener al mismo tiempo ese poder que daban. De consiguiente, todos los poderes deferidos al gobierno general serán otros tantos poderes de que se desprendan ellas.

Según eso, todas las cosas que pueda hacer el gobierno general, serán otras tantas cosas que no puedan hacer los gobiernos de provincia.

Las provincias no podrán ingerirse en el sistema o arreglo general de postas y correos.

No deberán expedir reglamento, ni dar ley sobre comercio interior o exterior, ni sobre navegación interior, ni sobre monedas, pesos y medidas, ni sobre rentas o impuestos que se hubiesen declarado nacionales, ni sobre el pago de la deuda pública.

No podrán alterar los colores simbólicos de la república.

No podrán celebrar tratados con países extranjeros, recibir sus ministros, ni declararles guerra.

No podrán hacer ligas parciales de carácter político, y se darán por abolidas todas las existentes.

No podrán tener ejércitos locales.

No podrán crear aduanas interiores o de provincia.

No podrán levantar empréstitos en el extranjero con gravamen de sus rentas.

No podrán absolutamente ejercer esos poderes, porque serán poderes delegados al gobierno de la confederación, de un modo constitucional e irrevocable, por otro medio que no sea el establecido por la Constitución misma.

Nada de eso pueden hacer los Estados aislados, en la confederación de Norteamérica, a pesar de su soberanía local.

Si las provincias argentinas rehusasen admitir un sistema semejante de gobierno, si no consintiesen desprenderse de esos poderes, al mismo tiempo que aseguran querer un gobierno general, en tal caso se diría con fundamento que no querían ni federación, ni unidad, ni gobierno general de ningún género.

XXV. Continuación del mismo objeto. Extensión relativa de cada uno de los poderes nacionales. Papel y misión del Poder ejecutivo en la América del Sur. Ejemplo de Chile

Este sería el lugar de hablar de las atribuciones; respectivas que hayan de tener los tres poderes, ejecutivo, legislativo y judicial del gobierno de la confederación. Pero limitándose el objeto de este libro a designar las bases y miras generales, en vista de las cuales haya de concebirse la nueva Constitución, sin descender a pormenores, no me ocuparé en estudiar los deslindes del poder respectivo de cada una de las ramas del gobierno general, por ser materia de aplicación lógica, y ajena de mi trabajo sobre bases generales.

Llamaré únicamente la atención, sin salir de mi objeto, a dos puntos esenciales que han de tenerse en vista en la Constitución del Poder ejecutivo, tanto nacional como provincial. Este es uno de los rasgos en que nuestra Constitución hispano-argentina debe separarse del ejemplo de la Constitución federal de los Estados Unidos.

«Ha de continuar el virrey de Buenos Aires con todo el lleno de la superior autoridad y omnímodas facultades que le conceden mi real título e instrucción, y las leyes de las Indias», decía el artículo 2 de la Ordenanza de Intendentes para el virreinato de Buenos Aires.

Tal era el vigor del Poder ejecutivo en nuestro país, antes del establecimiento del gobierno independiente.

Bien sabido es que no hemos hecho la revolución democrática en América para restablecer ese sistema de gobierno que antes existía, ni se trata de ello absolutamente; pero si queremos que el Poder ejecutivo de la democracia tenga la estabilidad que el Poder ejecutivo realista, debemos poner alguna atención en el modo como se había organizado aquél para llevar a efecto su mandato.

El fin de la revolución estará salvado con establecer el origen democrático y representativo del poder, y su carácter constitucional y responsable. En cuanto a su energía y vigor, el Poder ejecutivo debe tener todas las facultades que hacen necesarios los antecedentes y las condiciones del país y la grandeza del fin para que es instituido. De otro modo, habrá gobierno en el nombre, pero no en la realidad; y no existiendo gobierno, no podrá existir la Constitución, es decir, no podrá haber ni orden, ni libertad, ni Confederación Argentina.

Los tiempos y los hombres que recibieron por misión proclamar y establecer en la América del Sur el dogma de la soberanía radical del pueblo, no podían ser adecuados para constituir la soberanía derivada y delegada del gobierno. La revolución que arrebató la soberanía a los reyes para darla a los pueblos, no ha podido conseguir después que éstos la deleguen en gobiernos patrios tan respetados como los gobiernos regios; y la América del Sur se ha visto colocada entre la anarquía y la omnipotencia de la espada por muchos años.

Dos sistemas se han ensayado en la extremidad meridional de la América antes española, para salir de esa posición. Buenos Aires colocó la omnipotencia del poder en las manos de un solo hombre, erigiéndole en hombre-ley en hombre-código. Chile empleó una Constitución en vez de la voluntad discrecional de un hombre; y por esa Constitución dio al Poder ejecutivo los medios de hacerla respetar con la eficacia de que es capaz la dictadura misma.

El tiempo ha demostrado que la solución de Chile es la única racional en repúblicas que poco antes fueron monarquías.

Chile ha hecho ver que entre la falta absoluta de gobierno y el gobierno dictatorial hay un gobierno regular posible; y es el de un presidente constitucional que pueda asumir las facultades de un rey en el instante que la anarquía le desobedece como presidente republicano.

Si el orden, es decir, la vida de la Constitución, exige en América esa elasticidad del poder encargado de hacer cumplir la Constitución, con mayor razón la exigen las empresas que interesan al progreso material y al engrandecimiento del país. Yo no veo por qué en ciertos casos no puedan darse facultades omnímodas para vencer el atraso y la pobreza, cuando se dan para vencer el desorden, que no es más que el hijo de aquéllos.

Hay muchos puntos en que las facultades especiales dadas al Poder ejecutivo pueden ser el único medio de llevar a cabo ciertas reformas de larga, difícil e insegura ejecución, si se entregan a legislaturas compuestas de ciudadanos más prácticos que instruidos, y más divididos por pequeñas rivalidades que dispuestos a obrar en el sentido de un pensamiento común.

Tales son las reformas de las leyes civiles y comerciales, y en general todos esos trabajos que por su extensión considerable, lo técnico de las materias y la necesidad de unidad en su plan y ejecución, se desempeñan mejor y más pronto por pocas manos competentes que por muchas y mal preparadas.

Yo no vacilaría en asegurar que de la Constitución del Poder ejecutivo, especialmente, depende la suerte de los Estados de la América del Sur.

Llamado ese poder a defender y conservar el orden y la paz, es decir, la observancia de la Constitución y de las leyes, se puede decir que a él solo se halla casi reducido el gobierno en estos países de la América antes española. ¿Qué importa que las leyes sean brillantes, si no han de ser respetadas? Lo que interesa es que se ejecuten, buenas o malas; ¿pero cómo se obtendrá su ejecución si no hay un poder serio y eficaz que las haga ejecutar?

¿Teméis que el ejecutivo sea su principal infractor? En tal caso no habría más remedio que suprimirlo del todo. ¿Pero podríais vivir sin gobierno? ¿Hay ejemplo de pueblo alguno sobre la tierra que subsista en un orden regular sin gobierno alguno? No: luego tenéis necesidad vital de un gobierno o Poder ejecutivo. ¿Lo haréis omnímodo y absoluto, para hacerlo más responsable, como se ha visto algunas veces durante las ansiedades de la revolución?

No: en vez de dar el despotismo a un hombre, es mejor darlo a la ley. Ya es una mejora el que la severidad sea ejercida por la Constitución y no por la voluntad de un hombre. Lo peor del despotismo no es su dureza, sino su inconsecuencia, y solo la Constitución es inmutable.

Dad al Poder ejecutivo todo el poder posible, pero dádselo por medio de una Constitución.

Este desarrollo del Poder ejecutivo constituye la necesidad dominante del derecho constitucional de nuestros días en Sudamérica. Los ensayos de monarquía, los arranques dirigidos a confiar los destinos públicos a la dictadura, son la mejor prueba de la necesidad que señalamos. Esos movimientos prueban la necesidad, sin dejar de ser equivocados y falsos en cuanto al medio de llenarla.

La división que hemos hecho al principio del derecho constitucional hispanoamericano en dos épocas, es aplicable también a la organización del Poder ejecutivo. En la primera época constitucional se trataba de debilitar el poder hasta lo sumo, creyendo servir de ese modo a la libertad. La libertad individual era el grande objeto de la revolución, que veía en el gobierno un elemento enemigo, y lo veía con razón, porque así había sido bajo el régimen destruido. Se proclamaban las garantías individuales y privadas, y nadie se acordaba de las garantías públicas, que hacen vivir a las garantías privadas.

Ese sistema, hijo de las circunstancias, llego a hacer imposible, en los Estados de la América insurrecta contra España, el establecimiento del gobierno y del orden. Todo fue anarquía y desorden, cuando el sable no se erigió en gobierno por sí mismo. Esa situación de cosas llega a nuestros días (1852).

Pero hemos venido a tiempos y circunstancias que reclaman un cambio en el derecho constitucional sudamericano, respecto a la manera de constituir el Poder ejecutivo.

Las garantías individuales proclamadas con tanta gloria, conquistadas con tanta sangre, se convertirán en palabras vanas, en mentiras relumbrosas, si no se hacen efectivas por medio de las garantías públicas. La primera de éstas es el gobierno, el Poder ejecutivo revestido de la fuerza capaz de hacer efectivos el orden constitucional y la paz, sin los cuales son imposibles la libertad, las instituciones, la riqueza, el progreso.

La paz es la necesidad que domina todas las necesidades públicas de la América del Sur. Ella no necesitaría sino de la paz para hacer grandes progresos.

Pero no olvidéis: la paz solo viene por el camino de la ley. La Constitución es el medio más poderoso de pacificación y de orden. La dictadura es una provocación perpetua a la pelea; es un sarcasmo, un insulto sangriento a los que obedecen sin reserva. La dictadura es la anarquía constituida y convertida en institución permanente. Chile debe la paz a su Constitución, y no hay paz durable en el mundo que no repose en un pacto expreso, conciliatorio de los intereses públicos y privados.

La paz de Chile, esa paz de dieciocho años continuos en medio de las tempestades extrañas, que le ha hecho honor de la América del Sur, no viene de la forma del suelo, ni de la índole de los chilenos, como se ha dicho; viene de su Constitución. Antes de ella, ni el suelo ni el carácter nacional impidieron a Chile vivir anarquizado por quince años. La Constitución ha dado el orden y la paz, no por acaso, sino porque fue ése su propósito, como lo dice su preámbulo. Lo ha dado por medio de un Poder ejecutivo vigoroso, es decir, de un poderoso guardián del orden, misión esencial del poder, cuando es realmente un poder y no un nombre. Este rasgo constituye la originalidad de la Constitución de Chile, que, a mi ver, es tan original a su modo como la de los Estados Unidos. Por él se ligó a su base histórica el poder en Chile, y recibió de la tradición el vigor de que disfruta. Chile supo innovar en esto con un tacto de Estado, que no han conocido las otras repúblicas. La inspiración fue debida a los Egañas, y el pensamiento remonta a 1813. Desde aquella época escribía don Juan: «Es ilusión un equilibrio de poderes. El equilibrio en lo moral y lo físico reduce a nulidad toda potencia». «Tampoco puede formar equilibrio la división del ejecutivo y legislativo, ni sostener la Constitución.» «Lo cierto es que en la antigüedad, y hoy mismo en Inglaterra, el Poder ejecutivo participa formalmente de las facultades del legislativo.» «La presente Constitución es tan adaptable a una monarquía mixta como a una república.» «En los grandes peligros, interiores o exteriores de la república, pueden la censura o el gobierno proponer a la junta gubernativa, y ésta decretará, que todas las facultades del gobierno o del consejo cívico se reconcentren y reúnan, en el solo presidente, subsistiendo todas las demás magistraturas con sus respectivas facultades, cuya especie de dictadura deberá ser por un tiempo limitado y declarado por la junta gubernativa.»

He ahí la semilla, echada en 1813, de lo que, mejor digerido y desenvuelto, forma la originalidad y excelencia de la Constitución vigente de Chile, ilustrada por veinte años de paz, debidos a sus artículos 82 (incisos 1.º y 20 especialmente) y 161.

Desligado de toda conexión con los partidos políticos de Chile, teniendo en ambos personas de mi afección y simpatía, hablo así de su Constitución, por la necesidad que tengo de proponer a mi país, en el acto de constituirse, lo que la experiencia ha enseñado como digno de imitación en el terreno del derecho constitucional sudamericano. Me contraigo a la Constitución del Poder ejecutivo, no al uso que de él hayan hecho los gobernantes; y así en obsequio de la institución cuya imitación recomiendo, debo decir que los gobernantes no han hecho al país todo el bien que la Constitución les daba la posibilidad de realizar. Por lo demás, ningún cambio de afección ha variado jamás mi manera de ver esta Constitución; adicto de lejos a la oposición o al poder, siempre la he mirado del mismo modo.

Con la misma imparcialidad señalo al principio de este libro los grandes defectos de que esa Constitución adolece, y con el fin útil de evitar que mi país incurra en la imitación de ella, en puntos en que su reforma es exigida imperiosamente por la prosperidad de Chile.

XXVI. De la capital de la Confederación Argentina. Todo gobierno nacional es imposible con la capital en Buenos Aires

Toco este punto como accesorio importante de la idea de ensanchar el vigor del Poder ejecutivo nacional, y como uno de los que hayan presentado mayor dificultad hasta aquí en la organización constitucional de la República Argentina.

En las dos ediciones de esta obra, hechas en Chile en 1852, sostuve la opinión, entonces perteneciente a muchos, de que convenía restablecer a Buenos Aires como capital de la Confederación Argentina en la Constitución general que iba a darse.

Esa opinión estaba fundada en algunos hechos históricos y en preocupaciones a favor de Buenos Aires, que han cambiado y que se han desvanecido más tarde.

Tales eran:

1.º Que siendo de origen transatlántico la civilización anterior y la prosperidad futura de los pueblos argentinos, convenía hacer capital del país al único punto del territorio argentino que en aquel tiempo era accesible al contacto directo con la Europa. Ese punto era Buenos Aires, en virtud de las leyes de la antigua colonia española, que se conservaban intactas respecto a navegación fluvial.

2.º Opinábase que habiendo sido Buenos Aires la capital secular del país bajo todos los sistemas de gobierno, no estaba en la mano del Congreso el cambiarla de situación.

3.º Que esa ciudad era la más digna de ser la residencia del gobierno nacional, por ser la más culta y populosa de todas las ciudades argentinas.

El primero de esos hechos, es decir, la geografía política colonial, no tardó en recibir un cambio fundamental que arrebató a Buenos Aires el privilegio de ser único punto accesible al contacto directo del mundo exterior.

La libertad de navegación fluvial fue proclamada por el general Urquiza, jefe supremo de la Confederación Argentina, el 28 de agosto y el 3 de octubre de 1852.

Situados en las márgenes de los ríos casi todos los puertos naturales que tiene la República Argentina, la libertad fluvial significaba la apertura de los puertos de las provincias al comercio directo de la Europa, es decir, a la verdadera libertad de comercio.

Por ese hecho las demás provincias litorales adquirían la misma aptitud y competencia para ser capital de la república, por razón de la situación geográfica que Buenos Aires había poseído exclusivamente mientras conservó el monopolio colonial de ese contacto.

A pesar de ese cambio, el Congreso constituyente declaró a Buenos Aires, en 1853, capital de la Confederación Argentina, respetando el antecedente de haber sido esa ciudad capital normal del país bajo dos sistemas de gobierno colonial y republicano.

Pero la misma Buenos Aires se encargó de demostrar que el haber sido residencia del gobierno encargado por tres siglos de hacer cumplir las leyes de Indias, que bloqueaban los ríos y las provincias pobladas en sus márgenes, no era título para ser mansión del gobierno que debía tener por objeto hacer cumplir la Constitución y las leyes, que abrían esos ríos y esas provincias al comercio directo, es decir, al comercio libre con Europa.

Buenos Aires reaccionó y protestó solemnemente contra el régimen de libre navegación fluvial, desde que vio que ese sistema le arrebataba los privilegios del sistema colonial que la habían hecho ser la única ciudad comercial, la única ciudad rica, la única capaz de recibir al extranjero.

Buenos Aires probó además por su revolución de 11 de septiembre de 1852, en que se aisló de las otras provincias, que el haberlas representado ante las naciones extranjeras durante la revolución, lejos de ser un precedente que hiciera a Buenos Aires digna de ser su capital, era justamente el motivo que la constituía un obstáculo para la institución de un gobierno nacional. Veamos cómo y por qué causa.

Mientras las provincias vivieron aisladas unas de otras y privadas del gobierno nacional o común, la provincia de Buenos Aires, a causa de esa misma falta de gobierno nacional, recibió el encargo de representar en el exterior a las demás provincias; y bajo el pretexto de ejercer la política exterior común, el gobierno local o provincial de Buenos Aires retuvo en sus manos exclusivas, durante cuarenta años, el poder diplomático de toda la nación, es decir, la facultad de hacer la paz y la guerra, de hacer tratados con las naciones extranjeras, de nombrar y recibir ministros, de reglar el comercio y la navegación, de establecer tarifas y de percibir la renta de aduana de las catorce provincias de la Nación, sin que esas provincias tomasen la menor parte en la elección del gobierno local de Buenos Aires, que manejaba sus intereses, ni en la negociación de los tratados extranjeros, ni en la regulación de las tarifas que soportaban, y por último, ni en el producto de las rentas de la aduana, percibido por la sola Buenos Aires, y soportado, en último resultado, por los habitantes de todas las provincias.

La institución de un gobierno nacional venía necesariamente a retirar de manos de Buenos Aires el monopolio de esas ventajas, porque un gobierno nacional significa el ejercicio de esos poderes y la administración de esas rentas, hecho conjuntivamente por las catorce provincias que componen la República Argentina.

El dictador Rosas, conociendo eso, persiguió como un crimen la idea de constituir un gobierno nacional. Hizo repetir cien veces en sus prensas una carta que había dirigido al general Quiroga en 1833, para convencerle de que la Nación no tenía medios de constituir el gobierno patrio, en busca del cual había derrocado el poder español en 1810. Rosas, como gobernador local de Buenos Aires, defendía los monopolios de la provincia de su mando, porque en ese momento formaban todo su poder personal.

Después de caído Rosas, Buenos Aires, con sorpresa de toda América, que le observaba, siguió resistiendo la creación de un gobierno nacional, que naturalmente relevaba porque tenía que relevar a su gobernador local del rango de jefe supremo de catorce provincias, que no lo habían elegido ni tenían el derecho del hacerle responsable. Buenos Aires resistió la creación de un Congreso Nacional, porque ese Congreso venía a relevar a su legislatura de provincia de los poderes supremos de hacer la paz y la guerra, de reglar el comercio y la navegación, de imponer contribuciones aduaneras: poderes que esa provincia había estado ejerciendo por su legislatura local a causa de la falta de un Congreso común.

Cuando las provincias vieron que Buenos Aires resistía la instalación de un gobierno nacional en el interés de seguir ejerciendo sus atribuciones sin intervención de la Nación, como había sucedido hasta entonces, las provincias renunciaron a la esperanza de tener la cooperación de Buenos Aires para fundar un gobierno nacional de cualquier clase que fuese, pues todo gobierno común, ya fuese unitario, ya federal, por el hecho de ser gobierno común de todas las provincias, debía exigir de la provincia de Buenos Aires el abandono de las rentas y poderes nacionales, que Buenos Aires había estado ejerciendo en nombre de las otras provincias con motivo y mientras ellas carecían de gobierno propio general.

El mismo interés que Buenos Aires ha tenido en resistir la creación del gobierno común, que debe destituirle, tendrá naturalmente en lo futuro para estorbar que se radique y afirme ese gobierno de las catorce provincias, a quien tendrá que entregar los poderes y rentas que antes administraba su provincia sola, con exclusión absoluta de las otras.

Luego Buenos Aires no podrá ser la capital o residencia de un gobierno nacional, cuya simple existencia le impone el abandono de los privilegios de la provincia-nación, que ejerció mientras las provincias vivieron constituidas en colonia de su capital de otro tiempo.

Hacer a Buenos Aires cabeza de un gobierno nacional sería lo mismo que encargarle de llevar a ejecución por sus propias manos la destitución de su gobierno de provincia.

Esa es la razón por que Buenos Aires no quiso ser capital del gobierno unitario de Rivadavia, ni quiere hoy ser capital del gobierno federal de Urquiza. No querrá ser capital de ningún gobierno común, en cambio del papel que ha hecho durante el desorden, a saber: de metrópoli republicana de trece provincias, que vivían sin gobierno propio.

Entre dar su gobierno a catorce provincias o recibir el gobierno que ellas eligen, hay la diferencia que va de gobernar a obedecer. La Constitución actual de Buenos Aires confirma el principio de su derecho local, que excluyó durante treinta años a los argentinos de las otras provincias del voto pasivo para ser gobernador de Buenos Aires. Por ese principio, la política exterior no podía ser ejercida jamás por el hijo de una provincia argentina que no hubiese nacido en Buenos Aires. El feudalismo revelado por esa legislación hace ver cuanto dista la provincia de Buenos Aires de comprender que debe entregar su ciudad al gobierno de esos provincianos, a quienes excluye hasta hoy mismo de la silla de su gobierno local, si quiere que exista una nación bajo su iniciativa.

¡Qué contraste el de esa política con la de Chile, cuya capital de treinta años a esta parte jamás hospedó un presidente de la república que no fuese hijo de provincia!

Colocar la cabeza del gobierno nacional en la provincia cuyo interés local está en oposición con el establecimiento de todo gobierno común, es entregarlo a su adversario para que lo disuelva de un modo u otro, en el interés de recuperar las ventajas que le daba la acefalía.

Si Buenos Aires ha perdido el monopolio que hacía de las rentas y del gobierno exterior de la nación, por causa de la libertad fluvial y del comercio directo de las provincias con Europa, es evidente que no conviene a las libertades de la navegación fluvial y a los intereses del comercio directo el colocar la cabeza del gobierno que ha nacido de esas libertades, y que descansa en ellas, en manos de la provincia de Buenos Aires, que ha soportado aquella pérdida.

Y aunque Buenos Aires asegure por táctica que no se opone a la libertad fluvial, se debe dudar de la sinceridad de un aserto, que equivale a decir, que quiere de corazón la pérdida de sus antiguos monopolios de poder y de renta. Si desea, en efecto, el abandono de esos monopolios, ¿por qué está entonces separada de las otras provincias de su país? ¿Por qué no acepta la Constitución nacional que le ha retirado esos monopolios?

Así, la capital de la Nación en Buenos Aires es tan contraria a los intereses de las naciones extranjeras que tienen relaciones de comercio con los pueblos argentinos, como a los intereses de las provincias mismas, porque el interés de Buenos Aires se halla en oposición con el interés general en ese punto.

Se dirá que solo es su interés mal entendido, y ésa es la verdad; pero no se debe olvidar que este interés es el que hoy gobierna a Buenos Aires, porque es el único que él entiende. Buenos Aires desconoce totalmente las condiciones de la vida de nación, por la razón sencilla de que durante cuarenta años solo ha hecho la vida de provincia. Nunca ha entendido el modo de engrandecer sus intereses locales, ligándolos con los intereses de la nación, sino cuando ha podido someter los intereses de toda la nación a los de su provincia. Así se explica cómo prefiere hoy romper la integridad de la nación, antes que respetar y obedecer al gobierno creado por sus compatriotas, que sería el brazo fuerte de la tranquilidad y del progreso de la misma Buenos Aires.

Capital siempre incompleta y a medias bajo la república, semicapital bajo el gobierno directo de Madrid en las provincias argentinas, en ningún tiempo Buenos Aires nombró sus gobernadores. De modo que la cesación de su rango de capital (que perdió de derecho desde 1810) es un cambio nominal, que no envuelve una variación sustancial en los hechos anteriores; y por eso es que se opera pacíficamente, sin violencia por ninguna parte y contra la voluntad misma del Congreso, que dispuso lo contrario.

No se decretan las capitales de las naciones, se ha dicho con razón. Ellas son la obra espontánea de las cosas.

Pues bien, las cosas del orden colonial hicieron la capital en Buenos Aires, a pesar de la voluntad del rey de España; y las cosas de la libertad han sacado de allí la capital, a pesar de la voluntad del Congreso Argentino.

Como en los Estados Unidos de Norteamérica, la nueva capital del Plata ha salido también del choque de los intereses del Norte con los intereses del Sur de las provincias argentinas.

El ejemplo de ese país nos enseña que no es menester que el gobierno común se inspire en el brillo de las grandes ciudades, para ser ilustrado y juicioso. Si es verdad que Inglaterra hostilizó a sus colonias, designando lugares solitarios para la reunión de sus legislaturas, también es un hecho conocido que la república de los Estados Unidos tuvo necesidad de instituir su gobierno nacional en el más humilde de los lugares de ese país, pues tuvo que formar al efecto una ciudad que no existía, en cuyas calles he visto todavía en 1855 vacas errantes y sueltas. Nueva York, rival de París, no es capital ni aun del Estado de su nombre. Un simple alcalde es el jefe superior de esa metrópoli del comercio americano. Su gobierno local reside en Albany, pueblecito interior, donde se hacen las leyes del más brillante y populoso Estado del Nuevo Mundo. En nombre de la autoridad de esos ejemplos, séanos permitido declinar de la autoridad de Rossi, que invocamos en las primeras ediciones de este libro.

Si la situación geográfica, si el interés local opuesto al interés de todos, quitan a Buenos Aires toda competencia para ser capital de la república, ¿cuál otro título le resta? ¿La superioridad de su cultura? ¿Su inteligencia en materia de gobierno constitucional?

Séanos permitido averiguar cuándo, cómo, con qué motivo adquirió Buenos Aires los hábitos y la inteligencia del gobierno libre, que le den título para ser capital de un gobierno nacional representativo.

Si la historia es una escuela de gobierno, no debemos malograr sus lecciones porque sea mortificante su lenguaje.

Olvidemos que en dos siglos Buenos Aires fue residencia de un virrey armado de facultades omnímodas y de un poder sin límites.

Prescindamos de los primeros diez años de la revolución en que Buenos Aires tuvo que asumir esa misma omnipotencia para llevar a cabo la revolución contra España. No hablemos de las reformas locales del señor Rivadavia, en que ese publicista, con más bondad que inteligencia, organizó el desquicio del gobierno argentino.

¿Cuál ha sido la suerte de las libertades y garantías de Buenos Aires durante los últimos veinte años?

La división del poder es la primera de las garantías contra el abuso de su ejercicio. Por veinte años la provincia de Buenos Aires ha visto la suma total de sus poderes públicos en manos de un solo hombre.

La responsabilidad de los mandatarios es otro rasgo esencial del gobierno libre. Rosas se conservaría hasta hoy día de gobernador de Buenos Aires, justificado en todos sus actos, si no le hubiese derrocado un ejército salido de las provincias contra la resistencia de un ejército salido de Buenos Aires. La Legislatura de esa provincia sancionó y legalizó la tiranía de Rosas, año por año, durante un quinto de siglo; y rehusó treinta y cuatro veces admitir la renuncia que hizo el tirano de su poder despótico. Pues bien, ni hoy mismo ocurre a nadie en Buenos Aires que esa legislatura sea responsable de las violencias que legalizó.

La publicidad de los actos del poder es otro rasgo del gobierno libre, como preservativo de sus abusos. Con la cabeza hubiese pagado su audacia el que hubiera interpelado al gobierno para informar al país de un negocio público, o el que hubiese opinado con su razón propia y no con la razón del gobierno.

La movilidad de los mandatarios es otro requisito de la república representativa. Existe hoy en Buenos Aires toda una generación de políticos, que ha venido a conocer otro gobernador que don Juan Manuel Rosas, después de tener barbas.

Esa es la historia de las garantías públicas; veamos lo que ha sido de las garantías individuales, bajo el gobierno que más ha influido en las costumbres y en la educación de Buenos Aires.

Es inútil decir que la libertad, base y resumen de todas las garantías, no ha podido coexistir con la tiranía sangrienta y tenebrosa de Rosas. Por veinte años el solo nombre de libertad fue calificado crimen de lesa patria.

Respecto a la propiedad, la más fecunda de las garantías para un país naciente, ¿qué suerte tuvo en Buenos Aires por el espacio de veinte años? Recién después de la caída de Rosas se han devuelto propiedades por valor de muchos millones de pesos, que han estado arrebatadas a sus dueños, y entregadas a los cómplices del despojo oficial. En ese espectáculo se ha educado la generación de Buenos Aires, que pretende tomar la iniciativa constitucional de la república.

¿Qué fue de la garantía de la vida? Hable Rivera Indarte desde su tumba con las tablas de sangre que horrorizaron a Inglaterra y a Europa. El puñal de la mashorca, rama ambulante del gobierno de Buenos Aires, cortó centenares de cabezas sin la menor resistencia de parte de esa ciudad, cuyas iglesias, al contrario, vieron en sus altares el retrato del tirano, y cuyas calles vieron paseado en carros de triunfo por las primeras gentes ese retrato del autor de esas matanzas.

En cuanto a la seguridad de las personas, los habitantes de Buenos Aires estaban más seguros en las cárceles que en sus propias casas, y la fuga y la ocultación fueron el habeas corpus de ese tiempo.

La libertad de la prensa solo existió para el gobierno, quien la empleó veinte años en insultar impunemente al pueblo de Buenos Aires. Escribir, publicar, leer, enseñar, aprender, estudiar, todo estuvo prohibido veinte años directa o indirectamente en esa ciudad, que se pretende llamada a ilustrar a las provincias.

Un expediente era necesario seguir para salir de Buenos Aires, sin cuyo requisito el viajero era considerado y tratado como prófugo: tal fue la suerte de la libertad de locomoción.

¿Qué puede entender de derecho constitucional la población de Buenos Aires, donde el derecho público argentino no se enseñó jamás en ninguna escuela? Porque discutir los principios de un gobierno nacional y dar a conocer la usurpación que Buenos Aires hacía de sus atribuciones y rentas a las demás provincias, que forman la nación, era todo uno y la misma cosa.

¿Qué noción puede haber de la igualdad ante la ley? ¿Qué podrá ser esa garantía, considerada como idea o como práctica, en la ciudad donde por veinte años los hombres se dividieron ante el gobierno y ante el juez, en salvajes unitarios y patriotas federales, en amigos del gobernador Rosas y en traidores de la patria colocados fuera de la ley?

¿Qué noción de espíritu público podrá existir en la ciudad donde por veinte años fueron sospechados de conspiración, y perseguidos tal vez de muerte, cuatro individuos que se reunían para conversar de cosas indiferentes?

Esa es la historia de Buenos Aires; ésa es la verdad de su pasado que siempre es padre de la realidad del presente. Si yo miento en ella, faltan conmigo a la verdad todos los publicistas de Buenos Aires que han figurado al frente de la causa que triunfó por el brazo de Urquiza en Monte Caseros. Apelo a Rivera Indarte, a Florencio Varela, a Echeverría, a Alsina, a Wright, a Mármol, a Frías, en sus escritos anteriores a la caída de Rosas. Ellos son, en resumen, lo que acabo de decir. Pues bien, ellos han establecido de antemano la incompetencia para llevar la libertad constitucional a las provincias que componen la república, del pueblo de Buenos Aires a quien la república le llevó primero la victoria contra Rosas, y más tarde la Constitución nacional que derogaba su régimen de barbarie, habiendo resistido sin éxito a su libertad, y después a la Constitución, de la que tuvo la desgracia de triunfar militarmente al favor de un cohecho.

No queramos encubrir y oscurecer el pasado para disculpar el presente. No alteremos la verdad de ayer para desfigurar la verdad de hoy.

El gobierno que ha tenido Buenos Aires por veinte años puede engendrar el fanatismo, pero no la inteligencia de la libertad.

La libertad es un arte, es un hábito, es toda una educación; ni cae formada del cielo, ni es un arte infuso. El amor a la libertad no es la república, como el amor a la plata no es la riqueza.

¿Quién puso fin a esa triste historia de Buenos Aires? ¿Dio esa ciudad una prueba práctica de su aversión al despotismo y de su apego a la libertad, derrocando por sus manos al tirano de veinte años? Al contrario, todos saben que un ejército de veinte mil hombres salió de la provincia de Buenos Aires y peleó seis horas en campo de batalla para defender al opresor de sus libertades.

Buenos Aires fue libertada contra su voluntad por la espada victoriosa del general Urquiza.

Pero importa explicar la anomalía, que no se explica solamente por motivos de ignorancia o abatimiento de la ciudad vencida. Buenos Aires no defendía la tiranía, aunque tampoco defendía su libertad en la batalla de Monte Caseros. Defendía una causa más antigua que la dictadura de Rosas, y que debía sobrevivir a esa dictadura: la causa del monopolio del gobierno exterior y del tesoro de toda la nación, que explotó el tirano de esa provincia y que más tarde quisieron explotar los sucesores de su gobierno local.

Los revoltosos de profesión, los que comen del sofisma, y los unitarios cansados de luchar por la unidad nacional, han transigido con las preocupaciones antinacionales del vulgo de Buenos Aires y han atacado la integridad de la república con la audacia que no tuvo el mismo Rosas, pues jamás ese tirano osó presentar aislada en el mundo a su provincia, sino como encargada de representar a las demás provincias de la Nación, de que formaba y forma parte integrante.

Eso acabó con el prestigio de Buenos Aires en la opinión de las provincias y puso de manifiesto a los ojos de ellas, que la política de aislamiento y de desquicio que había sido atribuida a Rosas servía a los intereses de Buenos Aires, los cuales hallaron quien los comprendiera y defendiera, como los había comprendido y defendido el tirano; es decir, en contradicción con intereses de la Nación Argentina.

Por fortuna, el poder y superioridad que en otro tiempo hicieron a Buenos Aires capital indispensable de la nación y árbitra de su organización constitucional, han salido para siempre de las manos de esa provincia, junto con el monopolio del comercio y de la navegación fluvial de que dependía; y su aislamiento y abstención de vieja y conocida táctica han dejado de ser un medio de impedir la creación del gobierno nacional, quitándole su capital de otro tiempo.

Y ya no habrá medio de restablecer su antigua supremacía de Buenos Aires en las provincias. Su ascendiente de hecho ha caducado para siempre, por la pérdida de los monopolios de comercio, de navegación y de rentas, en que tenía origen. Y como el nuevo régimen de libertad fluvial y de comercio directo con Europa tiene la garantía de muchos tratados perpetuos firmados con naciones poderosas y del interés general de las naciones comerciales, no habría más medio de restituir a Buenos Aires su antigua supremacía comercial y política en las provincias argentinas, que romper los tratados firmados con Inglaterra, Francia y Estados Unidos, restablecer la clausura de los ríos y atacar de frente el interés general del comercio extranjero.

En otro tiempo, todos los movimientos de Buenos Aires se volvían argentinos. Buenos Aires era a las provincias lo que París a Francia, o más, tal vez, por una razón fácil de concebir. Único punto de todo el país, Buenos Aires tenía el comercio, la navegación, las aduanas, los destinos de las catorce provincias en sus manos, y el menor cambio dentro de su provincia se hacía sentir inevitablemente hasta en la provincia más distante.

Hoy que las provincias han asumido su vida propia por el nuevo sistema de navegación que las pone en contacto directo con el mundo, los cambios de Buenos Aires son sin consecuencia alguna en la república.

Cuando esa provincia estaba al frente de todas las demás, sus negocios inspiraban el interés y respeto que merecen naturalmente los asuntos de toda una nación.

Buenos Aires sin la nación solo puede interesar a los que de lejos ignoran que no significa hoy otra cosa que una provincia de doscientos cincuenta mil habitantes, más modesta que el departamento del Ródano, o que el de la Gironda, en Francia. Eso es lo que representa hoy su Asamblea general, compuesta de un Senado y una Cámara de representantes; su Poder ejecutivo con cuatro ministerios y con un consejo de Estado de ochenta miembros, sus Cortes de justicia. Todo ese aparato de gobierno no maneja hoy sino la décima cuarta parte de los intereses que gobernaba cuando la Confederación Argentina encomendaba su política exterior al gobierno de la provincia de Buenos Aires.

Por el contrario, la confederación sin Buenos Aires era en otro tiempo la nación sin sus rentas, sin su comercio, sin su puerto único; porque todo esto quedaba en manos de Buenos Aires cuando esa provincia se aislaba de las otras, reteniendo el monopolio de la navegación fluvial. Hoy que la nación tiene diez puertos abiertos al comercio exterior y el goce de sus rentas, la confederación sin Buenos Aires es la nación menos una provincia. Y aunque esta provincia disfrace su condición subalterna con el nombre pomposo de Estado, su aislamiento no es ya la cabeza que se desprende del cuerpo, sino la peluca que se desprende de la cabeza, reaparecida en otra parte y rejuvenecida por la libertad.

Con sus monopolios rancios y sus tradiciones del siglo XVI, Buenos Aires es realmente la peluca de la República Argentina, el florón vetusto del sepultado virreinato, el producto y la expresión de la colonia española de otro tiempo, como Lima, como México, como Quito, como todas las ciudades donde residieron los virreyes que tuvieron por mandato inocular en los pueblos de la América del Sur las leyes negras de Felipe II y Carlos V. En las paredes de sus palacios dejaron el secreto de la corrupción y del despotismo esos delegados tétricos del Escorial.

Restos endurecidos del antiguo sistema, esas ciudades grandes de Sudamérica son todavía el cuartel general y plaza fuerte de las tradiciones coloniales. Pueden ser hermoseadas en la superficie por las riquezas del comercio moderno, pero son incorregibles para la libertad política. La reforma debe ponerlas a un lado. No se inicia en los secretos de la libertad al esclavo octogenario, orgulloso de sus canas, de su robustez de viejo, de sus calidades debidas a la ventaja de haber nacido primero, recibe el consejo como insulto y la reforma como humillación.

Todo el porvenir de la América del Sur depende de sus nuevas poblaciones. Una ciudad es un sistema. Las viejas capitales de Sudamérica son el coloniaje arraigado, instruido a su modo, experimentado a su estilo, orgulloso de su fuerza física; por lo tanto, incapaz de soportar el dolor de una nueva educación.

Si es verdad que la actual población de Sudamérica no es apropiada para la libertad y para la industria, se sigue de ello que las ciudades menos pobladas de esa gente, es decir, las más nuevas, son las más capaces de aprender y realizar el nuevo sistema de gobierno, como el niño ignorante aprende idiomas con más facilidad que el sabio octogenario. La república debe crear a su imagen las nuevas ciudades, como el sistema colonial hizo las viejas para sus miras.

Luego el primer deber, la primera necesidad del nuevo régimen de la República Argentina, antes colonia monarquista de España, es colocar la iniciativa de su nueva organización fuera del centro en que estuvo por siglos la iniciativa orgánica del régimen colonial.

Las cosas mismas, por fortuna gobernadas por su propia impulsión, las inclinaciones y fuerzas instintivas del país en el sentido de su organización moderna, han hecho prevalecer este plan de iniciativa y de disensión, sacando la capital fuera del viejo baluarte del monopolio, y fijándola en el Paraná, cuna de la libertad fluvial, en que reposa solo el sistema del gobierno nacional argentino.

XXVII. Respuesta a las objeciones contra la posibilidad de una Constitución general para la República Argentina

Sucede con la posibilidad de un orden constitucional para aquel país, lo que sucedía respecto de la tiranía que ha caducado. Se hacía ordinariamente este argumento: «¿Rosas subsiste en el poder a pesar de veinte años de tentativas para destruirlo?, luego es invencible, luego es la expresión de la voluntad del país». A muy pocos ocurría este otro argumento, más racional y últimamente justificado por la experiencia: «¿Rosas subsiste después de veinte años de guerra?, luego no se le ha sabido combatir».

Cuarenta años ha pasado ese país sin poderse constituir, luego es incapaz de constituirse, concluyen algunos; y la verdadera conclusión es ésta: luego no ha sabido darse la Constitución de que es muy susceptible.

En efecto, no ha sobrado el tacto, el instinto de las cosas de Estado en las varias tentativas de organización general. Más de una vez se han perdido de vista estos puntos de partida tan sencillos y naturales.

Antes de la revolución de 1810, los gobiernos provinciales eran derivación del gobierno central o unitario, que existió en el antiguo régimen. Pero la revolución de mayo, negando la legitimidad del gobierno central español existente en Buenos Aires, y apelando al pueblo de las provincias para la formación del poder patrio, creó un estado de cosas que con los años ha prescripto cierta legitimidad: creó el régimen provincial o local.

Este resultado debe ser el punto de partida para la Constitución del poder general.

Tenemos, según él, que solo hay gobiernos provinciales en la República Argentina, cuya existencia es un hecho tan evidente, como es evidente el hecho de que no hay gobierno general.

Para crear el gobierno general, que no existe, se ha de partir de los gobiernos provinciales existentes. Son éstos los que han de dar a luz al otro.

Los pueblos, por su parte, a menos que no se subleven a un mismo tiempo contra sus gobiernos –lo que es inverosímil–, han de obrar naturalmente por el órgano de sus gobiernos. Si un gobierno provincial toma la iniciativa en la convocatoria para proceder a la organización del país, no se ha de dirigir a los pueblos directamente, porque eso sería sedicioso, sino por conducto de sus respectivos gobiernos. Invertir este orden, sería echar el guante a todos los gobiernos provinciales; y en vez de la paz y del orden, que tanto interesa a la vida del país, se tendrían catorce guerras en vez de una.

Los gobiernos provinciales existentes han de ser los agentes naturales de la creación del nuevo gobierno general.

Pero ¿hay en este mundo gobierno chico o grande que se abdique a sí mismo hasta desaparecer enteramente? Esperar eso es desconocer la naturaleza del hombre.

Claro es, pues, que los gobiernos provinciales no consentirán ni contribuirán a la creación del gobierno general, sino a condición de continuar ellos existiendo, con más o menos disminución de facultades. Por gobiernos no entiendo personas.

El gobierno de Buenos Aires conoció esta verdad en la tentativa de organización de 1825. Él hizo entonces lo que hoy hace el general Urquiza; se dirigió a los gobiernos provinciales, convocándolos a la promoción de un gobierno general.

Un Congreso general constituyente se instaló en Buenos Aires por resultado de los trabajos oficiales de los gobiernos de provincia.

El Congreso, apenas instalado, expidió una ley fundamental el 23 de enero de 1825, declarando (art. 3.º) que «por ahora y hasta la promulgación de la Constitución que ha de organizar al Estado, las provincias se regirán interinamente por sus propias instituciones».

El general Las Heras, Gobernador de Buenos Aires entonces, al circular esa ley en las provincias, declaró (en nota de 28 de enero de 1825) que el Congreso se había salvado por aquella declaración, que resolvía al mismo tiempo el problema del establecimiento de un Poder ejecutivo y de un tesoro nacional.

En efecto, mientras las provincias conservaron sus gobiernos e instituciones propias, existió el Congreso y un Poder ejecutivo nacional. Pero desde que el fatal por ahora, señalado a la existencia de los gobiernos locales en la ley citada, cesó en presencia de la Constitución dada el 24 de diciembre de 1826, que consolidaba los catorce gobiernos de la República Argentina en un solo, tanto el Congreso como la presidencia no tardaron en desaparecer.

Si el mantenimiento de los gobiernos provinciales, en vez de ser provisorio, hubiese sido consignado definitivamente en la Constitución, las cosas hubieran tenido probablemente otro resultado.

Se puso la estrategia y la habilidad de manejos al servicio de la hermosa y honrada teoría de la unidad nacional indivisible; pero nada fue capaz de adormecer el instinto de la propia conservación de los gobiernos provinciales. El gobierno general les prometió vida y subsistencia mientras trabajaban en crearlo; pero, cuando ya formado quiso absorberse a sus autores, éstos se lo absorbieron a él primero.

Los hechos, pues, legítimos o no, agradables o desagradables, con el poder que les es inherente, nos conducen a emplear los gobiernos de provincia existentes como agentes inevitables para la creación del nuevo gobierno general; y para que ellos se presten a la ejecución de esa obra primeramente, y después a su conservación, será indispensable que la vida del gobierno general se combine y armonice con la existencia de los gobiernos locales, según la fórmula de fusión que hemos indicado más arriba. Por ese régimen de transición, obra de la necesidad como son todas las buenas constituciones, se irá mediante los años a la consolidación, por hoy precocísima, del gobierno nacional argentino. Eso es proceder como debe procederse en cosas de Estado. Una Constitución no es inspiración de artista, no es producto del entusiasmo; es obra de la reflexión fría, del cálculo y del examen aplicados al estudio de los hechos reales y de los medios posibles.

¿Se cree que la Constitución de Estados Unidos, tan ponderada y tan digna de serlo, haya sido en su origen otra cosa que un expediente de la necesidad?

«No podría negarse que hubiesen sido justos y fundados muchos de los ataques que se hicieron a la Constitución, dice Story. La Constitución era una obra humana, el resultado de transacciones en que las consecuencias lógicas de la teoría habían debido sacrificarse a los intereses y a las preocupaciones de algunos Estados.»

XXVIII. Continuación del mismo asunto. El sistema de gobierno tiene tanta parte como la disposición de los habitantes en la suerte de los Estados. Ejemplo de ello. La República Argentina tiene elementos para vivir constituida

Los americanos del Norte, después de sacudir la dominación inglesa, malograron muchos años en inútiles esfuerzos para darse una Constitución política. Varios de sus hombres eminentes elevaron objeciones tan terribles contra la posibilidad de una Constitución general para la nueva república, que se llegó a creer paradojal su existencia. Aunque de mejor tela que el nuestro, ese pueblo estuvo a pique de sucumbir bajo los mismos males que afligen a los nuestros hace cuarenta años. He aquí el cuadro que hacía de los Estados Unidos el Federalista, publicación célebre de ese tiempo: «Se puede decir con verdad que hemos llegado casi al último extremo de la humillación política. De todo lo que puede ofender el orgullo de una nación o degradar su carácter, no hay cosa que no hayamos experimentado. Los compromisos a cuya ejecución estábamos obligados por todos los vínculos respetados entre los hombres, son violados continuamente y sin pudor. Hemos contraído deudas para con los extranjeros y para con los conciudadanos, con el fin de servir a la conservación de nuestra existencia política, y el pago no está asegurado todavía por ninguna prenda satisfactoria. Un poder extranjero posee territorios considerables y puertos, que las estipulaciones expresas lo obligaban a restituirlos hace mucho tiempo, y continúan retenidos en desprecio de nuestros intereses y derechos. Nos hallamos en un estado que no nos permite mostrarnos sensibles a las ofensas y repelerlas; no tenemos ni tropas, ni tesoro, ni gobierno. No podemos ni aun quejarnos con dignidad; sería necesario empezar por eludir los justos reproches de infidelidad que podría hacérsenos respecto al mismo tratado. España nos despoja de los derechos que debemos a la naturaleza sobre la navegación del Mississippí. El crédito público es un recurso necesario en los casos de grandes peligros, y nosotros parecemos haber renunciado a él para siempre. El comercio es la fuente de las riquezas de las naciones; pero el nuestro se halla en el último grado de aniquilamiento. La consideración a los ojos de los poderes extranjeros es una salvaguardia contra sus usurpaciones; la debilidad del nuestro no les permite siquiera tratar con nosotros; nuestros embajadores en el exterior son vanos simulacros de una soberanía imaginaria... Para abreviar detalles... ¿cuál es el síntoma de decrepitud política, de pobreza y anonadamiento de que puede lamentarse una nación favorecida, que no se cuente en el número de nuestras desgracias políticas?».

Ese era el cuadro de los Estados Unidos de Norteamérica ocho años después de declarada su independencia, y antes de sancionarse la Constitución que rige hasta hoy; su veracidad no debe parecernos dudosa, si advertimos que fue trazado por la pluma más noble que haya poseído la prensa de Norteamérica.

Esa pintura sería hiperbólica si la aplicáramos a la situación actual de la República Argentina en todas sus partes.

Luego el destino político de los Estados no depende únicamente de la disposición y aptitud de sus habitantes, sino también de la buena fortuna y acierto en la elección del sistema de gobierno.

Por la misma razón nuestros habitantes de la América del Sur, menos bien dispuestos que los de Norteamérica por sus antecedentes políticos, pueden no obstante ser capaces de un sistema regular de gobierno, si se acierta a elegir el que conviene a su manera de ser peculiar.

No hay pueblo, por el hecho solo de existir, que no sea susceptible de alguna Constitución. Su existencia misma supone en él una Constitución normal o natural, que lo hace ser y llamarse pueblo y no, horda o tribu.

La República Argentina posee más elementos de organización que ningún otro Estado de la América del Sur, aunque se tome esto como paradoja a la primera vista.

No es cierto que la República Argentina se halle hoy en su punto de partida, no es verdad que haya vuelto a 1810. Cuarenta años no se viven en vano, y si son de desgracia, más instructivos son todavía.

Sobre este punto copiaré mis palabras de ahora cuatro años, confirmadas en cierto modo por el cambio reciente de Buenos Aires.

La guerra interior que ha sufrido la República Argentina no es de esas guerras indignas por sus motivos y miras, hijas del vicio y manantiales de la relajación.

Si los partidos argentinos han podido padecer extravío en la adopción de sus medios, en ello no han intervenido el vicio, ni la cobardía de los espíritus, sino la pasión, que aun siendo noble en sus fines, es ciega en el uso de sus medios.

Cada partido ha tenido cuidado de ocultar las ventajas de su rival... «Cuando algún día (decía yo en 1847), se den el abrazo de paz en que terminan las más encendidas luchas, ¡qué diferente será el cuadro que de la República Argentina tracen sus hijos de ambos campos! ¡Qué nobles confesiones no se oirán de boca de los frenéticos federales! Y los unitarios, ¡con qué placer no verán salir hombres de honor y corazón de debajo de esa máscara espantosa con que hoy se disfrazan sus rivales, cediendo a las exigencias tiránicas de la situación!»

Sin duda que la guerra es infecunda en ciertos adelantos, pero trae consigo otros que le son peculiares.

La República Argentina tiene más experiencia que todas sus hermanas del Sur, por la razón de que ha padecido como ninguna. Ella ha recorrido ya el camino que las otras principian. Como más próxima a Europa, recibió más presto el influjo de sus ideas progresivas, puestas en práctica por la revolución de mayo de 1810, y más pronto que todas recibió sus frutos buenos y malos; siendo por ello en todo tiempo futuro, para los Estados menos vecinos del manantial transatlántico de los progresos americanos, lo que constituía el pasado de los Estados del Plata.

Un hecho importante, base de la organización definitiva de la república, ha prosperado al través de sus guerras, recibiendo servicios importantes hasta de sus adversarios. Ese hecho es la centralización del poder. Rivadavia la proclamó; Rosas ha contribuido, a su pesar, a realizarla. Del seno de la guerra de formas ha salido preparado el poder, sin el cual es irrealizable la sociedad y la libertad imposible.

El poder supone el hábito de la obediencia. Ese hábito ha creado raíces en ambos partidos. Dentro del país, el despotismo ha enseñado a obedecer a sus enemigos y a sus amigos; fuera de él, sus enemigos ausentes, no teniendo derecho a gobernar, han pasado su vida en obedecer. Esa disposición, obra involuntaria del despotismo, será tan fecunda en adelante puesta al servicio de un gobierno elevado y patriota en sus tendencias, como fue estéril bajo el gobierno que la creó en el interés de su egoísmo.

No hay país de América que reúna mayores conocimientos prácticos acerca de los otros, por la razón de ser él el que haya tenido esparcido mayor número de hombres competentes fuera de su territorio, muchas veces viviendo ingeridos en los actos de la vida pública de los Estados de su residencia. El día que esos hombres, vueltos a su país, se reúnan en asambleas deliberantes, ¡qué de aplicaciones útiles, de términos comparativos de conocimientos prácticos y curiosas alusiones no sacarán de los recuerdos de su vida pasada en el extranjero!

Si los hombres aprenden y ganan con los viajes, ¿qué no sucederá a los pueblos? Se puede decir que una mitad de la República Argentina viaja en el mundo, de diez a veinte años a esta parte. Compuesta especialmente de jóvenes, que son la patria de mañana, cuando vuelva al suelo nativo, después de su vida de experimentación, vendrá poseedora de lenguas extranjeras, de legislaciones, de industrias, de hábitos, que después serán lazos de inteligencia con los demás pueblos del mundo. ¡Y cuántos, a más de conocimientos, no traerán capitales a la riqueza nacional! No ganará menos la República Argentina con dejar esparcidos en el mundo algunos de sus hijos, porque esos mismos extenderán los gérmenes de simpatía hacia el país que les dio la vida que transmiten a sus hijos.

La República Argentina tenía la arrogancia de la juventud. Una mitad de sus habitantes se ha hecho modesta sufriendo el despotismo que ordena sin réplica, y la otra mitad llevando fuera la instructiva existencia del extranjero.

Las masas plebeyas, elevadas al poder, han suavizado su fiereza en esa atmósfera de cultura que las otras dejaron, para descender en busca del calor del alma, que, en lo moral como en lo geológico, es mayor a medida que se desciende. Este cambio transitorio de roles ha de haber sido provechoso al progreso de la generalidad del país. Se aprende a gobernar obedeciendo, y viceversa.

¿Cuál Estado de América Meridional posee respectivamente mayor número de población ilustrada y dispuesta para la vida de la industria y del trabajo por resultado del cansancio y hastío de los disturbios anteriores?

Ha habido quien viese algún germen de desorden en el regreso de la emigración. La emigración es la escuela más rica de enseñanza: Chateaubriand, Lafayette, Madama Staël, Luis Felipe, Napoleón III, son discípulos ilustres formados en ella.

Lo que hoy es emigración era la porción más industriosa del país, puesto que era la más rica; era la más instruida, puesto que pedía instituciones y las comprendía. Si se conviene en que Chile, el Brasil, el Estado Oriental, donde principalmente ha residido, son países que tienen mucho bueno en materia de ejemplos, se debe admitir que la emigración establecida en ellos ha debido aprender cuando menos a vivir quieta y ocupada. ¿Cómo podría retirarse, pues, llevando hábitos peligrosos?

Por otra parte, esa emigración que salió joven casi toda ha crecido en edad, en hábitos de reposo, en experiencia; se comete no obstante el error de suponerla siempre inquieta, ardorosa, exigente, entusiasta, con las calidades juveniles de cuando dejó el país.

Se reproduce en todas las provincias lo que a este respecto pasa en Buenos Aires. En todas existen hoy abundantes materiales de orden: como todas han sufrido, en todas ha echado raíz el espíritu de moderación y tolerancia. Ha desaparecido el anhelo de cambiar las cosas desde la raíz: se han aceptado muchas influencias que antes repugnaban, y en que hoy se miran hechos normales con los que es necesario contar para establecer el orden y el poder.

Los que antes eran repelidos con el dictado de caciques, hoy son aceptados en el seno de la sociedad de que se han hecho dignos, adquiriendo hábitos más cultos, sentimientos más civilizados. Esos jefes, antes rudos y selváticos, han cultivado su espíritu y carácter en la escuela del mando, donde muchas veces los hombres inferiores se ennoblecen e ilustran. Gobernar diez años es hacer un curso de política y de administración. Esos hombres son hoy otros tantos medios de operar en el interior un arreglo estable y provechoso.

Decir que la República Argentina no sea capaz de gobernarse por una Constitución, por defectuosa que sea, es suponer que la República Argentina no esté a la altura de los otros Estados de la América del Sur, que bien o mal poseen una Constitución escrita y pasablemente observada.

Las dificultades mismas que ha presentado la caída de Rosas, son una prenda de esperanzas para el orden venidero. El poder es un hecho profundamente arraigado en las costumbres de un país tan escaso en población como el nuestro, cuando es preciso emplear cincuenta mil hombres para cambiarlo. Lo hemos cambiado, no destruido en el sentido del poder. El poder, el principio de autoridad y de mando, como elemento de orden, ha quedado y existe, a pesar de su origen doloroso. La nueva política debe conservarlo en vez de destruirlo. La disposición a la obediencia que ha dejado Rosas, puede ser uno de esos achaques favorables al desarrollo de nuestra complexión política, si se pone al servicio de gobiernos patriotas y elevados. Nuestra política nueva sería muy poco avisada y previsora, si no supiese comprender y sacar partido en provecho del progreso del país, de los hábitos de subordinación y de obediencia que ha dejado el despotismo anterior.

¿Por qué dudar, por fin, de la posibilidad de una Constitución argentina, en que se consignen los principios de la revolución americana de 1810? ¿En qué consisten, qué son esos principios representados por la revolución de mayo? Son el sentido común, la razón ordinaria aplicados a la política. La igualdad de los hombres, el derecho de propiedad, la libertad de disponer de su persona y de sus actos, la participación del pueblo en la formación y dirección del gobierno del país, ¿qué otra cosa son, sino reglas simplísimas de sentido común, única base racional de todo gobierno de hombres? A menos, pues, que no se pretenda que pertenecemos a la raza de los orangutanes, ¿qué otra cosa puede esperarse para lo venidero que el establecimiento de un gobierno legal y racional? Él vendrá sin remedio, porque no hay poder en el mundo que pueda cambiar a los argentinos de seres racionales que son en animales irreflexivos.

XXIX. De la política que conviene a la situación de la República Argentina

La política está llamada a preparar el terreno, a disponer los hombres y las cosas de modo que la Constitución se sancione; a tomar parte en la Constitución misma y a cuidar de que su ejecución, después de sancionada, no encuentre en el país los tropiezos y resistencias en que han escollado las anteriores. Veamos cuál debe ser nuestra política en las tres épocas que reclaman su auxilio, antes, durante y después de la sanción de la Constitución.

La exaltación del carácter español, que nos viene de raza, y el clima que habitamos, no son condiciones que nos hagan aptos para la política, que consta de prudencia, de reposo y de concesión; pero debemos recordar que ellos no han impedido a Grecia y a Italia, ardientes como el pueblo español, ser la cuna antigua y moderna de la legislación y de la ciencia del gobierno. España misma ha debido más de una vez a su política, sino acertada, al menos firme, hábil y perseverante, el ascendiente que ha ejercido sobre una parte de Europa, y el éxito de grandes e inmortales empresas.

Toda Constitución emana de la decisión de un hombre de espada, o bien del sufragio libre de los pueblos. Pertenecen a la primera clase las otorgadas por los conquistadores, dictadores o reyes absolutos; y también las sancionadas en circunstancias críticas y difíciles por un jefe investido por la nación de un voto de confianza. Así es la que rige en este instante a la turbulenta República francesa.

Las constituciones de más difícil éxito son las emanadas del voto de los pueblos reunidos en convenciones o congresos constituyentes. Ellas son producto de las inspiraciones de Dios y de una política compuesta de honradez, de abnegación y de buen sentido. A este género difícil pertenecerá la que deba darse la República Argentina, si como la República francesa, no apela a la confianza de un hombre solo, para obtener sin anarquía y sin pérdida de tiempo una ley fundamental, basada en condiciones expresadas por ella previamente. Este expediente arriesgado, pero inevitable, en circunstancias como las que acaba de atravesar Francia, es susceptible de condiciones dirigidas a garantizar el país contra un abuso de confianza.

Pero si, como es creíble, la república pide su Constitución a un Congreso convocado al efecto, será necesario que la política de preparación prevea y adopte los medios convenientes para que no quede ilusorio y sin efecto el fruto de sus esfuerzos, como ha sucedido desgraciadamente repetidas veces.

He aquí las precauciones que a mi ver pudieran emplearse para preparar de un modo serio los trabajos del Congreso.

Las instrucciones de los diputados o sus credenciales han de determinar con toda precisión los objetos de su mandato, para no dar lugar a divagaciones y extravíos. El fin y objeto de su mandato debe ser exclusivamente constitucional. Si posible fuere, debe determinarse un plazo fijo para el desempeño de ese mandato. La uniformidad en las instrucciones o credenciales sería de grande utilidad, y se pudiera obtener eso al favor de indicaciones dirigidas al efecto por la autoridad iniciadora de la obra constitucional a las provincias interiores.

Los poderes de los diputados constituyentes deben ser amplísimos y sin limitación de facultades para reglar el objeto especial de su mandato. Si este objeto ha de ser el trabajo de la Constitución, debe dejarse a su criterio el determinar su forma y su fondo, porque esta distinción metafísica, que tanto ha embarazado nuestros ensayos anteriores, no divide en dos cosas reales y distintas lo que en sí no es más que una sola cosa. Constitución y forma de gobierno son palabras que expresan una misma cosa en el sentido de la Constitución del Estado de Massachusetts, modelo de la Constitución de los Estados Unidos, sancionada más tarde, y en que tal vez se inspiró Siéyes para escribir la declaración de los derechos del hombre.

Los poderes deben contener la renuncia, de parte de las provincias, de todo derecho a revisar y ratificar la Constitución antes de sancionarse. Sin esa renuncia, será muy difícil que tengamos Constitución. El deseo de conservar íntegro el poder local hallará siempre pretextos para desaprobar una Constitución que disminuye la autoridad de los gobiernos de provincia, y que no podrá menos de disminuir, porque no hay gobierno general que no se forme de porciones de autoridad cedidas por los pueblos. Este expediente es exigido por una necesidad de nuestra situación especial, y debemos adoptarlo, aunque no esté conforme con el ejemplo de lo que se hizo en Estados Unidos, donde los espíritus y las cosas estaban dispuestos de muy distinto modo que entre nosotros.

El Congreso constituyente debe ser como un gran tribunal compuesto de jueces árbitros, que ciñéndose al compromiso contenido en sus poderes, corte y dirima el largo pleito de nuestra organización por un fallo inapelable, al menos por espacio de diez años. El país que en la extremidad de una carrera de sangre y de desastres, no es capaz de un sacrificio semejante en favor de su quietud y progreso, no ama de veras estas cosas.

Estos arreglos preparatorios son de importancia tan decisiva que se deben promover por la autoridad que haya dirigido la convocatoria a las provincias, en cualquier estado de la cuestión, con tal que sea antes de la publicación del pacto constitucional. Los arts. 6 y 12 del Acuerdo celebrado el 31 de mayo de 1852 en San Nicolás satisfacen casi completamente esta necesidad.

Con la instalación del Congreso empezarán otros deberes de política o de conducta que ese cuerpo no deberá perder de vista.

El primero de ellos será relativo a la dirección lógica y prudente de las discusiones. Eso dependerá en gran parte del reglamento interior del

Congreso. Este trabajo, anterior a todos, es de inmensa trascendencia. No debe ser copia de cuerpos deliberantes de naciones versadas en la libertad, es decir, en la tolerancia y en el respeto de las contrarias opiniones, sino expresión de lo que conviene a nuestro modo de ser hispano-argentino. El reglamento interior del Congreso debe dar extensas facultades a su presidente, cometiéndole la decisión de todas las incidencias de método en las discusiones. Imagen de la república, el Congreso tendrá necesidad de un gobierno interior vigoroso, para prevenir la anarquía en su seno, que casi siempre se vuelve anarquía nacional.

El Congreso de 1826 comprometió el éxito de su obra por graves faltas de política en que incurrió a causa de la indecisión de su mandato y de su régimen interno.

Sancionó una ley fundamental antes de la Constitución, es decir, expidió una Constitución previa y provisoria antes de la Constitución definitiva.

En la Constitución provisoria o ley fundamental, dada dos años antes que la Constitución definitiva, se declaró uno el Estado; y sin embargo, antes de redactar la Constitución final, se preguntó a las provincias si querían formar un solo Estado o varios. Esa cuestión de metafísica política, poco consecuente con la ley fundamental de 23 de enero de 1825, fue sometida al criterio inmediato de provincias, que, como Santa Fe, no tenía un solo letrado; Corrientes, que no tenía más abogado que el doctor Cosio; Entre Ríos, que no tenía uno solo. Los comisionados, elegidos por más capaces, pidieron a sus sencillos comitentes la decisión de un punto de metafísica política en que se dividiría por cien años el Instituto de Francia.

Se creó un presidente o semi-gobierno general (no hubo judicatura del mismo carácter), antes que existiera una Constitución conforme a la cual pudiese gobernar ese magistrado de una república inconstituida.

Se creó un Poder ejecutivo nacional (era el nombre) cuando todavía era problemático para el Congreso que le creó, si habría Nación o solamente Federación.

Se dejó coexistiendo con ese poder los poderes provinciales, viviendo juntos a la vez quince gobiernos, a saber, catorce provinciales y uno nacional.

Creado este gobierno sin suprimir ninguno de los que antes existían garantidos por la ley fundamental, ¿qué resultó? Que el gobierno nacional reconoció su falsa posición; que no tenía de poder sino el nombre; que no tenía agentes, ni tesoro, ni oficinas, ni casa a su inmediato servicio; porque todo eso había sido dejado como antes estaba por la ley fundamental, que al mismo tiempo preveía la creación inconcebible de ese gobierno general de un país ya gobernado parcialmente.

El gobierno general tuvo que pedir una capital, es decir, una ciudad para su asiento y gobierno inmediato, y el Congreso constituyente declaró a Buenos Aires, con todos sus establecimientos, capital de la Nación, cuando todavía ignoraba ese mismo Congreso si habría Nación o solo confederación. Esto era un resultado lógico de la creación precoz del presidente.

Así, el Congreso entró en arreglos administrativos u orgánicos primero que en la obra de la Constitución. Y como el derecho administrativo no es otra cosa que el cuerpo de las leyes orgánicas de la Constitución y viene naturalmente después de ésta, se puede decir que el Congreso invirtió ese orden, y empezó por el fin, organizando antes de constituir.

¿Los hechos, las exigencias de la situación del país precipitaron así las cosas? ¿O provino ello de falta de madurez en materias públicas? Quizás concurrieron las dos causas. El hecho es que esa confusión de trabajos y esa inversión de cosas ayudaron poderosamente a las tendencias desorganizadoras que existían independientemente de todo eso.

Tenemos ideas equivocadas sobre el valor de los conocimientos constitucionales de nuestros hombres más eminentes de ese tiempo. La nueva generación los estima según las impresiones y recuerdos de niñez. Sin duda, sabían mucho comparados con su tiempo y con los medios de instrucción que tuvieron a su alcance. Pero la misma ciencia europea con que nutrían sus cabezas ha hecho adelantos posteriores, que nos han permitido sobrepujarlos, sin que valgamos más que ellos como talentos, por una ventaja debida al progreso de las ideas. Las siguientes palabras dan a conocer la consistencia de las ideas constitucionales del señor canónigo don Valentín Gómez, miembro importantísimo de la Comisión de negocios constitucionales. «En mi opinión, decía, debe ser muy corto el tiempo que consuma la Comisión en formar el proyecto de Constitución, porque mi opinión es que si el Congreso se decide por la federación, se adopte la Constitución de Estados Unidos... y si se declara por el sistema de unidad, que se adopte la Constitución del año 19..., de modo que, a mi juicio, en medio mes podrá estar presentada al Congreso.» (Discurso pronunciado en la sesión del 15 de abril de 1826.)

El mismo orador, huyendo de todo trabajo original, apoyó la adopción de la Constitución unitaria de 1819, que tuvo por redactor al señor deán Funes. Para estimar la profundidad de los conocimientos del señor deán Funes en materia de centralización política, podrán citarse sus propias palabras, vertidas en la sesión del Congreso constituyente argentino el 18 de abril de 1826. «La provincia de Buenos Aires, decía el señor Funes, no puede tener representantes en el Congreso elegidos por ella misma... Desde que la provincia de Buenos Aires fue elevada al puesto de capital, dejó de ser provincia, y por consiguiente sus representantes no son representantes de una provincia»... «¿A quién representan estos diputados? ¿A una provincia? No: a un territorio nacional; y cuando decimos territorio nacional, ¿qué entendemos? El cuerpo moral que lo habita; los mismos habitantes que lo habitan son nacionales, y por consiguiente no son representantes de ninguna provincia, sino de un cuerpo nacional. ¿Y quién puede representar ese cuerpo nacional? El mismo Congreso... La provincia de Buenos Aires está suficientemente representada con el Congreso, desde que ella dejó de ser una parte de la Nación.» El señor canónigo Gómez refutó estas extravagancias de un modo victorioso; y a pesar de eso apoyó la adopción de la Constitución unitaria, que elaboró el señor Funes en 1819.

Traigo estos recuerdos para hacer notar la obligación que impone al Congrego un estado tan delicado y susceptible de cosas, de proceder con la mayor prudencia y de abstenerse de pasos que lo hagan partícipe indirecto del desquicio del país.

Traigolos también con el fin de sustraer nuestros espíritus al ascendiente que ejerce todavía el prestigio de trabajos pasados inferiores a su celebridad.

Tampoco debe olvidar el Congreso la vocación política de que debe estar caracterizada la Constitución que está llamado a organizar. La Constitución está llamada a contemporizar, a complacer hasta cierto grado algunas exigencias contradictorias, que no se deben mirar por el lado de su justicia absoluta, sino por el de su poder de resistencia, para combinarlas con prudencia y del modo posible que los intereses del progreso general del país. En otro lugar he demostrado que la Constitución de los Estados Unidos no es producto de la abstracción y de la teoría, sino un pacto político dictado por la necesidad de conciliar hechos, intereses y tendencias opuestos por ciertos puntos, y conexos y análogos por otros. Toda Constitución tiene una vocación política, es decir, que está llamada siempre a satisfacer intereses y exigencias de circunstancias. Las cartas inglesas no son sino tratados de paz entre los intereses contrarios.

Las dos constituciones unitarias de la República Argentina de 1819 y 1826 han sucumbido casi al ver la luz. ¿Por qué? Porque contrariaban los intereses locales. ¿Del país? No, precisamente; de gobernantes, de influencias personales, si se quiere. Pero con ellos se tropezará siempre, mientras que no se consulten esos influjos en el plan constitucional.

Para el que obedece, para el pueblo, toda Constitución, por el hecho de serlo, es buena, porque siempre cede en su provecho. No así para el que manda o influye. La política –no la justicia– consulta el voto del que manda, del que influye, no del que obedece, cuando el que manda puede ser y sirve de obstáculo; respeta a la república oficial, tanto como a la civil, porque es la más capaz de embarazar. ¿Podéis acabar con el poder local? No, acabaréis con el apoderado, no con el poder; porque al gobernante que derroquéis hoy, con elementos que no tendréis mañana, le sucederá otro, creado por un estado de cosas que existe invencible al favor de la distancia.

Y en la Constitución política de esos intereses opuestos deben presidir la verdad, la lealtad, la probidad. El pacto político que no se ha hecho con completa buena fe, la Constitución que se reduce a un contrato más o menos hábil y astuto, en que unos intereses son defraudados por otros, es incapaz de subsistir, porque el fraude envuelve siempre un principio de decrepitud y muerte. La Constitución de los Estados Unidos vive hasta hoy y vivirá largos años, porque es la expresión de la honradez y de la buena fe.

Es por demás agregar en este lugar que la Constitución argentina será un trabajo estéril, y poco merecedor de los esfuerzos empleados para obtenerlo, si no descansa sobre bases aproximadas a las contenidas en este libro, en que solo soy órgano de las ideas dominantes entre los hombres de bien de este tiempo.

XXX. Continuación del mismo asunto. Vocación política de la Constitución, o de la política conveniente a sus fines

Si la Constitución que va a darse ha de ser del género de las dadas o ensayadas hasta aquí en la América del Sur, no valdrá la pena de trabajar mucho para conseguir su sanción. Ya está visto lo que han dado y darán nuestras constituciones actuales.

Sea que deba servir como monumento a la gloria personal, o ya se considere como medio dirigido a salvar la República Argentina, su duración será efímera y su resultado insignificante, si no descansa en las bases que dejamos indicadas. Como monumento, será lo que esas tablillas de madera clavadas en desvalidos sepulcros para perpetuar ciertas memorias; como ley de progreso, servirá para elevar nuestro país a la altura de las otras repúblicas sudamericanas.

Pero lo que necesita la República Argentina no es ponerse a la altura de Chile, por ejemplo, no es entrar en el camino en que se hallan el Perú o Venezuela, porque la posición de estos países, a pesar de sus ventajas indisputables, no es término de ambición para un país que posee los medios de adelantamiento que la República Argentina. Eso hubiera podido contentarnos cuando existía el gobierno de Rosas; todo era mejor que su sistema. Pero hoy no estamos en ese caso.

Con una Constitución como la de Chile tendríamos, a lo más, un estado de cosas semejante al de Chile. Pero ¿qué vale un progreso semejante? El Plata está en aptitud de aspirar a otra cosa, que no por ser más grande, es más difícil.

Difícil, si no imposible, es realizar constituciones como la de Chile, como la del Perú, etc., en la mayor parte de sus disposiciones, con los elementos de que constan estos países.

A fuerza de vivir por tantos años en el terreno de la copia y del plagio de las teorías constitucionales de la Revolución francesa y de las constituciones de Norteamérica, nos hemos familiarizado de tal modo con la utopía, que la hemos llegado a creer un hecho normal y práctico. Paradojal y utopista es el propósito de realizar las concepciones audaces de Siéyes y las doctrinas puritanas de Massachusetts, con nuestros peones y gauchos que apenas aventajan a los indígenas. Tal es el camino constitucional que nuestra América ha recorrido hasta aquí y en que se halla actualmente.

Es tiempo ya de que aspiremos a cosas más positivas y prácticas, y a reconocer que el camino en que hemos andado hasta hoy es el camino de la utopía.

Es utopía el pensar que nuestras actuales constituciones, copiadas de los ensayos filosóficos que la Francia de 1789 no pudo realizar, se practiquen por nuestros pueblos, sin más antecedente político que doscientos años de coloniaje oscuro y abyecto.

Es utopía, es sueño y paralogismo puro el pensar que nuestra raza hispano-americana, tal como salió formada de manos de su tenebroso pasado colonial, pueda realizar hoy la república representativa, que Francia acaba de ensayar con menos éxito que en su siglo filosófico, y que los Estados Unidos realizan sin más rivales que los cantones helvéticos, patria de Rousseau, de Necker, de Rossi, de Cherbuliez, de Dumont, etc.

Utopía es pensar que podamos realizar la república representativa, es decir, el gobierno de la sensatez, de la calma, de la disciplina, por hábito y virtud más que por ocasión, de la abnegación y del desinterés, si no alteramos o modificarnos profundamente la masa o pasta de que se compone nuestro pueblo hispanoamericano.

He aquí el único medio de salir del terreno falso del paralogismo en que nuestra América se halla empeñada por su actual derecho constitucional.

Este cambio anterior a todos es el punto serio de partida, para obrar una mudanza radical en nuestro orden político. Esta es la verdadera revolución, que hasta hoy solo existe en los nombres y en la superficie de nuestra sociedad. No son las leyes las que necesitamos cambiar; son los hombres, las cosas. Necesitamos cambiar nuestras gentes incapaces de libertad por otras gentes hábiles para ella, sin abdicar el tipo de nuestra raza original, y mucho menos el señorío del país; suplantar nuestra actual familia argentina por otra igualmente argentina, pero más capaz de libertad, de riqueza y progreso. ¿Por conquistadores más ilustrados que España, por ventura? Todo lo contrario; conquistando en vez de ser conquistados. La América del Sur, posee un ejército a este fin, y es el encanto que sus hermosas y amables mujeres recibieron de su origen andaluz, mejorado por el cielo espléndido del Nuevo Mundo. Removed los impedimentos inmorales que hacen estéril el poder del bello sexo americano, y tendréis realizado el cambio de nuestra raza sin la pérdida del idioma ni del tipo nacional primitivo.

Este cambio gradual y profundo, esta alteración de raza debe ser obra de nuestras constituciones de verdadera regeneración y progreso. Ellas deben iniciarlo y llevarlo a cabo en el interés americano, en vez de dejarlo a la acción espontánea de un sistema de cosas que tiende a destruir gradualmente el ascendiente del tipo español en América.

Pero, mientras no se empleen otras piezas que las actuales para constituir nuestro edificio político, mientras no sean nuestras reformas políticas otra cosa que combinaciones y permutaciones nuevas de lo mismo que hoy existe, no haréis nada de radical, de serio, de fecundo. Combinad como queráis lo que tenéis; no sacaréis de ello una república digna de este nombre. Podréis disminuir el mal, pero no aumentaréis el bien, ni será permanente vuestra mejora negativa.

¿Por qué? Porque lo que hay es poco y es malo. Conviene aumentar el número de nuestra población y, lo que es más, cambiar su condición en sentido ventajoso a la causa del progreso.

Con tres millones de indígenas, cristianos y católicos, no realizaríais la república ciertamente. No la realizaríais tampoco con cuatro millones de españoles peninsulares, porque el español puro es incapaz de realizarla allá o acá. Si hemos de componer nuestra población para nuestro sistema de gobierno, si ha de sernos más posible hacer la población para el sistema proclamado que el sistema para la población, es necesario fomentar en nuestro suelo la población anglosajona. Ella está identificada con el vapor, el comercio y la libertad, y no será imposible radicar estas cosas entre nosotros sin la cooperación activa de esa raza de progreso y de civilización.

Esta necesidad, anterior a todas y base de todas, debe ser representada y satisfecha por la Constitución próxima y por la política, llamada a desenvolver sus consecuencias. La Constitución debe ser hecha para poblar el suelo solitario del país de nuevos habitantes, y para alterar y modificar la condición de la población actual. Su misión, según esto, es esencialmente económica.

Todo lo que se separe de este propósito es intempestivo, inconducente, por ahora, o cuando menos secundario y subalterno.

La Constitución próxima tiene una misión de circunstancias, no hay que olvidarlo. Está destinada a llenar cierto y determinado número de necesidades y no todas. Sería poco juicioso aspirar a satisfacer de una sola vez todas las necesidades de la república. Es necesario andar por grados ese camino. Para las más de ellas no hay medios, y nunca es político acometer lo que es impracticable por prematuro.

Es necesario reconocer que solo debe constituirse por ahora cierto número de cosas, y dejar el resto para después. El tiempo debe preparar los medios de resolver ciertas cuestiones de las que ofrece el arreglo constitucional de nuestro país.

La Constitución debe ser reservada y sobria en disposiciones. Cuando hay que edificar mucho y el tiempo es borrascoso, se edifica una parte de pronto, y al abrigo de ella se hace por grados el resto en las estaciones de calma y de bonanza.

La población y cuatro o seis puntos con ella relacionados es el grande objeto de la Constitución. Tomad los cien artículos –término medio de toda Constitución–, separad diez, dadme el poder de organizarlos según mi sistema, y poco importa que en el resto votéis blanco o negro.

XXXI. Continuación del mismo asunto. En América gobernar es poblar

¿Qué nombre daréis, qué nombre merece un país compuesto de doscientas mil leguas de territorio y de una población de ochocientos mil habitantes? Un desierto. ¿Qué nombre daréis a la Constitución de ese país? La Constitución de un desierto. Pues bien, ese país es la República Argentina; y cualquiera que sea su Constitución no será otra cosa por muchos años que la Constitución de un desierto.

Pero, ¿cuál es la Constitución que mejor conviene al desierto? La que sirve para hacerlo desaparecer; la que sirve para hacer que el desierto deje de serlo en el menor tiempo posible, y se convierta en país poblado. Luego éste debe ser el fin político, y no puede ser otro, de la Constitución argentina y en general de todas las Constituciones de Sudamérica. Las Constituciones de países despoblados no pueden tener otro fin serio y racional, por ahora y por muchos años, que dar al solitario y abandonado territorio la población de que necesita, como instrumento fundamental de su desarrollo y progreso.

La América independiente está llamada a proseguir en su territorio la obra empezada y dejada a la mitad por la España de 1450. La colonización, la población de este mundo, nuevo hasta hoy a pesar de los trescientos años transcurridos desde su descubrimiento, debe llevarse a cabo por los mismos Estados americanos constituidos en cuerpos independientes y soberanos. La obra es la misma, aunque los autores sean diferentes. En otro tiempo nos poblaba España; hoy nos poblamos nosotros mismos. A este fin capital deben dirigirse todas nuestras constituciones. Necesitamos constituciones, necesitamos una política de creación, de población, de conquista sobre la soledad y el desierto.

Los gobiernos americanos, como institución y como personas, no tienen otra misión seria, por ahora, que la de formar y desenvolver la población de los territorios de su mando, apellidados Estados antes de tiempo.

La población de todas partes, y esencialmente en América, forma la sustancia en torno de la cual se realizan y desenvuelven todos los fenómenos de la economía social. Por ella y para ella todo se agita y realiza en el mundo de los hechos económicos. Principal instrumento de la producción, cede en su beneficio la distribución de la riqueza nacional. La población es el fin y es el medio al mismo tiempo. En este sentido, la ciencia económica, según la palabra de uno de sus grandes órganos, pudiera resumirse entera en la ciencia de la población; por lo menos ella constituye su principio y fin. Esto ha enseñado para todas partes un economista admirador de Malthus, el enemigo de la población en países que la tienen de sobra y en momentos de crisis por resultado de ese exceso. ¿Con cuánta más razón no será aplicable a nuestra América pobre, esclavizada en nombre de la libertad, e inconstituida nada más que por falta de población?

Es pues esencialmente económico el fin de la política constitucional y del gobierno en América. Así, en América gobernar es poblar. Definir de otro modo el gobierno, es desconocer su misión sudamericana. Recibe esta misión el gobierno de la necesidad que representa y domina todas las demás en nuestra América. En lo económico, como en todo lo demás, nuestro derecho debe ser acomodado a las necesidades especiales de Sudamérica. Si estas necesidades no son las mismas que en Europa han inspirado tal sistema o tal política económica, nuestro derecho debe seguir la voz de nuestra necesidad, y no el dictado que es expresión de necesidades diferentes o contrarias... Por ejemplo, en presencia de la crisis social que sobrevino en Europa a fines del último siglo por falta de equilibrio entre las subsistencias y la población, la política económica protestó por la pluma de Malthus contra el aumento de la población, porque en ello vio el origen cierto o aparente de la crisis; pero aplicar a nuestra América, cuya población constituye precisamente el mejor remedio para el mal europeo temido por Malthus, sería lo mismo que poner a un infante extenuado por falta de alimento bajo el rigor de la dieta pitagórica, por la razón de haberse aconsejado ese tratamiento para un cuerpo enfermo de plétora. Los Estados Unidos tienen la palabra antes que Malthus, con su ejemplo práctico, en materia de población; con su aumento rapidísimo han obrado los milagros de progreso que los hace ser el asombro y la envidia del universo.

XXXII. Continuación del mismo objeto. Sin nueva población es imposible el nuevo régimen. Política contra el desierto, actual enemigo de América

Sin población y sin mejor población que la que tenemos para la práctica de la república representativa, todos los propósitos quedarán ilusorios y sin resultado. Haréis constituciones brillantes que satisfagan completamente las ilusiones del país, pero el desengaño no tardará en pedirnos cuenta del valor de las promesas; y entonces se verá que hacéis papel de charlatanes cuando no de niños, víctimas de vuestras propias ilusiones.

En efecto, constituid como queráis las provincias argentinas; si no constituís otra cosa que lo que ellas contienen hoy, constituís una cosa que vale poco para la libertad práctica. Combinad de todos modos su población actual, no haréis otra cosa que combinar antiguos colonos españoles. Españoles a la derecha o españoles a la izquierda, siempre tendréis españoles debilitados por la servidumbre colonial, no incapaces de heroísmo y de victorias, llegada la ocasión, pero sí de la paciencia viril, de la vigilancia inalterable del hombre de libertad.

Tomad, por ejemplo, los treinta mil habitantes de la provincia de Jujuy; poned encima los que están debajo o viceversa; levantad los buenos y abatid los malos. ¿Qué conseguiréis con eso? Doblar la renta de seis o 12.000 pesos, abrir veinte escuelas en lugar de diez, y algunas otras mejoras de ese estilo. Eso será cuanto se consiga. Pues bien, eso no impedirá que Jujuy quede por siglos con sus treinta mil habitantes, sus 12.000 pesos de renta de aduana y sus veinte escuelas, que es el mayor progreso a que ha podido llegar en doscientos años que lleva de existencia.

Acaba de tener lugar en América una experiencia que pone fuera de duda la verdad de lo que sostengo, a saber: que sin mejor población para la industria y para el gobierno libre, la mejor Constitución política será ineficaz. Lo que ha producido la regeneración instantánea y portentosa de California no es precisamente la promulgación del sistema constitucional de Norteamérica. En todo México ha estado y está proclamado ese sistema desde 1824; y en California, antigua provincia de México, no es tan nuevo como se piensa. Lo que es nuevo allí y lo que es origen real del cambio favorable, es la presencia de un pueblo compuesto de habitantes capaces de industria y del sistema político que no sabían realizar los antiguos habitantes hispanomexicanos. La libertad es una máquina, que como el vapor requiere para su manejo maquinistas ingleses de origen. Sin la cooperación de esa raza es imposible aclimatar la libertad y el progreso material en ninguna parte.

Crucemos con ella nuestro pueblo oriental y poético de origen, y le daremos la aptitud del progreso y de la libertad práctica, sin que pierda su tipo, su idioma, ni su nacionalidad. Será el modo de salvarlo de la desaparición como pueblo de tipo español, de que está amenazado México por su política terca, mezquina y exclusiva.

No pretendo deprimir a los míos. Destituido de ambición, hablo la verdad útil y entera, que lastima las ilusiones, con el mismo desinterés con que la escribí siempre. Conozco los halagos que procuran a la ambición fáciles simpatías; pero nunca seré el cortesano de las preocupaciones que dan empleos que no pretendo, ni de una popularidad efímera como el error en que descansa.

Quiero suponer que la República Argentina se compusiese de hombres como yo, es decir, de ochocientos mil abogados que saben hacer libros.

Esa sería la peor población que pudiera tener. Los abogados no servimos para hacer caminos de fierro, para hacer navegables y navegar los ríos, para explotar las minas, para labrar los campos, para colonizar los desiertos; es decir, que no servimos para dar a la América del Sur lo que necesita. Pues bien, la población actual de nuestro país sirve para estos fines, más o menos, como si se compusiese de abogados. Es un error infelicísimo el creer que la instrucción primaria o universitaria sean lo que pueda dar a nuestro pueblo la aptitud del progreso material y de las prácticas de libertad.

En Chile y en el Paraguay saben leer todos los hombres del pueblo; y sin embargo son incultos y selváticos al lado de un obrero inglés o francés que muchas veces no conoce la o.

No es el alfabeto, es el martillo, es la barreta, el arado, lo que debe, poseer el hombre del desierto, es decir, el hombre del pueblo sudamericano.

¿Creéis que un araucano sea incapaz de aprender a leer y escribir castellano? ¿Y pensáis que con eso solo deje de ser salvaje?

No soy tan modesto como ciudadano argentino para pretender que solo a mi país se aplique la verdad de lo que acabo de escribir. Hablando de él, describo la situación de la América del Sur, que está en ese caso toda ella, como es constante para todos los que saben ver la realidad. Es un desierto a medio poblar y a medio civilizar.

La cuestión argentina de hoy es la cuestión de la América del Sur, a saber: buscar un sistema de organización conveniente para obtener la población de sus desiertos, con pobladores capaces de industria y libertad, para educar sus pueblos, no en las ciencias, no en la astronomía –eso es ridículo por anticipado y prematuro–, sino en la industria y en la libertad práctica.

Este problema está por resolverse. Ninguna república de América lo ha resuelto todavía. Todas han acertado a sacudir la dominación militar y política de España; pero ninguna ha sabido escapar de la soledad, del atraso, de la pobreza, del despotismo, más radicado en los usos que en los gobiernos. Esos son los verdaderos enemigos de América; y por cierto que no les venceremos como vencimos a la metrópoli española, echando a Europa de este suelo, sino trayéndola para llevar a cabo, en nombre de América, la población empezada hace tres siglos por España. Ninguna república sirve a esta necesidad nueva y palpitante por su Constitución.

Chile ha escapado del desorden, pero no del atraso y de la soledad. Apenas posee un quinto de lo que necesita en bienestar y progreso. Su dicha es negativa; se reduce a estar exento de los males generales de América en su situación. No está como las otras repúblicas, pero la ventaja no es gran cosa; tampoco está como California, que apenas cuenta cuatro años. Está en orden, pero despoblado; está en paz, pero estacionario. No debe perder, ni sacrificar el orden por nada; pero no debe contentarse con solo tener orden.

Hablando así de Chile, no salgo de mi objeto; sobre el terreno hacia el cual se dirigen todas las miradas de los que buscan ejemplos de imitación en la América del Sur, quiero hacer el proceso al derecho constitucional sudamericano ensayado hasta aquí, para que mi país lo juzgue a ciencia cierta en el instante de darse la Constitución en que se ocupa.

Pero si el desierto, si la soledad, si la falta de población es el mal que en América representa y resume todos los demás, ¿cuál es la política que conviene para concluir con el desierto?

Para poblar el desierto son necesarias dos cosas capitales: abrir las puertas de él para que todos entren, y asegurar el bienestar de los que en él penetran; la libertad a la puerta y la libertad dentro.

Si abrís las puertas y hostilizáis dentro, armáis una trampa en lugar de organizar un Estado. Tendréis prisioneros, no pobladores; cazaréis unos cuantos incautos, pero huirán los demás. El desierto quedará vencedor en lugar de vencido.

Hoy es harto abundante el mundo en lugares propicios, para que nadie quiera encarcelarse por necesidad y mucho menos por gusto.

Si, por el contrario, creáis garantías dentro, pero al mismo tiempo cerráis los puertos del país, no hacéis más que garantizar la soledad y el desierto; no constituís un pueblo, sino un territorio sin pueblo, o cuando más un municipio, una aldea pésimamente establecida; es decir, una aldea de ochocientas mil almas, desterradas las unas de las otras, a centenares de leguas. Tal país no es un Estado; es el limbo político, y sus habitantes son almas errantes en la soledad, es decir, americanos del Sur.

Los colores de que me valgo serán fuertes, podrán ser exagerados, pero no mentirosos. Quitad algunos grados al color amarillo, siempre será pálido el color que quede. Algunos quilates de menos no alteran la fuerza de la verdad, como no alteran la naturaleza del oro. Es necesario dar formas exageradas a las verdades que se escapan a vista de los ojos comunes.

XXXIII. Continuación del mismo asunto. La Constitución debe precaverse contra leyes orgánicas, que pretendan destruirla por excepciones. Examen de la Constitución de Bolivia, modelo del fraude en la libertad

No basta que la Constitución contenga todas las libertades y garantías conocidas. Es necesario, como se ha dicho antes, que contenga declaraciones formales de que no se dará ley que, con pretexto de organizar y reglamentar el ejercicio de esas libertades, las anule y falsee con disposiciones reglamentarias. Se puede concebir una Constitución que abrace en su sanción todas las libertades imaginables; pero que admitiendo la posibilidad de limitarlas por la ley, sugiera ella misma el medio honesto y legal de faltar a todo lo que promete.

Un dechado de esta táctica de fascinación y mistificación política es la Constitución vigente en Bolivia, dada en La Paz el 20 de septiembre de 1851, bajo la administración del general Belzu. Debo rectificar en este lugar la equivocación que padezco en el párrafo VI de la primera y segunda edición, cuando digo que la Constitución actual de Bolivia es la de 26 de octubre de 1839. No es así, por desgracia, pues valiera más que rigiese esta última con todos sus defectos, que no la dada en 1851 en nombre y en perjuicio de la libertad al mismo tiempo. Después de impreso lo que allí decía, llegó a mi noticia, y de los bolivianos que me dieron los primeros informes, la existencia de esta Constitución, que por lo visto, vive tan oscura como la edición moderna de una ley sin vigencia, o lo que es igual, de una ley sin efecto.

Después de ratificar la independencia de Bolivia, muchas veces declarada y por nadie disputada, entra la Constitución declarando el derecho público de los bolivianos. La Constitución de Massachusetts, modelo de todas las Constituciones de libertad conocidas en este y en el otro continente sobre declaraciones de derechos del hombre, no es tan rica y abundante como la Constitución de La Paz, en cuanto a garantías de derecho público. Pero, ¿qué importa? Las garantías son concedidas con las limitaciones y restricciones que establecen las leyes. Es verdad que fuera de las limitaciones legales no hay otras, según lo declara la Constitución. Pero si la ley es un medio de derogar la Constitución, ¿para qué necesita de otro el gobierno? Hace la ley el que hace al legislador. El pueblo en nuestra América del Sur hace el papel de elector; quien elige en la realidad es el poder.

La Constitución boliviana es más explícita todavía en sus limitaciones a las garantías prometidas, cuando declara por el art. 23, que «el goce de las garantías y derechos que ella concede a todo hombre está subordinado al cumplimiento de este deber: respeto y obediencia a la ley y a las autoridades constituidas», con cuya reserva quedan reducidas a nada las estupendas garantías para el desgraciado que se hace culpable de un simple desacato.

La Constitución declara que no hay poder humano sobre las conciencias, y sin embargo ella misma realiza ese poder sobrehumano, declarando en el mismo art. 3 que «la religión católica, apostólica, romana, es la de Bolivia, cuyo culto exclusivo es protegido por la ley, que al mismo tiempo excluye el ejercicio de otro cualquiera».

Ante la ley todos son iguales, según el art. 13. Pero en cuanto a la admisibilidad a los empleos, solo son iguales los bolivianos. Son exceptuados los empleos profesionales, que pueden ser ejercidos por los extranjeros; pero solo tienen éstos, en Bolivia, los derechos que su país concede a un boliviano.

Limitación irrisoria con que se pretende asimilar la posición de un país indigente en hombres capaces a la de otros que, abundando en ellos, nada han dispuesto para atraerlos de afuera, y mucho menos de países que no los tienen. ¿Por qué admitir al extranjero solamente en los empleos profesionales, y no en otros muchos que, sin ser profesionales, pueden desempeñarse por el extranjero con más ventaja que por el nacional?

La Constitución deja en blanco las condiciones para la adquisición de la ciudadanía por parte de un extranjero, pero establece los casos en que se pierde o suspende su ejercicio (art. 2); provee a la pérdida, pero no a la adquisición de ciudadanos; se ocupa más de la despoblación, que de la población del país. Es verdad que el art. 76, inciso 19, da al presidente, y no a la ley, el poder de expedir cartas de ciudadanía en favor de los extranjeros que las merezcan. Pero si el presidente abriga por los extranjeros la estima de que ha dado testimonio en sus célebres decretos el presidente actual, pocas cartas de ciudadanía se expedirán en Bolivia a los extranjeros, de que tanto necesita.

El tránsito es libre por la Constitución; todo hombre puede entrar y salir de Bolivia, pero se entiende en caso que no lo prohíba el derecho de tercero, la aduana o la policía. Con permiso de estas tres potestades, el derecho de locomoción es inviolable en la República boliviana (art. 8).

Por la Constitución es inviolable el hogar; pero por la ley puede ser allanado (nombre honesto dado a la violación por el art. 14).

Por la Constitución es libre el trabajo; pero puede no serlo por la ley (art. 17).

Según esto, en Bolivia la Constitución rige con permiso de las leyes. En otras partes la Constitución hace vivir a las leyes; allí las leyes hacen vivir a la Constitución. Las leyes son la regla, la Constitución es la excepción.

Por fin, la Constitución toda es nominal; pues por el art. 76, inciso 26, el presidente, oídos sus ministros, que él nombra y quita a su voluntad, declara en peligro la patria y asume las facultades extraordinarias por un término de que él es árbitro (inciso 27).

De modo que el derecho público cesa por las leyes, y la Constitución toda por la voluntad del presidente.

Es peor que la Constitución dictatorial del Paraguay, porque es menos franca: promete todas las libertades, pero retiene el poder de suprimirlas. Es como un prestidigitador de teatro que os ofrece la libertad; la tomáis, creéis tenerla en vuestra faltriquera, metéis las manos para usarla, y halláis cadenas en lugar de libertad. Las leyes orgánicas son los cubiletes que sirven de instrumento para esa manifestación de gobierno constitucional.

La Constitución argentina debe huir de ese escollo. Como todas las Constituciones de los Estados Unidos, es decir, como todas las Constituciones leales y prudentes, debe declarar que el Congreso no dará ley que limite o falsee las garantías de progreso y de derecho público con ocasión de organizar o reglamentar su ejercicio. Ese deber de política fundamental es de trascendencia decisiva para la vida de la Constitución.

XXXIV. Continuación del mismo asunto. Política conveniente para después de dada la Constitución

La política no puede tener miras diferentes de las miras de la Constitución. Ella no es sino el arte de conducir las cosas de modo que se cumplan los fines previstos por la Constitución. De suerte que los principios señalados en este libro como bases, en vista de las cuales deba ser concebida la Constitución, son los mismos principios en cuyo sentido debe ser encaminada la política que conviene a la República Argentina.

Expresión de las necesidades modernas y fundamentales del país, ella debe ser comercial, industrial y económica, en lugar de militar y guerrera, como convino a la primera época de nuestra emancipación. La política de Rosas, encaminada a la adquisición de glorias militares sin objeto ni utilidad, ha sido repetición intempestiva de una tendencia que fue útil en su tiempo, pero que ha venido a ser perniciosa a los progresos de América.

Ella debe ser más solícita de la paz y del orden que convienen al desarrollo de nuestras instituciones y riqueza, que de brillantes y pueriles agitaciones de carácter político.

Cada guerra, cada cuestión, cada bloqueo que se ahorra al país, es una conquista obtenida en favor de sus adelantos. Un año de quietud en la América del Sur representa más bienes que diez años de la más gloriosa guerra.

La gloria es la plaga de nuestra pobre América del Sur. Después de haber sido el aliciente eficacísimo que nos dio por resultado la independencia, hoy es un medio estéril de infatuación y de extravío, que no representa cosa alguna útil ni seria para el país. La nueva política debe tender a glorificar los triunfos industriales, a ennoblecer el trabajo, a rodear de honor las empresas de colonización, de navegación y de industria, a reemplazar en las costumbres del pueblo, como estímulo moral, la vanagloria militar por el honor del trabajo, el entusiasmo guerrero por el entusiasmo industrial que distingue a los países libres de la raza inglesa, el patriotismo belicoso por el patriotismo de las empresas industriales que cambian la faz estéril de nuestros desiertos en lugares poblados y animados. La gloria actual de los Estados Unidos es llenar los desiertos del Oeste de pueblos nuevos, formados de su raza; nuestra política debe apartar de la imaginación de nuestras masas el cuadro de nuestros tiempos heroicos, que representa la lucha contra la Europa militar, hoy que necesita el país de trabajadores, de hombres de paz y de buen sentido, en lugar de héroes, y de atraer a Europa y recibir el influjo de su civilización, en vez de repelerla. La guerra de la Independencia nos ha dejado la manía ridícula y aciaga del heroísmo. Aspiramos todos a ser héroes, y nadie se contenta con ser hombre. O la inmortalidad, o nada, es nuestro dilema. Nadie se mueve a cosas útiles por el modesto y honrado estímulo del bien público; es necesario que se nos prometa la gloria de San Martín, la celebridad de Moreno. Esta aberración ridícula y aciaga gobierna nuestros caracteres sudamericanos. La sana política debe propender a combatirla y acabarla.

Nuestra política, para ser expresión del régimen constitucional que nos conviene, deberá ser más atenta al régimen exterior del país que al interno. Los motivos de ello están latamente explicados en este libro. Debe inspirarse para su marcha en las bases señaladas para la Constitución en este libro.

Debe promover y buscar los tratados de amistad y comercio con el extranjero, como garantías de nuestro régimen constitucional. Consignadas y escritas en esos tratados las mismas garantías de derecho público que la Constitución dé al extranjero espontáneamente, adquirirán mayor fuerza y estabilidad. Cada tratado será un ancla de estabilidad puesta a la Constitución. Si ésta fuese violada por una autoridad nacional, no lo será en la parte contenida en los tratados, que se harán respetar por las naciones signatarias de ellos; y bastará que algunas garantías queden en pie para que el país conserve inviolable una parte de su Constitución, que pronto hará restablecer la otra. Nada más erróneo, en la política exterior de Sudamérica, que la tendencia a huir de los tratados.

En cuanto a su observancia, debe de ser fiel por nuestra parte para quitar pretextos de ser infiel al fuerte. De los agravios debe alzarse acta, no para vengarlos inmediatamente, sino para reclamarlos a su tiempo. Por hoy no es tiempo de pelear para la América del Sur, y mucho menos de pelear con Europa, su fuente de progreso y engrandecimiento.

Con las repúblicas americanas no convienen las ligas políticas, por inconducentes; pero sí los tratados dirigidos a generalizar muchos intereses y ventajas, que nos dan la comunidad de legislación civil, de régimen constitucional, de culto, de idioma, de costumbres, etc. Interesa al progreso de todas ellas la remoción de las trabas que hacen difícil su comercio por el interior de sus territorios solitarios y desiertos. Por tratados de abolición o reducción de las tarifas con que se hostilizan y repelen, podrían servir a los intereses de su población inferior. Los caminos y postas, la validez de las pruebas y sentencias judiciales, la propiedad literaria y de inventos, los grados universitarios, son objetos de estipulaciones internacionales que nuestras repúblicas pudieran celebrar con ventaja recíproca.

A la buena cansa argentina convendrá siempre una política amigable para con el Brasil. Nada más atrasado y falso que el pretendido antagonismo de sistema político entre el Brasil y las repúblicas sudamericanas. Este solo existe para una política superficial y frívola, que se detiene en la corteza de los hechos. A esta clase pertenece la diferencia de forma de gobierno. En el fondo, ese país está más internado que nosotros en el sendero de la libertad. Es falso que la revolución americana tenga ese camino más que andar. Todas las miras de nuestra revolución contra España están satisfechas allí. Fue la primera de ellas la emancipación de todo poder europeo; esa independencia existe en el Brasil. Él sacudió el yugo del poder europeo, como nosotros; y el Brasil es hoy un poder esencialmente americano. Como nosotros, ha tenido también su revolución de 1810. La bandera de Maypo, en vez de oprimidos, hallaría allí hombres libres. La esclavitud de cierta raza no desmiente su libertad política; pues ambos hechos coexisten en Norteamérica, donde los esclavos negros son diez veces más numerosos que en el Brasil.

Nuestra revolución persiguió el régimen irresponsable y arbitrario; en el Brasil no existe; allí gobierna la ley.

Nuestra revolución buscaba los derechos de propiedad, de publicidad, de elección, de petición, de tránsito, de industria. Tarde iría a proclamar esa en el Brasil, porque ya existe; y existe, porque la revolución de libertad ha pasado por allí dejando más frutos que entre nosotros.

La política que observó el Brasil después de la caída de Rosas no era ciertamente una retribución de la política que el autor aconsejaba a su país respecto al Imperio en las líneas que anteceden. El Brasil rehusó tomar parte en los tratados de libre navegación de 10 de julio de 1853, firmados con

Francia e Inglaterra; y protestó en cierto modo contra el principio de libertad fluvial, garantizado por estos tratados. Amenazó la independencia de la República Oriental, ocupando su territorio con un ejército permanente, sin obrar de acuerdo con la Confederación Argentina, como estaba convenido en el tratado de 1828. Comprometió la integridad de la República Argentina, abriendo relaciones diplomáticas con el gobierno interior y doméstico de la provincia de Buenos Aires. No por eso el autor abandonó sus opiniones de 1844 y 1852 en favor de lo bueno que tiene el Brasil; pero sí pensó que la confederación debía precaverse contra las tendencias hostiles que el Brasil acreditaba por esos actos. Retirando más tarde su ejército de la Banda Oriental, y firmando el tratado de la Confederación Argentina de 7 de marzo de 1856, en que restablece el pacto de 1828 y da garantías a la integridad argentina y a la independencia oriental, el Brasil ha rectificado por fin las irregularidades de su política hacia el Plata, y dado muestra de comprender lo que conviene a su seguridad. Sin embargo, el tiempo esclarecerá el sentido de algunas cláusulas del tratado de 7 de marzo, cuyas palabras harían creer que el Brasil mantiene sus preocupaciones anteriores, especialmente en materia de navegación fluvial y de comercio exterior.

En lo interior, el primer deber de la política futura será el mantenimiento y conservación de la Constitución. Reunir un Congreso y dar una Constitución no son cosas sin ejemplo en la República Argentina; lo que nunca se ha visto allí es que haya subsistido una Constitución diez años.

La mejor política, la más fácil, la más eficaz para conservar la Constitución, es la política de la honradez y de la buena fe; la política clara y simple de los hombres de bien, y no la política doble y hábil de los truhanes de categoría. Pero entiéndase que la honradez requerida por la sana política no es la honradez apasionada y rencorosa del doctor Francia o de Felipe II, que eran honrados a su modo. La sinceridad de los actos no es todo lo que se puede apetecer en política; se requiere además la justicia, en que reside la verdadera probidad.

Cuando la Constitución es oscura o indecisa, se debe pedir su comentario a la libertad y al progreso, las dos deidades en que ha de tener inspiración. Es imposible errar cuando se va por un camino tan lleno de luz.

El grande arte del gobierno, como decía Platón, es el arte de hacer amar de los pueblos la Constitución y las leyes. Para que los pueblos la amen, es menester que la vean rodeada de prestigio y de esplendor.

El principal medio de afianzar el respeto de la Constitución es evitar en todo lo posible sus reformas. Estas, pueden ser necesarias a veces, pero constituyen siempre una crisis pública, más o menos grave. Son lo que las amputaciones al cuerpo humano; necesarias a veces, pero terribles siempre. Deben evitarse todo lo posible, o retardarse lo más. La verdadera sanción de las leyes reside en su duración. Remediemos sus defectos, no por la abrogación, sino por la interpretación.

Ese es todo el secreto que han tenido los ingleses para hacer vivir siglos su Constitución benemérita de la humanidad entera.

Las cartas o leyes fundamentales que forman el derecho constitucional de Inglaterra, tienen seis y ocho siglos de existencia muchas de ellas. Del siglo XI (1071) es la primera carta de Guillermo el Conquistador; y la magna carta, o gran carta, debió su sanción al rey Juan, a principios del siglo XII (19 de junio de 1215). Entre los siglos XI y XIV dijéronse las leyes que hasta hoy son base del derecho público británico.

No se crea que esas leyes han regido inviolablemente desde su sanción. En los primeros tiempos fueron violadas a cada paso por los reyes y sus agentes. Violadas han sido también posteriormente, y no han llegado a ser una verdad práctica, sino con el transcurso de la edad.

Pero los ingleses no remediaban las violaciones, sustituyendo unas constituciones por otras, sino confirmando las anteriormente dadas.

Sin ir tan lejos, nosotros mismos tenernos leyes de derecho público y privado, que cuentan siglos existencia. En el siglo XIV promulgáronse las Leyes de Partidas, que han regido nuestros pueblos americanos desde su fundación, y son seculares también nuestras Leyes de Indias y nuestras Ordenanzas de comercio y de navegación. Recordemos que, a nuestro modo, hemos tenido un derecho público antiguo.

Lejos de existir inviolables esas leyes, la historia colonial se reduce casi a la de sus infracciones. Es la historia de la arbitrariedad. Durante la revolución hemos cambiado mil veces los gobiernos, porque las leyes no eran observadas. Pero no por eso hemos dado por insubsistentes y nulas las siete

Partidas, las Leyes de Indias, las Ordenanzas de Bilbao, etc., etc. Hemos confirmado implícitamente esas leyes, pidiendo a los nuevos gobiernos que las cumplan.

No hemos obrado así con nuestras leyes políticas dadas durante la revolución. Les hemos hecho expiar las faltas de sus guardianes. Para remediar la violación de un artículo, los hemos derogado todos. Hemos querido remediar los defectos de nuestras leyes patrias, revolcándolas y dando otras en su lugar; con lo cual nos hemos quedado de ordinario sin ninguna: porque una ley sin antigüedad no tiene sanción, no es ley.

Conservar la Constitución es el secreto de tener Constitución. ¿Tiene defectos, es incompleta? No la reemplacéis por otra nueva. La novedad de la ley es una falta que no se compensa por ninguna perfección; porque la novedad excluye el respeto y la costumbre, y una ley sin estas bases es un pedazo de papel, un trozo literario.

La interpretación, el comentario, la jurisprudencia, es el gran medio de remediar los defectos de las leyes. Es la receta con que Inglaterra ha salvado su libertad y la libertad del mundo. La ley es un Dios mudo: habla siempre por la boca del magistrado. Este la hace ser sabia o inicua. De palabras se compone la ley, y de las palabras se ha dicho que no hay ninguna mala, sino mal tomada. Honni soit qui mal y pense, escribid al frente de vuestras constituciones, si les deseáis longevidad inglesa. Sin fe no hay ley ni religión, y no hay fe donde hay perpetuo raciocinio.

Cread la jurisprudencia, que es el suplemento de la legislación, siempre incompleta, y dejad en reposo las leyes, que de otro modo jamás echarán raíz.

Para no tener que retocar o innovar la Constitución, reducidla a las cosas más fundamentales, a los hechos más esenciales del orden político. No comprendáis en ella disposiciones por su naturaleza transitorias, como las relativas a elecciones.

Si es preciso rodear la ley de la afección del pueblo, no lo es menos hacer agradable para el país el ejercicio del gobierno. Gobernar poco, intervenir lo menos, dejar hacer lo más, no hacer sentir la autoridad, es el mejor medio de hacerla estimable. A menudo entre nosotros gobernar, organizar, reglamentar, es estorbar, entorpecer, por lo cual fuera preferible un sistema que dejase a las cosas gobernarse por su propia impulsión. Temería establecer una paradoja, si no viese confirmada esta observación por el siguiente hecho que cita un publicista respetable: «El gobierno indolente y desidioso de Rivera, dice M. Brossard, no fue menos favorable al Estado Oriental, en cuanto dejó desarrollarse al menos los elementos naturales de prosperidad que contenía el país». Y no daría tanto asenso al reparo de M. Brossard, si no me hubiese cabido ser testigo ocular del hecho aseverado por él.

Nuestra prosperidad ha de ser obra espontánea de las cosas, más bien que una creación oficial. Las naciones, por lo general, no son obra de los gobiernos, y lo mejor que en su obsequio puedan hacer en materia de administración, es dejar que sus facultades se desenvuelvan, por su propia vitalidad. No estorbar, dejar hacer, es la mejor regla cuando no hay certeza de obrar con acierto. El pueblo de California no es un producto de un decreto del gobierno de Washington; y Buenos Aires se ha desarrollado en muchas cosas materiales a despecho del poder de Rosas, cuya omnipotencia ha sido vencida por la acción espontánea de las cosas. La libertad, por índole y carácter, es poco reglamentaria, y prefiere entregar el curso de las cosas a la dirección del instinto.

En la elección de los funcionarios nos convendrá una política que eluda el pedantismo de los títulos, tanto como la rusticidad de la ignorancia. La presunción de nuestros sabios a medias ha ocasionado más males al país que la brutalidad de nuestros tiranos ignorantes. El simple buen sentido de nuestros hombres prácticos es mejor regla de gobierno que las pedantescas reminiscencias de Grecia o de Roma. Se debe huir de los gobernantes que mucho decretan, como de los médicos que prodigan las recetas. La mejor administración, como la mejor medicina, es la que deja obrar a la naturaleza.

Se debe preferir, en general, para la elección de los funcionarios, el juicio al talento; el juicio práctico, es decir, el talento de proceder, al talento de escribir y de hablar, en los negocios de gobierno.

En Sudamérica el talento se encuentra a cada paso; lo menos común que por allí se encuentra es lo que impropiamente se llama sentido común, buen sentido o juicio recto. No es paradoja el sostener que el talento ha desorganizado la República Argentina. Al partido inteligente, que tuvo por jefe a Rivadavia, pertenece esa organización de échantillon, esa Constitución de un pedazo del país con exclusión de todo el país, ensayada en Buenos Aires entre 1820 y 1823, que complicó el gobierno nacional argentino hasta hacer hoy tan difícil su reorganización definitiva.

Conviene distinguir los talentos en sus clases y destinos, cuando se trata de colocarlos en empleos públicos. Un hombre que tiene mucho talento para hacer folletines, puede no tenerlo para administrar los negocios del Estado.

Comprender y exponer por la palabra o el estilo una teoría de gobierno es incumbencia del escritor de talento. Gobernar según esa teoría es comúnmente un don instintivo que puede existir, y que a menudo existe, en hombres sin instrucción especial. Más de una vez el hecho ha precedido a la teoría en la historia del gobierno. Las cartas de Inglaterra, que forman el derecho constitucional de ese país modelo, no salieron de las academias ni de las escuelas de derecho, sino del buen sentido de sus nobles y de sus grandes propietarios.

Cada casa de familia es una prueba práctica de esta verdad. Toda la economía de su gobierno interior, siempre complicado, aunque pequeño, está encomendada al simple buen sentido de la mujer, que muchas veces rectifica también las determinaciones del padre de familia en el alto gobierno de la casa.

La política del buen juicio exige formas serias y simples en los discursos y en los actos escritos del gobierno. Esos actos y discursos no son piezas literarias. Nada más opuesto a la seriedad de los negocios, que las flores de estilo y que los adornos de lenguaje. Los mensajes y los discursos largos son el mejor medio de oscurecer los negocios y de mantenerlos ignorados del público: nadie los lee. Los mensajes y los discursos llenos de exageración y compostura son sospechosos: nadie los cree. El mejor orador de una república no es el que más agrada a la academia, sino el que mejor se hace comprender de sus oyentes. Se comprende bien lo que se escucha con atención, y el incentivo de la atención reside todo en la verdad trivial y ordinaria del que expone.

En el terreno de la industria, es decir, en su terreno favorito, nuestra política debe despertar el gusto por las empresas materiales, favoreciendo a los más capaces de acometerlas con estímulos poderosos prodigados a mano abierta. Una economía mal entendida y un celo estrecho por los intereses nacionales nos han privado más de una vez de poseer mejoras importantes ofrecidas por el espíritu de empresa, mediante un cálculo natural de ganancia en que hemos visto una asechanza puesta al interés nacional. Por no favorecer a los especuladores, hemos privado al país de beneficios reales.

La política del gobierno general será llamada a dar ejemplo de cordura y de moderación a las administraciones provinciales que han de marchar naturalmente sobre sus trazas.

Al empezar la vida constitucional en que el país carece absolutamente de hábitos anteriores, la política debe abstenerse de suscitar cuestiones por ligeras inobservancias, que son inevitables en la ejecución de toda Constitución nueva. Las nuevas constituciones, como las máquinas inusadas, suelen experimentar tropiezos, que no deben causar alarma y que deben removerse con la paciencia y mansedumbre que distingue a los verdaderos hombres de la libertad. Se deben combatir las inobservancias o violencias por los medios de la Constitución misma, sin apelar nunca a las vías de hecho, porque la rebelión es un remedio mil veces peor que la enfermedad. Insurreccionarse por un embarazo sucedido en el ejercicio de la Constitución, es darle un segundo golpe por la razón de que ha recibido otra anterior. Las constituciones durables son las interpretadas por la paz y la buena fe. Una interpretación demasiado literal y minuciosa vuelve la vida pública inquieta y pendenciosa. Las protestas, los reclamos de nulidad, prodigados por la imperfección natural con que se realizan las prácticas constitucionales en países mal preparados para recibirlas, son siempre de resultados funestos. Es necesario crear la costumbre excelente y altamente parlamentaria de aceptar los hechos como resultan consumados, sean cuales fueren sus imperfecciones, y esperar a su repetición periódica y constitucional para corregirlos o disponerlos en su provecho. Me refiero en esto especialmente a las elecciones, que son el manantial ordinario de conmociones por pretendidas violaciones de la Constitución.

De las elecciones, ninguna más ardua que la de presidente; y como ella debe repetirse cada seis años por la Constitución, y como la más próxima hace nacer dudas que interesan a la vida de la Constitución actual, séanos permitido emitir aquí algunas ideas que tendrán aplicación más de una vez, y que por hoy responden a la siguiente pregunta, que muchos se hacen a sí mismos: «¿Qué será de la Confederación Argentina el día que le falte su actual presidente?». Será, en mi opinión, lo que es de la nave que cambia de capitán: una mudanza que no impide proseguir el viaje, siempre que haya una carta de navegación y que el nuevo capitán sepa observarla.

La Constitución general es la carta de navegación de la Confederación Argentina. En todas las borrascas, en todos los malos tiempos, en todos los trances difíciles, la confederación tendrá siempre un camino seguro para llegar a puerto de salvación, con solo volver sus ojos a la Constitución y seguir el camino que ella le traza, para formar el gobierno y para reglar su marcha.

En la vida de las naciones se han visto desenlaces que tuvieron necesidad de un hombre especial para verificarse. Nadie sabe cómo hubieran podido concluir las revoluciones francesas de 1789 y de 1848 sin la intervención personal de Napoleón I y de Napoleón III. Quién sabe si la Constitución que ha hecho la grandeza de los Estados Unidos hubiese llegado a ser una realidad, sin el influjo de la persona de Washington; y para nadie es dudoso que sin el influjo personal del general Urquiza, la Confederación Argentina no hubiera llegado a darse la Constitución que ha sacado a ese país del caos de cuarenta años.

Pero llega un día en que la obra del hombre necesario adquiere la suficiente robustez para mantenerse por sí misma, y entonces la mano del autor deja de serle indispensable.

Muy peligroso es, sin embargo, equivocarse en dar por llegada la hora precisa de emancipar la obra del autor, porque un error en ese punto puede ser más desastroso al interruptor que a la obra misma, la cual es más poderosa en sí que el propio autor.

Y, en efecto, las funciones de que se compone la obra de organizar un pueblo son el cumplimiento de una ley providencial. Lo es igualmente el concurso del brazo que sirve de instrumento de ejecución. Y como éste deriva de esa ley toda la fuerza que lo hace el señor de la situación, se sigue que ni él mismo puede contrariarla sin sucumbir a su poder moral.

Para todas las creaciones de la Providencia hay una hora prefijada en que cesa la necesidad de la mano que las hizo nacer. Esa hora viene por sí misma; y la señal de que ha llegado, es que la obra puede quedar sola, sin el auxilio de ninguna violencia. Cuando el águila está en edad de ver la luz, el huevo en que se desenvolvió su existencia se rompe por la mano de la Providencia. Si anticipáis ese paso, matáis la existencia que queríais abreviar.

Toda Constitución de libertad tiene en sí misma el poder de sustraerse a su tiempo del influjo personal que la hizo nacer; y la Constitución argentina es excelente, porque tiende justamente a colocar la suerte del país fuera de la voluntad discrecional de un hombre: servicio hermoso que la patria debe al general Urquiza.

La Constitución da, en efecto, el medio sencillo de encontrar siempre un hombre competente para poner al frente de la confederación. Ese medio no consiste únicamente en elegirle libremente, aunque esta libertad sea el primer resorte de una buena elección: consiste mayormente en que una vez elegido, sea quien fuere el desgraciado a quien el voto del país coloque en la silla difícil de la presidencia, se lo debe respetar con la obstinación ciega de la honradez, no como a hombre, sino como a la persona pública del presidente de la Nación. No hay pretexto que disculpe una inconsecuencia del país a los ojos de la probidad política. Cuanto menos digno de su puesto (no interviniendo crimen), mayor será el realce que tenga el respeto del país al jefe de su elección; como es más noble el padre que ama al hijo defectuoso, como es más hidalgo el hijo que no discute el mérito personal de su padre para pagarle el tributo de su respeto.

Respetad de ese modo al presidente que una vez lo sea por vuestra elección, y con eso solo seréis fuertes e invencibles contra todas las resistencias a la organización nacional; porque el respeto al presidente no es más que el respeto a la Constitución en virtud de la cual ha sido electo: es el respeto a la disciplina y a la subordinación, que, en lo político como en lo militar, son la llave de la fuerza y de la victoria.

El respeto a la autoridad, sobre todo, es el respeto del país a sus propios actos, a su propio compromiso, a su propia dignidad.

Una simple cosa distingue al país civilizado del país salvaje; una simple cosa distingue a la ciudad de Londres de una toldería de la Pampa: y es el respeto que la primera tiene a su gobierno, y el desprecio cínico que la horda tiene por su jefe.

Esto es lo que no comprende la América, que ha vivido cuarenta años sin salir de su revolución contra España; y eso solo la hace objeto del desprecio del mundo, que la ve sumida en revoluciones vilipendiosas y verdaderamente salvajes.

Mientras haya hombres que hagan título de vanidad de llamarse hombres de revolución; en tanto que se conserve estúpidamente la creencia, que fue cierta en 1810, de que la sana política y la revolución son cosas equivalentes; en tanto que haya publicistas que se precien de saber voltear ministros a cañonazos; mientras se crea sinceramente que un conspirador es menos despreciable que un ladrón, pierde la América española toda la esperanza a merecer el respeto del mundo.

No prolongaré este parágrafo con reglas y prescripciones que se deducen fácilmente de los principios contenidos en todo este escrito, y presentados como las bases aproximadas en que deban apoyarse la Constitución y la política argentinas, si aspiran a darnos un progreso de que no tenemos ejemplo en la América del Sur.

XXXV. De la política de Buenos Aires para con la Nación Argentina

En la segunda de las ediciones hechas de esta obra en 1852, había un capítulo con el epígrafe de éste, en el cual indiqué, como medio de satisfacer las necesidades de orden que tenía Buenos Aires, la sanción de una Constitución local, que rectificase sus instituciones anteriores, origen exclusivo de su anarquía y de su dictadura alternativas. De ese modo, la Constitución de Buenos Aires debía ser al mismo tiempo una rueda auxiliar de la Constitución de la Nación.

Muy lejos de eso, la Constitución que se dio Buenos Aires el 11 de abril de 1854, en vez de rectificar sus instituciones anteriores, las resumió y las confirmó, viniendo a ser obstáculo para la Constitución nacional, en lugar de servirla de apoyo.

Buenos Aires restableció en su Constitución actual las mismas instituciones que habían existido bajo el gobierno de Rosas, y su texto es copia casi literal de un proyecto presentado en la legislatura de Buenos Aires, en 1833, bajo el ascendiente de Rosas y de sus hombres. Así se explica que el gobierno de Buenos Aires no es republicano según esa Constitución, sino meramente popular representativo, más o menos, como el gobierno monarquista del Brasil, o como un gobierno imperial salido de la voluntad del pueblo. La república se supone o subentiende por el art. 14 de la Constitución vigente de Buenos Aires. Así se explica que su artículo suspende los derechos del ciudadano naturalizado por no inscribirse en la guardia nacional. Así se explica que por el art. 85 un argentino de Santa Fe, de Córdoba o de Entre Ríos, no puede ser gobernador de Buenos Aires en ningún caso.

Las leyes anteriores compiladas en la Constitución actual de Buenos Aires, fueron ensayos erróneos, que Rivadavia hizo entre 1820 y 1823, bajo el influjo del más triste estado de cosas para la Nación Argentina, pues todas sus provincias estaban aisladas unas de otras. Esas instituciones locales no hubieran quedado subsistentes, si Rivadavia hubiese logrado hacer sancionar la Constitución unitaria que había concebido para toda la Nación; pues esa Constitución asignando a la Nación entera los mismos poderes y rentas que las leyes provinciales anteriores del mismo Rivadavia habían asignado a la provincia capital, la Constitución unitaria venía a ser un decreto de abolición de esas leyes que Buenos Aires acaba de restablecer. Esas primeras instituciones locales de Rivadavia eran el andamio para la Constitución definitiva, el edificio de tablas para abrigarse mientras se construía la obra permanente del mismo arquitecto. Pero Buenos Aires, confundiendo las dos cosas, ha tomado el andamio por el edificio.

El error de Rivadavia no consistía en haber dado a su provincia instituciones inadecuadas, como se dice vulgarmente, sino en que empezó por atribuir a la provincia de Buenos Aires los poderes y las rentas que eran de toda la Nación. Cuando más tarde quiso retirarle esos poderes y rentas para entregarlos a su dueño, que es el pueblo argentino, ya no pudo; y la obra de sus errores fue más poderosa que la buena voluntad del autor. En nombre de sus propias instituciones de desquicio, Rivadavia fue rechazado por Buenos Aires, desde que pensó en dar instituciones de orden nacional.

Tal es el defecto de la actual Constitución de Buenos Aires, resumen de los ensayos inexpertos de Rivadavia: dando a la provincia lo que es de la Nación, esa Constitución va dirigida a suplantar la Nación por la provincia.

He aquí lo que la hace ser obstáculo para la organización de todo gobierno nacional, sea cual fuere su forma.

He aquí el motivo por que esa Constitución arrastra fatalmente a Buenos Aires en el camino del desorden y de la guerra civil. Una provincia cuya Constitución local invade y atropella los dominios de la Constitución nacional, ¿podrá establecer y fundar el principio de orden dentro de su territorio? Una provincia que conserva una aduana doméstica como añadidura reglamentaria de una aduana nacional, ¿podrá jamás servir de veras la prosperidad del comercio? Una provincia que habla de códigos locales, de hipotecas de provincia, de monedas de provincia, ¿podrá representar otra época ni otro orden de cosas que aquellos en que estaba la Francia feudal antes de 1789?

Arrebatando a la Nación sus atribuciones soberanas, la Constitución local de Buenos Aires abre una herida mortal a la integridad de la República Argentina, y crea un pésimo ejemplo para las repúblicas de la América del Sur. Los códigos civiles de provincia son resultado lógico de una Constitución semejante a la que hoy tiene Buenos Aires. Para los Estados vecinos, los códigos de que Buenos Aires se propone dar ejemplo, tendrán mañana imitadores que pidan un código civil para Concepción, otro para Santiago, otro para Valparaíso, en Chile, código civil para la colonia del Sacramento, código para Maldonado en el Estado de Montevideo. No sería un bello papel para Buenos Aires llevar así a la América política el desquicio, después de haberlo intentado dentro de su propia nación.

Buenos Aires, volviendo a los errores constitucionales de 1821, no tiene la excusa que asistía a Rivadavia y a los hombres de aquel tiempo. Entonces no existía un gobierno nacional, y la usurpación que Buenos Aires hacía de sus poderes podía disculparse por la necesidad de obrar como nación delante de los poderes extranjeros. Entonces había para Buenos Aires el interés de monopolizar los poderes y rentas nacionales, al favor de la acefalía o de la ausencia de todo gobierno general que le aseguraba ese monopolio. Hoy Buenos Aires renueva la usurpación de 1821 enfrente de un gobierno nacional, constituido con aplauso de toda la nación y del mundo exterior; y lo renueva estérilmente, porque ya su aislamiento no le da, como en otro tiempo, los medios de monopolizar la soberanía de toda la nación, desquiciada entonces y dividida en su provecho local. Ni hay ya poder que pueda restituirle ese orden de cosas, pues le ha sido arrebatado por la mano del mismo agente que en otra época dio a Buenos Aires la supremacía del país, a saber: la geografía política del territorio fluvial. Esta ha cambiado en el interés de todo el mundo, y ese cambio está garantizado por tratados internacionales que le hacen irrevocable y perpetuo. De modo que ni la esperanza de una restauración puede justificar la obstinación actual de Buenos Aires.

En su actitud aislada nada puede fundar de serio ni de juicioso esa provincia, por más que se afane en emprender reformas de progreso, en fomentar su población y su riqueza. Todo lo que haga, todo lo que emprenda en ese sentido, mientras se mantenga rebelde y aislada de su nación, todo será estéril, efímero y como fundado en la arena movediza. A todos sus esfuerzos lucidos de progreso les faltará siempre una cosa, que los hará estériles y vanos: el juicio, el buen sentido.

Así, por ejemplo, los códigos civiles en que hoy se ocupa, serían la codificación de un ángulo de la República Argentina: nuevo obstáculo para la unión que aparenta desear; nuevo ataque a las prerrogativas de la Nación, a quien corresponde la sanción de los códigos civiles por su Constitución vigente y por los sanos principios de derecho público. La capacidad personal, el sistema de la familia civil, la organización de la propiedad, el sistema hereditario, los contratos civiles, les pactos de comercio, el derecho marítimo, el procedimiento o tramitación de los juicios: todo esto llegando solo hasta el Arroyo del Medio, frontera doméstica de la provincia de Buenos Aires, para encontrarse al otro lado con leyes civiles diferentes sobre todos esos puntos, sería el espectáculo más triste y miserable a que pudiera descender la República Argentina.

Sabido es que Napoleón I sancionó sus códigos civiles con la alta mira de establecer la unidad o nacionalidad de Francia, dividida antes de la revolución en tantas legislaciones civiles como provincias. ¡Pero los parodistas bonaerenses de Napoleón I destruyen la antigua unidad de legislación civil, que hacía de todos los pueblos argentinos un solo pueblo, a pesar del desquicio, y dan códigos civiles de provincia para llevar a cabo la organización del país! La confederación debe protestar desde hoy contra la validez de esos códigos locales atentatorios de la unidad civil de la república. No es de creer que Buenos Aires alcance a llevar a cabo ese desorden; pero si tal cosa hiciere, la Nación a su tiempo debe quemarlos en los altares de mayo y de julio, levantados a la integridad de la patria por los grandes hombres de 1810 y de 1816.

¿Por qué Buenos Aires no colabora esas reformas con la Nación de su sangre? Si cree que la división es transitoria, ¿por qué la vuelve definitiva, abriéndola en lo más hondo de la sociedad argentina?

Sin embargo de esos actos, los hombres de la situación en Buenos Aires protestan estar de acuerdo con respecto al fin de unir toda la Nación bajo un solo gobierno, y que la disidencia solo reside en los medios. Esta manera de establecer la cuestión no adelanta en nada la solución de la dificultad pendiente. La objeción de los medios es un sofisma para eludir el fin. Rosas mismo estaba de acuerdo con respecto al fin de que se trata. Jamas pensó dividir la República Argentina en dos naciones, a pesar de la iniquidad con que la trató. Pero se sabe que su medio de unión era el mismo que había empleado la España de otro tiempo, y consistía en unir colonialmente la Nación a la provincia capital, y no la provincia a la Nación, según los principios de un sistema regular representativo de todo el país.

Otro sofisma es pretender que la persona del presidente actual sea el obstáculo que impida la unión de Buenos Aires con la confederación de que siempre formó parte.

Baje del cielo un santo a ocupar la presidencia de la república, y pida lo mismo que pide y no puede menos de pedir el general Urquiza a Buenos Aires, para formar el gobierno nacional; es decir, pida al Gobernador de Buenos Aires que se abstenga de nombrar y recibir agentes extranjeros, que entregue al presidente de la república el mando del ejército local, que ponga a su disposición la administración de una parte de las rentas públicas; pida el santo legislador a la asamblea de Buenos Aires que se guarde de legislar sobre comercio interior y exterior, de sancionar códigos, de atender en tratados internacionales, etcétera; y Buenos Aires dirá que esas exigencias la humillan, y verá un obstáculo en el santo mismo que las proponga como medio único e inevitable de formar el gobierno nacional que es esencial a la vida de la Nación.

Luego el obstáculo para la unión, según la mente con que resiste Buenos Aires, es la Nación misma, y la Nación solo puede ser obstáculo para una política sin patriotismo.

Por fortuna, la Nación Argentina piensa hoy como un solo hombre en este punto. Que Buenos Aires no se equivoque en tomar como obstáculo al que es llamado justamente a reunir todo el país libertado por su brazo. Si en el círculo egoísta que especula con el aislamiento de Buenos Aires son mal mirados los que hoy hablan de unión con la república bajo su actual gobierno, en las provincias serán pisoteados los que conspiren por restituir la Nación al yugo de una provincia, como en los años de oprobioso recuerdo.

Cuando el presidente actual descienda del poder por la ley que él mismo ha tenido la gloria de promulgar, su influencia en la organización será mayor desde su casa, porque será la influencia inofensiva de la gloria, que siempre aumenta de poder moral, a medida que disminuye en poder directo y material.

Entonces todo argentino que quiera exceder en celebridad al que dio libertad y Constitución a la República Argentina, no tendrá sino ir más adelante que él, por el camino que ha trazado a la posteridad de los gobiernos patriotas del Río de la Plata. Consolidar la unidad definitiva del país y de su gobierno, fue el juramento prestado en mayo de 1810, el pensamiento honrado de San Martín, el sueño querido de Rivadavia, el resumen de la gloria del vencedor de Rosas.

Buenos Aires no tiene más que un camino digno para salir de la situación que se ha creado él mismo: unirse a la Nación de que tiene el honor de ser parte integrante, por el único medio digno del fin; que su gobernador se haga un honor de respetar la autoridad soberana de la Nación Argentina, como sus virreyes se honraron en respetar la soberanía de los reyes de España; que acepte y respete las leyes emanadas de la SOBERANÍA del PUEBLO ARGENTINO, con el mismo respeto con que se acepta y obedece las leyes que recibió de los soberanos de España en otro tiempo.

Si Buenos Aires no quiere respetar al gobierno que se ha dado la república independiente de los reyes de España, prueba en tal caso que no quiere sinceramente el objeto de la revolución que encabezó en 1810 y de la emancipación proclamada en 1816; y que su patriotismo decantado, es decir, su abnegación al pueblo argentino, compuesto hoy día de catorce provincias, es un patriotismo hipócrita y falaz, que pretextó para suplantarse en el poder metropolitano de España.

Si porque se le exige que respete las leyes argentinas, como respeto las leyes españolas de otro tiempo, se da por ofendida y se llama a vida independiente, ¿qué motivos serían los que alegase para la declaración solemne de su independencia de nación? ¿La cinta roja que el general Urquiza recomendó a los que fueron libertados bajo ese símbolo? ¿La proclama en que el libertador se quejó del primer asomo de ingratitud? Ese pretexto como motivo de desmembración definitiva, daría lástima a los que han visto al pueblo de Buenos Aires vestir pacíficamente por veinte años el color rojo que le impuso Rosas, y leer diariamente la Gaceta en que fue insultada impunemente su porción más digna, por espacio de veinte años, con los dictados de salvajes y feroces. Que los hombres de juicio de Buenos Aires se convenzan bien de que el mundo exterior, observador imparcial de los hechos de ese país, no puede ser alucinado con subterfugios, como los empleados hasta aquí, ni con los gritos de una minoría violenta que aturde y enmudece a los que están cerca, pero que no convence ni persuade a los que están lejos.

¿Qué motivos tiene Buenos Aires para no admitir la Constitución actual de la Confederación Argentina? ¿El no haber tenido parte en su discusión y sanción? No la tuvo, porque no quiso tomarla, fiel a su abstención de táctica. Rechazó primero el Pacto de San Nicolás, preparatorio de la Constitución, so pretexto de que no había sido autorizado por su Legislatura local, y de que era ofensivo a los derechos de Buenos Aires. Treinta años hacía que Buenos Aires respetaba el pacto inter-provincial llamado cuadrilátero, base de todos los de su género, sin que su Legislatura lo hubiese autorizado nunca. Redactado el Pacto de San Nicolás por un hijo de Buenos Aires, que hace honor a la República Argentina, y firmado por el doctor López, hijo también y Gobernador de Buenos Aires en ese momento, uno de los grandes patriotas de 1810, el Pacto de San Nicolás, preparatorio de la Constitución que rechaza Buenos Aires, no podía ser considerado hostil a esa provincia, ni como inspiración personal del general Urquiza. Buenos Aires lo rechazó sin embargo; ¿por qué, en realidad? Porque le retiraba la diplomacia y la renta nacional para colocarlas en manos de una autoridad común de todas las provincias. Lo rechazó también, porque ese Pacto preparaba eficazmente la Constitución que debía volver definitivo ese orden regular de cosas.

Buenos Aires retiró sus diputados que había mandado ya al Congreso constituyente, so pretexto de que dos diputados no podían representarla suficientemente en la obra de la Constitución. Es de advertir que cada provincia había mandado dos diputados al Congreso constituyente, según lo estipulado por el Pacto de San Nicolás. Ese pacto empezó por ratificar diez convenciones domésticas celebradas durante treinta años, en las cuales Buenos Aires había admitido un derecho de representación igual al de cualquiera otra provincia argentina, para el día que se tratase de constituir la república toda por un Congreso nacional, siempre previsto en esos pactos.

Si la igualdad de representación admitida por Buenos Aires en diez pactos anteriores era una verdad, ¿con qué derecho podía ser representado por más de dos diputados en el Congreso constituyente de 1853? Si la igualdad prometida fue solo un artificio para dominar mejor a las provincias desunidas, Buenos Aires por decoro debió consentir en los resultados de su falta de sinceridad.

Pero todos esos motivos que, considerados exteriormente, se reducen a una cuestión de forma, ¿sería bastante causa para justificar de derecho la separación de hecho en que está Buenos Aires de la República Argentina?

La cuestión, pues, viene a establecerse hoy de otro modo con respecto a Buenos Aires: ¿La Constitución actual de la Confederación Argentina daña a Buenos Aires de tal modo que le obligue a separarse de la república? ¿Qué le exige la Nación de injusto y de extraordinario para que se crea en el deber de aislarse de su país? ¿Que la ciudad de Buenos Aires sea capital de la confederación, quedando la misma provincia compuesta del resto del territorio? Eso es lo que dispone la Constitución que se han dado las provincias; pero ni eso le exige hoy día. Nadie creería que sean ellas las que han ofrecido a Buenos Aires ese rango, y que Buenos Aires se dé por ofendido de las condiciones de esa oferta. Sin embargo, Rivadavia, Agüero, los Varelas y muchos hombres de bien de Buenos Aires fueron los autores de ese pensamiento en 1826; y lejos de ser sin ejemplo en la historia de la América del Sur, la ciudad de Santiago ha conservado su rango de capital de la República de Chile, consintiendo en desmembrar el territorio de su provincia para formar las provincias de Valparaíso, de Aconcagua y de Colchagua.

Con la Constitución de la Confederación Argentina en la mano, todo el mundo puede ser juez de la cuestión entre Buenos Aires y las demás provincias. Esta Constitución será siempre el proceso de la separación desleal de Buenos Aires.

No soy su desafecto, por más que use de este lenguaje, como no lo es el hermano que reconviene duramente a sus hermanos, cuando tiene por mira evitar un extravío y prevenir una afrenta de familia. Quiero a Buenos Aires cuando menos como parte integrante de mi país, pero sería querer mal a la Nación entera, el poner en balance todo su destino con el de una de sus partes subalternas.

El sentimiento de nación está muerto en los argentinos que no sienten todo el ultraje que Buenos Aires hace a la Nación de su sangre, con solo guardar la actitud que hoy tiene a su respecto, por pasiva que parezca a los ojos de los que se han familiarizado con el desorden.

En Francia, en Inglaterra, en los mismos Estados Unidos, la provincia de Buenos Aires, considerada en el territorio de esas naciones y formando parte de ellas, ya hubiera sido sometida por la fuerza de las armas, con aplauso de todos los amigos del orden, por tan legítima defensa de la soberanía nacional.

Muy mal comprende las cosas de la patria el que no sabe sentir de ese modo el derecho de toda una nación.

Pero, aunque la República Argentina tenga el derecho de emplear los mismos medios para traer a Buenos Aires al respeto de sí misma y de la Nación, ofendida peor que por el extranjero más hostil, yo no aprobaría jamás el hecho de emplear medios semejantes para remediar un desorden que no tiene conciencia de sí mismo por haberse formado lentamente, y lo que lo hace más excusable, en nombre del orden mismo. En efecto, el extravío de las opiniones y el hábito de ese extravío se hallan de tal modo arraigados y extendidos en Buenos Aires, hasta en sus primeros publicistas, que se ve a muchos de ellos sostener con aplomo y seriedad que la Constitución actual de Buenos Aires puede radicar el orden de esa provincia, a pesar de estar hecha para desordenar la Nación.

XXXVI. Advertencia que sirve de prefacio y de análisis del proyecto de Constitución que sigue

Para dar una idea práctica del modo de convertir en institución y en ley la doctrina de este libro, me he permitido bosquejar un proyecto de Constitución, concebido según las bases generales desenvueltas en él. Tiempo hace que las ideas de reforma existen en todos los espíritus; todos convienen en que las ideas llamadas a presidir el gobierno y la política de nuestros días, son otras que las practicadas hasta hoy. Sin embargo, las leyes fundamentales, que son la regla de conducta y dirección del gobierno, permanecen las mismas que antes. De ahí en gran parte el origen de las contradicciones de la opinión dominante con la marcha de los gobiernos de Sudamérica. Pero no se puede exigir racionalmente política que no emane de la Constitución escrita. Si aspiramos, pues, a ver en práctica un sistema de administración basado en las ideas de progreso y mejora que prevalecen en la época, demos colocación a estas ideas en las leyes fundamentales del país, hagamos de ellas las bases obligatorias del gobierno, de la legislación y de la política. Un ensayo práctico de la manera de llevar a ejecución esta reforma de los textos constitucionales, es el proyecto de Constitución con que termino mi trabajo.

En país extranjero, entregado a mis esfuerzos aislados, y sin los datos que ofrece la reunión de hombres prácticos en un Congreso, no he podido hacer otra cosa que un trabajo abstracto, en cierto modo. He procurado diseñar el tipo, el molde, que deben afectar la Constitución argentina y las Constituciones de Sudamérica; he señalado la índole y carácter que debe distinguirlas y los elementos o materiales de que deben componerse, para ser expresión leal de las necesidades actuales de estos países. Nada hay preciso ni determinado en él en cuanto a la cantidad; pero está todo en cuanto a la sustancia, y todo es aplicable con las modificaciones de los casos. El molde es lo que propongo, no el tamaño ni las dimensiones del sistema.

El texto que presento no se parece a las Constituciones que tenemos; pero es la expresión literal de las ideas que todos profesan en el día. Es nuevo respecto de los textos conocidos; pero no lo es como expresión de ideas consagradas por todos nuestros publicistas de diez años a esta parte.

A esta especie de novedad de fondo –novedad que solo consiste en la aplicación a la materia constitucional de ideas ya consagradas por la opinión de todos los hombres ilustrados–, he agregado otra de forma o disposición metódica del texto.

La claridad de una ley es su primer requisito para ser conocida y realizada; pues no se practica bien lo que se comprende mal.

La claridad de la ley viene de su lógica, de su método, del encadenamiento y filiación de sus partes.

He seguido el método más simple, el más claro y sencillo a que naturalmente se prestan los objetos de una Constitución.

¿Qué hay, en efecto, en una Constitución? Hay dos cosas: 1.º, los principios, derechos y garantías, que forman las bases y objeto del pacto de asociación política; 2.º, las autoridades encargadas de hacer cumplir y desarrollar esos principios. De aquí la división natural de la Constitución en dos partes. He seguido en esta división general el método de la Constitución de Massachusetts, modelo admirable de buen sentido y de claridad, anterior a las decantadas Constituciones francesas, dadas después de 1789, y a la misma Constitución de los Estados Unidos.

He dividido la primera parte en cuatro capítulos, en que naturalmente se distribuyen los objetos comprendidos en ella, de este modo:

Cap. I. Disposiciones generales.

Cap. II. Derecho público argentino.

Cap. III. Derecho público deferido a los extranjeros.

Cap. IV. Garantías públicas de orden y de progreso.

He dividido la segunda parte, que trata de las autoridades constitucionales, en dos secciones, destinadas, la primera a exponer la planta de las autoridades nacionales, y la segunda a la exposición de las autoridades de provincias o interiores.

He subdividido la sección primera en tres capítulos expositivos de las tres ramas esenciales del gobierno: Poder legislativo, Poder ejecutivo y Poder judicial. La Constitución no contiene más.

La sinopsis que sigue hace palpable al ojo la claridad material de este método:

La Constitución se divide en dos partes

PRIMERA PARTE	Cap. I. Disposiciones generales
Principios, derechos y	Cap. II. Derecho público argentino
garantías	Cap. III. Derecho público deferido a los extranjeros
	Cap. IV. Garantías públicas de orden y de progreso
SECCIÓN 1.ª Generales	Cap. I. Poder legislativo
SEGUNDA PARTE	Cap. II. Poder ejecutivo
	Cap. III. Poder judicial
Autoridades argentinas	
SECCIÓN 2.ª Provinciales	Gobiernos de provincia o interiores

La doctrina de mi libro sirve de comento y explicación de las disposiciones del proyecto: así al pie de cada una hago referencia al parágrafo que contiene la explicación anticipada de sus motivos, cuando no me valgo de notas especiales, traídas al margen, para explicar los motivos que no lo están sobradamente en mi tratado.

En obsequio de la claridad, he adoptado el sistema de numeración arábiga para los artículos, en lugar del sistema romano, usado en las Constituciones ensayadas en la República Argentina con una afectación de cultura perniciosa a la divulgación de la ley.

Invocar, para un lector del pueblo, los artículos CLX y CXCI de la Constitución, es dejarle a oscuras sobre las disposiciones contenidas en ellos. Como la más popular de las leyes, la Constitución debe ofrecer una claridad perfecta hasta en sus menores detalles.

XXXVII. Proyecto de Constitución concebido según las bases desarrolladas en este libro

«Nos los representantes de las provincias de la Confederación Argentina, reunidos en Congreso general constituyente, invocando el nombre de Dios, Legislador de todo lo creado, y la autoridad de los pueblos que representamos, en orden a formar un Estado federativo, establecer y definir sus poderes nacionales, fijar los derechos naturales de sus habitantes y reglar las garantías públicas de orden interior, de seguridad exterior y de progreso material e inteligente, por el aumento y mejora de su población, por la construcción de grandes vías de transporte, por la navegación libre de los ríos, por las franquicias dadas a la industria y al comercio y por el fomento de la educación popular, hemos acordado y sancionado la siguiente:»

Constitución de la Confederación Argentina
[Proyecto de Constitución del autor]

Primera parte. Principios, derechos y garantías fundamentales
Capítulo I. Disposiciones generales

Artículo 1.º La República Argentina se constituye en un Estado federativo, dividido en provincias, que conservan la soberanía no delegada expresamente por esta Constitución al gobierno central.

Artículo 2.º El gobierno de la república es democrático, representativo, federal. Las autoridades que lo ejercen tienen su asiento... ciudad que se declara federal.

Artículo 3.º La confederación adopta y sostiene el culto católico, y garantiza la libertad de los demás.

Artículo4.º La confederación garantiza a las provincias el sistema republicano, la integridad de su territorio, su soberanía y su paz interior.

Artículo 5.º Interviene sin requisición en su territorio al solo efecto de restablecer el orden perturbado por la sedición.

Artículo 6.º Los actos públicos de una provincia gozan de entera fe en las demás.

Artículo 7.º La confederación garantiza la estabilidad de las Constituciones provinciales, con tal que no sean contrarias a la Constitución general, para lo cual serán revisadas por el Congreso antes de su sanción.

Artículo 9.º Ninguna provincia podrá imponer derechos de tránsito ni de carácter aduanero sobre artículos de producción nacional o extranjera, que procedan o se dirijan por su territorio a otra provincia.

Artículo 10. No serán preferidos los puertos de una provincia a los de otra, en cuanto a regulaciones aduaneras.

Artículo 11. Los buques destinados de una provincia a otra no serán obligados a entrar, anclar y pagar derechos por causa del tránsito.

Artículo 12. Los ciudadanos de cada provincia serán considerados ciudadanos en las otras.

Artículo 13. La extradición civil y criminal queda sancionada como principio entre las provincias de la confederación.

Artículo 14. Dos o más provincias no podrán formar una sola sin anuencia del Congreso.

Artículo 15. Esta Constitución, sus leyes orgánicas y los tratados con las naciones extranjeras, son la ley suprema de la confederación. No hay más autoridades supremas que las autoridades generales de la confederación.

Capítulo II. Derecho público argentino

Artículo 16. La Constitución garantiza los siguientes derechos a todos los habitantes de la confederación, sean naturales o extranjeros:

De libertad

Todos tienen la libertad de trabajar y ejercer cualquier industria;

De ejercer la navegación y el comercio de todo género;

De peticionar a todas las autoridades;

De entrar, permanecer, andar y salir del territorio sin pasaporte;

De publicar por la prensa sin censura previa;

De disponer de sus propiedades de todo género y en toda forma;

De asociarse y reunirse con fines lícitos;

De profesar todo culto;

De enseñar y aprender.

De igualdad

Artículo 17. La ley no reconoce diferencia de clase ni persona. No hay prerrogativas de sangre, ni de nacimiento; no hay fueros personales; no hay privilegios, ni títulos de nobleza. Todos son admisibles a los empleos. La igualdad es la base del impuesto y de las cargas públicas. La ley civil no reconoce diferencia de extranjeros y nacionales.

De propiedad

Artículo 18. La propiedad es inviolable. Nadie puede ser privado de ella sino en virtud de ley o de sentencia fundada en ley. La expropiación por causa de pública utilidad debe ser calificada por ley y previamente indemnizada. Solo el Congreso impone contribuciones. Ningún servicio personal es exigible, sino en virtud de ley o de sentencia fundada en ley. Todo autor o inventor goza de la propiedad exclusiva de su obra o descubrimiento. La confiscación y el decomiso de bienes son abolidos para siempre. Ningún cuerpo armado puede hacer requisiciones ni exigir auxilios. Ningún particular puede ser obligado a dar alojamiento en su casa a un militar.

De seguridad

Artículo 19. Nadie puede ser condenado sin juicio previo fundado en ley anterior al hecho del proceso.

Ninguno puede ser juzgado por comisiones especiales, ni sacado de los jueces designados por la ley antes del hecho de la causa.

Nadie puede ser obligado a declarar contra sí mismo.

No es eficaz la orden de arresto que no emane de autoridad revestida del poder de arrestar y se apoye en una ley.

El derecho de defensa judicial es inviolable.

Afianzado el resultado civil de un pleito, no puede ser preso el que no es responsable de pena aflictiva.

El tormento y los castigos horribles quedan abolidos para siempre y en todas circunstancias. Quedan prohibidos los azotes y las ejecuciones por medio del cuchillo, de la lanza y del fuego. Las cárceles húmedas, oscuras y mortíferas deben ser destruidas. La infamia del condenado no pasa a su familia.

La casa de todo hombre es inviolable.

Son inviolables la correspondencia epistolar, el secreto de los papeles privados y los libros de comercio.

Artículo 20. Las leyes reglan el uso de estas garantías de derecho público; pero el Congreso no podrá dar ley que con ocasión de reglamentar u organizar su ejercicio, las disminuya, restrinja o adultere en su esencia.

Capítulo III. Derecho público deferido a los extranjeros

Artículo 21. Ningún extranjero es más privilegiado que otro. Todos gozan de los derechos civiles inherentes al ciudadano, y pueden comprar, vender, logar, ejercer industrias y profesiones, darse a todo trabajo; poseer toda clase de propiedades y disponer de ellas en cualquier forma; entrar y salir del país con ellas, frecuentar con sus buques los puertos de la república, navegar en sus ríos y costas. Están libres de empréstitos forzosos, de exacciones y requisiciones militares. Disfrutan de entera libertad de conciencia, y pueden construir capillas en cualquier lugar de la república. Sus contratos matrimoniales no pueden ser invalidados porque carezcan de conformidad con los requisitos religiosos de cualquier creencia, si estuviesen legalmente celebrados.

No están obligados a admitir la ciudadanía.

Gozan de estas garantías sin necesidad de tratados, y ninguna cuestión de guerra puede ser causa de que se suspenda su ejercicio.

Son admisibles a los empleos, según las condiciones de la ley, que en ningún caso puede excluirlos por solo el motivo de su origen.

Obtienen naturalización, residiendo dos años continuos en el país; la obtienen sin este requisito los colonos, los que se establecen en lugares habitados por indígenas o en tierras despobladas; los que emprenden y realizan grandes trabajos de utilidad pública; los que introducen grandes fortunas en el país; los que se recomienden por invenciones o aplicaciones de grande utilidad general para la república.

Artículo 22. La Constitución no exige reciprocidad para la concesión de estas garantías en favor de los extranjeros de cualquier país.

Artículo 23. Las leyes y los tratados reglan el ejercicio de estas garantías, sin poderlas alterar ni disminuir.

Capítulo IV. Garantías públicas de orden y de progreso

Artículo 24. Todo argentino es soldado de la guardia nacional. Son exceptuados por treinta años los argentinos por naturalización.

Artículo 25. La fuerza armada no puede deliberar; su papel es completamente pasivo.

Artículo 26. Toda persona o reunión de personas que asuma el título o representación del pueblo, se arrogue sus derechos o peticiones a su nombre, comete sedición.

Artículo 27. Toda autoridad usurpada es ineficaz; sus actos son nulos. Toda decisión acordada por requisición directa o indirecta de un ejército o de una reunión de pueblo, es nula de derecho y carece de eficacia.

Artículo 28. Declarado en estado de sitio un lugar la confederación, queda suspenso el imperio de la Constitución dentro de su recinto. La autoridad en tales casos ni juzga, ni condena, ni aplica castigos por sí misma, y la suspensión de la seguridad personal no le da más poder que el de arrestar o trasladar las personas a otro punto dentro de la confederación, cuando ellas no prefieran salir fuera.

Artículo 29. El presidente, los ministros y los miembros del Congreso pueden ser acusados por haber dejado sin ejecución las promesas de la Constitución en el término fijado por ella, por haber comprometido y frustrado el progreso de la república. Pueden serlo igualmente por los crímenes de traición, concusión, dilapidación y violación de la Constitución y de las leyes.

Artículo 30. Deben prestar caución juratoria, al tomar posesión de su puesto, de que cumplirán lealmente con la Constitución, ejecutando y haciendo cumplir sus disposiciones a la letra, y promoviendo la realización de sus fines relativos a la población, construcción de caminos y canales, educación del pueblo y demás reformas de progreso, contenidos en el preámbulo de la Constitución.

Artículo 31. La Constitución garantiza la reforma de las leyes civiles, comerciales y administrativas, sobre las bases declaradas en su derecho público.

Artículo 32. La Constitución asegura en beneficio de todas las clases del Estado la instrucción gratuita, que será sostenida con fondos nacionales destinados de un modo irrevocable y especial a ese destino.

Artículo 33. La inmigración no podrá ser restringida, ni limitada de ningún modo, en ninguna circunstancia, ni por pretexto alguno.

Artículo 34. La navegación de los ríos interiores es libre para todas las banderas.

Artículo 35. Las relaciones de la confederación con las naciones extranjeras respecto a comercio, navegación y mutua frecuencia serán consignadas y escritas en tratados, que tendrán por bases las garantías constitucionales deferidas a los extranjeros. El gobierno tiene el deber de promoverlos.

Artículo 36. Las leyes orgánicas que reglen el ejercicio de estas garantías de orden y de progreso, no podrán disminuirlas ni desvirtuarlas por excepciones.

Artículo 37. La Constitución es susceptible de reformarse en todas sus partes; pero ninguna reforma se admitirá en el espacio de diez años.

Artículo 38. La necesidad de la reforma se declara por el Congreso permanente, pero solo se efectúa por un Congreso o Convención convocado al efecto.

Artículo 39. Es ineficaz la proposición de reforma que no es apoyada por dos terceras partes del Congreso, o por dos terceras partes de las legislaturas provinciales.

Segunda parte. Autoridades de la confederación

Sección 1.ª Autoridades generales

Capítulo I. Del Poder legislativo

Artículo 40. Un Congreso federal compuesto de dos Cámaras, una de senadores de las provincias, y otra de diputados de la Nación, será investido del Poder legislativo de la confederación.

Artículo 41. El orador es inviolable, la tribuna es libre; ninguno de los miembros del Congreso puede ser acusado, interrogado judicialmente, ni molestado por las opiniones o discursos que emita desempeñando su mandato de legislador.

Artículo 42. Solo pueden ser arrestados por delitos contra la Constitución.

Artículo 43. Sus servicios son remunerados por el tesoro de la confederación.

Artículo 44. El Congreso se reúne indispensablemente en sesiones ordinarias todos los años desde el 1.º de agosto hasta el 31 de diciembre. Puede también ser convocado extraordinariamente por el Poder ejecutivo federal.

Artículo 45. Las provincias reglan por sus leyes respectivas el tiempo, lugar y modo de proceder a la elección de senadores y de representantes; pero el Congreso puede expedir leyes supremas que alteren el sistema local.

Artículo 46. Cada Cámara es juez de las elecciones, derechos y títulos de sus miembros en cuanto a su validez.

Artículo 47. Ellas hacen sus reglamentos, compelen a sus miembros ausentes a concurrir a las sesiones, reprimen su inconducta con penas discrecionales, y hasta pueden excluir un miembro de su seno.

Artículo 48. Los eclesiásticos regulares no pueden ser miembros del Congreso, ni los gobernadores de provincia por la de su mando.

Artículo 49. En caso de vacante, el gobierno de provincia hace proceder a la elección legal de un nuevo miembro.

Artículo 50. Ninguna Cámara entra en sesión sin la mayoría absoluta de sus miembros.

Artículo 51. Ambas Cámaras empiezan y concluyen sus sesiones simultáneamente.

Del Senado de las provincias

Artículo 52. El Senado representa las provincias en su soberanía respectiva.

Artículo 53. Se compone de catorce senadores elegidos por la legislatura de cada provincia.

Artículo 54. Cada provincia elige dos senadores, uno efectivo y otro suplente.

Artículo 55. Se renueva el Senado por terceras partes cada dos años, eligiéndose cuatro en el tercer bienio.

Artículo 56. Duran seis años en el ejercicio de su mandato y son reelegibles indefinidamente.

Artículo 57. Son requisitos para ser elegido senador: tener la edad de treinta y cinco años, haber sido cuatro años ciudadano de la confederación, disfrutar de una renta anual de 2.000 pesos fuertes, o de una entrada equivalente.

Artículo 58. El Senado juzga las acusaciones entabladas por la Cámara de Diputados. Ninguno es declarado culpable, sino a mayoría de los dos tercios de los miembros presentes.

Artículo 59. Su fallo no tiene más efecto que la remoción del acusado. La justicia ordinaria conoce del resto.

Artículo 60. Solo el Senado inicia las reformas de la Constitución.

Cámara de Diputados de la Nación

Artículo 61. La Cámara de Diputados representa la Nación en globo y sus miembros son elegidos por el pueblo de las provincias, que se consideran a este fin como distritos electorales de un solo Estado. Cada diputado representa a la Nación, no al pueblo que lo elige.

Artículo 62. Para ser electo diputado, se requiere haber cumplido la edad de veinticinco años, tener dos años de ciudadanía en ejercicio y el goce de una renta o entrada anual de 1.000 pesos fuertes.

Artículo 63. La Cámara de Diputados elegirá en razón de uno por cada veinte mil habitantes; pero ninguna provincia dejará de tener un diputado a lo menos.

Artículo 65. A la Cámara de Diputados corresponde exclusivamente la iniciativa de las leyes sobre contribuciones y sobre reclutamiento de tropas.

Artículo 66. Solo ella ejerce el derecho de acusación por causas políticas. La ley regla el procedimiento de estos juicios.

Atribuciones del Congreso

Artículo 67. Corresponde al Congreso, en el ramo de lo interior:

1.º Reglar la administración interior de la confederación, expidiendo las leyes necesarias para poner la Constitución en ejercicio.

2.º Crear y suprimir empleos, fijar sus atribuciones, dar pensiones, decretar honores, conceder amnistías generales.

3.º Proveer lo conducente a la prosperidad, defensa y seguridad del país, al adelanto y bienestar de todas las provincias, estimulando el progreso de la instrucción y de la industria, de la inmigración, de la construcción de ferrocarriles y canales navegables, de la colonización de las tierras desiertas y habitadas por indígenas, de la plantificación de nuevas industrias, de la. importación de capitales extranjeros, de la exploración de los ríos navegables, por leyes protectoras de esos fines y por concesiones temporales de privilegios y recompensas de estímulo.

4.º Reglar la navegación y el comercio interior.

5.º Legislar en materia civil, comercial y penal.

6.º Admitir o desechar los motivos de dimisión del presidente, y declarar el caso de proceder o no a nueva elección; hacer el escrutinio y rectificación de ella.

7.º Dar facultades especiales al Poder ejecutivo para expedir reglamentos con fuerza de ley, en los casos exigidos por la Constitución.

Artículo 68. El Congreso, en materia de relaciones exteriores:

1.º Provee lo conveniente a la defensa y seguridad exterior del país.

2.º Declara la guerra y hace la paz.

3.º Aprueba o desecha los tratados concluidos con las naciones extranjeras.

4.º Regla el comercio marítimo y terrestre con las naciones extranjeras.

Artículo 69. En el ramo de rentas y de hacienda, el Congreso:

1.º Aprueba y desecha la cuenta de gastos de la administración de la confederación.

2.º Fija anualmente el presupuesto de esos gastos.

3.º Impone y suprime contribuciones, y regla su cobro y distribución.

4.º Contrae deudas nacionales, regla de pago de las existentes, designando fondos al efecto, y decreta empréstitos.

5.º Habilita puertos mayores, crea y suprime aduanas.

6.º Hace sellar moneda, fija su peso, ley, valor y tipo.

7.º Fija la base de las pesos y medidas para toda la confederación.

8.º Dispone del uso y de la venta de las tierras públicas o nacionales.

Artículo 70. Son atribuciones del Congreso en el ramo de guerra:

1.º Aprobar o desechar las declaraciones de sitio, hechas durante su receso.

2.º Fijar cada año el número de fuerzas de mar y tierra que han de mantenerse en pie.

3.º Aprobar o desechar la declaración de guerra que hiciese el Poder ejecutivo.

4.º Permitir la introducción de tropas extranjeras en el territorio de la confederación y la salida de las tropas nacionales fuera de él.

5.º Declarar en estado de sitio uno o varios puntos de la confederación en caso de conmoción interior.

Del modo de hacer las leyes

Artículo 71. Las leyes pueden ser proyectadas por cualquiera de los miembros del Congreso o por el presidente de la confederación en mensaje dirigido a la legislatura.

Artículo 72. Aprobado un proyecto de ley por la Cámara de su origen, pasa para su discusión a la otra Cámara. Aprobado por ambas, pasa al Poder ejecutivo de la confederación para su examen, y si también obtiene su aprobación, le sanciona como ley.

Artículo 73. Se reputa aprobado por el presidente de la confederación o por la Cámara revisora todo proyecto no devuelto en el término de quince días.

Artículo 74. Todo proyecto desechado totalmente por la Cámara revisora o por el presidente, es diferido para la sesión del año venidero.

Artículo 75. Desechado en parte, vuelve con sus objeciones a la Cámara de su origen, que le discute de nuevo; y si lo aprueba por mayoría de dos tercios, pasa otra vez a la Cámara en revisión.

Si ambas lo aprueban por igual mayoría, el proyecto es ley, y pasa al presidente para su promulgación.

Si las Cámaras difieren sobre las objeciones, el proyecto queda para la sesión del año venidero.

Artículo 76. Ninguna discusión del Congreso es ley sin la aprobación del presidente. Solo él promulga las leyes. Toda determinación rechazada por él necesita de la sanción de los dos tercios de ambas Cámaras para que pueda ejecutarse.

Capítulo II. Del Poder ejecutivo

Artículo 77. Un ciudadano con el título de presidente de la Confederación Argentina desempeña el Poder ejecutivo del Estado.

Artículo 78. Para ser elegido presidente, se requiere haber nacido en territorio argentino o ser hijo de ciudadano nativo, habiendo nacido en país extranjero, tener treinta años de edad y las demás calidades requeridas para ser electo diputado.

Artículo 79. El presidente dura en su empleo el término de seis años y no puede ser reelecto sino con intervalo de un período.

Artículo 80. Su elección se hace del siguiente modo: Cada provincia nombra según la ley de elecciones populares cierto número de electores, igual al número total de diputados y senadores que envía al Congreso. No pueden ser electores el diputado, el senador, ni el empleado a sueldo que depende del presidente de la confederación.

Reunidos los electores en sus provincias respectivas, el 1.º de agosto del año en que concluye la presidencia anterior, proceden a elegir presidente conforme a su ley de elecciones provincial.

Se hacen dos listas de todos los individuos electos y firmadas por los electores, se remiten cerradas y selladas, la una al presidente de la Legislatura provincial, en cuyo registro permanece cerrada y secreta, y la otra al presidente del Senado general de las provincias.

Reunido el Congreso en la sala del Senado, procede a la apertura de las listas, hace el escrutinio de los votos, y el que resultase tener mayor número de sufragios es proclamado presidente. Resultando varios candidatos con igual mayoría de votos, o no habiendo mayoría absoluta, elegirá el Congreso entre los tres que hubiesen obtenido mayor número de sufragios. En este caso, los votos serán tomados por provincia, teniendo cada provincia un voto; y sin la mayoría presente de todas las provincias no será válida esta elección.

Artículo 81. En caso de muerte, dimisión o inhabilidad del presidente de la confederación, será reemplazado por el presidente del Senado con el título de vicepresidente de la confederación, quien deberá expedir inmediatamente, en los dos primeros casos, las medidas conducentes a la elección de nuevo presidente, en la forma que determina el artículo anterior.

Artículo 82. El presidente disfruta de un sueldo pagado por el tesoro de la confederación, que no puede ser alterado durante el período de su gobierno.

Artículo 83. El presidente de la confederación cesa en el poder el mismo día en que expira su período de seis años, sin que evento alguno pueda ser motivo de que se complete más tarde; y le sucederá el candidato electo, o el presidente del Senado interinamente, si hubiese impedimento.

Artículo 84. Al tomar posesión de su cargo, el presidente prestará juramento en manos del presidente del Senado, estando reunido todo el Congreso, en los términos siguientes: «Yo N... N... juro que desempeñaré el cargo de presidente con lealtad y buena fe; que mi política será ajustada a las palabras y a las intenciones de la Constitución; que protegeré los intereses morales del país por el mantenimiento de la religión del Estado y la tolerancia de las otras y fomentaré su progreso material estimulando la inmigración, emprendiendo vías de comunicación y protegiendo la libertad del comercio, de la industria y del trabajo. Si así no lo hiciere, Dios y la confederación me lo demanden».

Artículo 85. El presidente de la confederación tiene las siguientes «atribuciones»:

En lo interior:

1.ª Es el jefe supremo de la confederación y tiene a su cargo la administración y gobierno general del país.

2.ª Expide los reglamentos e instrucciones que son necesarios para la ejecución de las leyes generales de la confederación, cuidando de no alterar su espíritu por excepciones reglamentarias.

3.ª Es el jefe inmediato y local de la ciudad federal de su residencia.

4.ª Participa de la formación de las leyes con arreglo a la Constitución, las sanciona y promulga.

5.ª Nombra los magistrados de los tribunales federales y militares de la confederación con acuerdo del Senado de las provincias, o sin él, hasta su reunión, si está en receso.

6.ª Destituye a los empleados de su creación, por justos motivos, con acuerdo del Senado.

7.ª Concede indultos particulares, en la misma forma.

8.ª Concede jubilaciones, retiros, licencias y goce de montepíos, conforme a las leyes generales de la confederación.

9.ª Presenta para los arzobispados, obispados, dignidades y prebendas de las iglesias catedrales, a propuesta en terna del Senado.

10. Ejerce los derechos del patronato nacional respecto de las iglesias, beneficios y personas eclesiásticas del Estado.

11. Concede el pase o retiene los decretos de los concilios, las bulas, breves y rescriptos del Pontífice de Roma, con acuerdo del Senado; requiriéndose una ley, cuando contienen disposiciones generales y permanentes.

12. Nombra y remueve por sí los ministros del despacho, los oficiales de sus secretarías, los ministros diplomáticos, los agentes y cónsules destinados a países extranjeros.

13. Da cuenta periódicamente al Congreso del estado de la confederación, prorroga sus sesiones ordinarias, o le convoca a sesiones extraordinarias, cuando un grave interés de orden o de progreso lo requieren.

14. Le recuerda anualmente en sus memorias el estado de las reformas prometidas por la Constitución en el capítulo de las garantías públicas de progreso, y tiene a su cargo especial el deber de proponerlas.

En el ramo de hacienda:

15. Es atribución del presidente, hacer recaudar las rentas de la confederación, y decretar su inversión, con arreglo a la ley o presupuesto de gastos nacionales.

En el ramo de relaciones extranjeras:

16. El presidente concluye y firma tratados de paz, de comercio, de navegación, de alianza y de neutralidad, concordatos y otras negociaciones requeridas por el mantenimiento de buenas relaciones con potencias extranjeras; recibe sus ministros y admite sus cónsules.

17. Inicia y promueve los tratados con arreglo a lo prescripto por el art. 35 de la Constitución, y sobre las bases del derecho público deferido a los extranjeros en el cap. III.

En asuntos de guerra:

18. Es Comandante en jefe de las fuerzas de mar y tierra de la confederación.

19. Provee los empleos militares de la confederación: con acuerdo del Senado de las provincias en la concesión de los empleos o grados de oficiales superiores del Ejército y Armada y por sí solo en el campo de batalla.

20. Dispone de las fuerzas militares, marítimas y terrestres, corre con su organización y distribución, según las necesidades del Estado.

21. Declara la guerra con aprobación del Congreso, concede patentes de corso y cartas de represalia.

22. Declara en estado de sitio uno o varios puntos de la confederación en caso de ataque exterior, por un término limitado y con acuerdo del Senado de las provincias.

En caso de conmoción interior, solo tiene esa facultad cuando el Congreso está en receso, porque es atribución que corresponde a este cuerpo.

El presidente la ejerce con las limitaciones previstas por el art. 28 de la Constitución.

Artículo 86. El presidente es responsable, y puede ser acusado en el año siguiente al período de su mando, por todos los actos de su gobierno en que haya infringido intencionalmente la Constitución, o comprometido el progreso del país, retardando el aumento de la población, omitiendo la construcción de vías, embarazando la libertad de comercio o exponiendo la tranquilidad del Estado. La ley regla el procedimiento de estos juicios.

De los ministros del Poder ejecutivo

Artículo 87. Puede ser nombrado ministro el ciudadano que reúne las calidades requeridas para ser diputado de la confederación.

Artículo 88. El ministro refrenda y legaliza los actos del presidente por medio de su firma, sin cuyo requisito carecen de eficacia; pero no ejerce autoridad por sí solo.

Artículo 89. El ministro es responsable de los actos que legaliza; y solidariamente de los que acuerda con sus colegas.

Artículo 90. Una ley determina el número de ministros del gobierno de la confederación, y señala los ramos de sus despachos respectivos.

Artículo 91. Los ministros presentan anualmente al Congreso el presupuesto de gastos de la confederación en sus departamentos respectivos, y la cuenta de la inversión dada a los fondos votados el año precedente.

Artículo 92. Los ministros pueden ser acusados como cómplices de los actos culpables del presidente, y como principales agentes, por los actos de su despacho en que hubiesen infringido la Constitución y las leyes, o comprometido el progreso de la población del país, la construcción de vías de transporte, la libertad de comercio y de navegación, la paz y la seguridad del Estado. Pueden serlo igualmente por los crímenes de traición y concusión, y por haber cooperado a que queden sin ejecución las reformas de progreso prometidas y garantidas por la Constitución.

Capítulo III. Del Poder judiciario

Artículo 93. El Poder judiciario de la confederación es ejercido por una Corte suprema y por tribunales inferiores creados por la ley de la confederación. En ningún caso el presidente de la república puede ejercer funciones judiciales, avocarse el conocimiento de causas pendientes o restablecer las fenecidas.

Artículo 94. Los jueces son inamovibles y reciben sueldo de la confederación. Solo pueden ser destituidos por sentencia.

Artículo 95. Son responsables de los actos de infidencia, corrupción o tiranía en el ejercicio de sus funciones, y pueden ser acusados.

Artículo 96. Las leyes determinan el modo de hacer efectiva esta responsabilidad, el número y calidades de los miembros de los tribunales federales, el valor de sus sueldos, el lugar de su establecimiento, la extensión de sus atribuciones y la manera de proceder en sus juicios.

Artículo 97. Corresponde a la Corte suprema y a los tribunales federales el conocimiento y decisión de las causas que versen sobre los hechos regidos por la Constitución, por las leyes generales del Estado y por los tratados con las naciones extranjeras; de las causas pertenecientes a embajadores, o a otros agentes, ministros y cónsules de países extranjeros residentes en la confederación, y de la confederación residentes en países extranjeros; de las causas del Almirantazgo o de la jurisdicción marítima.

Artículo 98. Conocen igualmente de las causas ocurridas entre dos o más provincias; entre una provincia y los vecinos de otra; entre los vecinos de diferentes provincias; entre una provincia y sus propios vecinos; entre una provincia y un Estado o un ciudadano extranjero.

Sección 2.ª Autoridades o gobiernos de provincia

Artículo 99. Las provincias conservan todo el poder que no delegan expresamente a la confederación.

Artículo 100. Se dan sus propias instituciones locales y se rigen por ellas.

Artículo 101. Eligen sus gobernadores, sus legisladores y demás funcionarios de provincia, sin intervención del gobierno general.

Artículo 102. Cada provincia hace su Constitución; pero no puede alterar en ella los principios fundamentales de la Constitución general del Estado.

Artículo 103. A este fin, el Congreso examina toda Constitución provincial antes de ponerse en ejecución.

Artículo 104. Las provincias pueden celebrar tratados parciales para fines de administración, de justicia, de intereses económicos y trabajos de utilidad común, con aprobación del Congreso general.

Artículo 105. Las provincias no ejercen el poder que delegan a la confederación. No pueden celebrar tratados parciales de carácter político; no pueden expedir leyes sobre comercio o navegación interior o exterior, que afecten a las otras provincias; ni establecer aduanas provinciales; ni contraer deudas gravando sus rentas o bienes públicos, sin acuerdo del Congreso federal; ni acuñar moneda; ni legislar sobre peajes, caminos y postas; ni establecer derechos de tonelaje; ni armar buques de guerra, ni levantar ejércitos; nombrar ni recibir agentes extranjeros.

Artículo 106. Ninguna provincia puede declarar, ni hacer la guerra a otra provincia. Sus quejas deben ser sometidas a la Corte suprema y dirimidas por ella. Sus hostilidades de hecho son actos de guerra civil, calificados de sedición o asonada, que el gobierno general debe sofocar y reprimir, conforme a la ley.

Artículo 107. Los gobernadores de provincia y los funcionarios que dependen de ellos son agentes naturales del gobierno general, para hacer cumplir la Constitución y las leyes generales de la confederación.

De acuerdo con el precedente Proyecto del Doctor Alberdi, expuesto por él en las páginas de este libro, el Congreso de 1853 reunido por Urquiza en la ciudad de Santa Fe, dictó la Constitución Nacional Argentina que va a continuación.

Francisco Cruz

Constitución de la confederación Argentina sancionada en 1853

Nos, los representantes del pueblo de la confederación Argentina, reunidos en Congreso general constituyente por voluntad y elección de las provincias que la componen, en cumplimiento de pactos preexistentes, con objeto de constituir la unión nacional, afianzar la justicia, consolidar la paz interior, proveer a la defensa común, promover el bienestar general, y asegurar los beneficios de la libertad para nosotros, para nuestra posteridad y para todos los hombres del mundo que quieran habitar en el suelo argentino; invocando la protección de Dios, fuente de toda razón y justicia: ordenamos, decretamos y establecemos esta Constitución para la confederación Argentina.

Primera parte

Capítulo único. Declaraciones, derechos y garantías

Artículo 1.º La Nación Argentina adopta para su gobierno la forma representativa republicana federal, según la establece la presente Constitución.

Artículo 2.º El gobierno federal sostiene el culto católico, apostólico, romano.

Artículo 3.º Las autoridades que ejercen el gobierno federal residen en la ciudad de Buenos Aires, que se declara capital de la confederación por una ley especial.

Artículo 4.º El gobierno federal provee a los gastos de la Nación con los fondos del Tesoro nacional, formado del producto de derechos de importación y exportación, del de la venta o locación de tierras de propiedad nacional, de la renta de correos, de las demás contribuciones que equitativa y proporcionalmente a la población imponga el Congreso general, y de los empréstitos y operaciones de crédito que decreto el mismo Congreso para urgencias de la Nación o para empresas de utilidad nacional.

Artículo 5.º Cada provincia confederada dictará para sí una Constitución bajo el sistema representativo republicano, de acuerdo con los principios, declaraciones y garantías de la Constitución nacional, y que asegure su administración de justicia, su régimen municipal y la educación primaria gratuita. Las constituciones provinciales serán revisadas por el Congreso antes de su promulgación. Bajo estas condiciones el gobierno federal garantiza a cada provincia el goce y ejercicio de sus instituciones.

Artículo 6.º El gobierno federal interviene con requisición de las legislaturas o gobernadores provinciales, o sin ella, en el territorio de cualquiera de las provincias, al solo efecto de restablecer el orden público perturbado por la sedición, o de atender a la seguridad nacional amenazada por un ataque o peligro exterior.

Artículo 7.º Los actos públicos y procedimientos judiciales de una provincia gozan de entera fe en las demás; y el Congreso puede por leyes generales determinar cuál será la forma probatoria de estos actos y procedimientos, y los efectos legales que producirán.

Artículo 8.º Los ciudadanos de cada provincia gozan de todos los derechos, privilegios e inmunidades inherentes al título de ciudadano en las demás. La extradición de los criminales es de obligación recíproca entre todas las provincias confederadas.

Artículo 9.º En todo el territorio de la confederación no habrá más aduanas que las nacionales, en las cuales regirán las tarifas que sancione el Congreso.

Artículo 10. En el interior de la república es libre de derechos la circulación de los efectos de producción o fabricación nacional, así como la de los géneros y mercancías de todas clases, despachadas en las aduanas exteriores.

Artículo 11. Los artículos de producción o fabricación nacional o extranjera, así como los ganados de toda especie, que pasen por el territorio de una provincia a otra, serán libres de los derechos llamados de tránsito, siéndolo también los carruajes, buques o bestias en que se transporten; y ningún otro derecho podrá imponérseles en adelante, cualquiera que sea su denominación, por el hecho de transitar el territorio.

Artículo 12. Los buques destinados de una provincia a otra no serán obligados a entrar, anclar y pagar derechos por causa de tránsito, sin que en ningún caso pueda concederse preferencias a un puerto respecto de otro, por medio de leyes o reglamentos de Comercio.

Artículo 13. Podrán admitirse nuevas provincias en la confederación; pero no podrá erigirse una provincia en el territorio de otra u otras, ni de varias formarse una sola, sin el consentimiento de la legislatura de las provincias interesadas y del Congreso.

Artículo 14. Todos los habitantes de la confederación gozan de los siguientes derechos conforme a las leyes que reglamenten su ejercicio, a saber: de trabajar y ejercer toda industria lícita; de navegar y comerciar; de peticionar a las autoridades; de entrar, permanecer, transitar y salir del territorio argentino; de publicar sus ideas por la prensa sin censura previa; de usar y disponer de su propiedad; de asociarse con fines útiles; de profesar libremente su culto; de enseñar y aprender.

Artículo 15. En la confederación Argentina no hay esclavos: los pocos que hoy existen quedan libres desde la jura de esta Constitución; y una ley especial reglará las indemnizaciones a que dé lugar esta declaración. Todo contrato de compra y venta de personas es un crimen de que serán responsables los que lo celebrasen, y el escribano o funcionario que lo autorice. Y los esclavos que de cualquier modo se introduzcan, quedan libres por el solo hecho de pisar el territorio de la república.

Artículo 16. La Confederación Argentina no admite prerrogativas de sangre, ni de nacimiento; no hay en ella fueros personales, ni títulos de nobleza. Todos sus habitantes son iguales ante la ley, y admisibles en los empleos, sin otra consideración que la idoneidad. La igualdad es la base del impuesto y de las cargas públicas.

Artículo 17. La propiedad e inviolable, y ningún habitante de la confederación puede ser privado de ella, sino en virtud de sentencia fundada en ley. La expropiación por causa de utilidad pública debe ser calificada por ley y previamente indemnizada. Solo el Congreso impone las contribuciones que se expresan en el artículo 4.º. Ningún servicio personal es exigible, sino en virtud de ley o de sentencia fundada en ley. Todo autor o inventor es propietario exclusivo de su obra, invento o descubrimiento, por el término que le acuerde la ley. La confiscación de bienes queda borrada para siempre del código penal argentino. Ningún cuerpo armado puede hacer requisiciones, ni exigir auxilio de ninguna especie.

Artículo 18. Ningún habitante de la confederación puede ser penado sin juicio previo fundado en ley anterior al hecho del proceso, ni juzgado por comisiones especiales, o sacado de los jueces designados por la ley antes del hecho de la causa. Nadie puede ser obligado a declarar contra sí mismo, ni arrestado sino en virtud de orden escrita de autoridad competente. Es inviolable la defensa en juicio de la persona y de los derechos. El domicilio es inviolable, como también la correspondencia epistolar y los papeles privados; y una ley determinará en qué casos y con qué justificativos podrá procederse a su allanamiento y ocupación. Quedan abolidos para siempre la pena de muerte por causas políticas; toda especie de tormento y los azotes y las ejecuciones a lanza o cuchillo. Las cárceles de la confederación serán sanas y limpias, para seguridad y no para castigo de los reos detenidos en ellas; y toda medida que a pretexto de precaución conduzca a mortificarlos más allá de lo que aquella exija, hará responsable al juez que la autorice.

Artículo 19. Las acciones privadas de los hombres, que de ningún modo ofendan al orden y a la moral pública, ni perjudiquen a un tercero, están solo reservadas a Dios, y exentas de la autoridad de los magistrados. Ningún habitante de la confederación será obligado a hacer lo que no manda la ley, ni privado de lo que ella no prohíbe.

Artículo 20. Los extranjeros gozan en el territorio de la confederación de todos los derechos civiles del ciudadano; pueden ejercer su industria, comercio y profesión; poseer bienes raíces, comprarlos y enajenarlos, navegar los ríos y costas; ejercer libremente su culto; testar y casarse conforme a las leyes. No están obligados a admitir la ciudadanía, ni a pagar contribuciones forzosas extraordinarias. Obtienen nacionalización residiendo dos años continuos en la confederación; pero la autoridad puede acortar este término a favor del que lo solicite, alegando y probando servicios a la república.

Artículo 21. Todo ciudadano argentino está obligado a armarse en defensa de la Patria y de esta Constitución, conforme a las leyes que al efecto dicte el Congreso y a los decretos del ejecutivo nacional. Los ciudadanos por naturalización son libres de prestar o no este servicio por el término de diez años, contados desde el día en que obtengan su carta de ciudadanía.

Artículo 22. El pueblo no delibera ni gobierna, sino por medio de sus representantes y autoridades creadas por esta Constitución. Toda fuerza armada o reunión de personas que se atribuya los derechos del pueblo y peticione a nombre de éste, comete delito de sedición.

Artículo 23. En caso de conmoción interior o de ataque exterior que ponga en peligro el ejercicio de esta Constitución y de las autoridades creadas por ella, se declarará en estado de sitio la provincia o territorio en donde exista la perturbación del orden, quedando suspensas allí las garantías constitucionales. Pero durante esta suspensión no podrá el presidente de la república condenar por sí ni aplicar penas. Su poder se limitará en tal caso, respecto de las personas, a arrestarlas o trasladarlas de un punto a otro de la confederación, si ellas no prefiriesen salir fuera del territorio argentino.

Artículo 24. El Congreso promoverá la reforma de la actual legislación en todos sus ramos y el establecimiento del juicio por jurados.

Artículo 25. El gobierno federal fomentará la inmigración europea, y no podrá restringir, limitar ni gravar con impuesto alguno la entrada en el territorio argentino de los extranjeros que traigan por objeto labrar la tierra, mejorar las industrias, e introducir y enseñar las ciencias y las artes.

Artículo 26. La navegación de los ríos interiores de la confederación es libre para todas las banderas, con sujeción únicamente a los reglamentos que dicte la autoridad nacional.

Artículo 27. El gobierno federal está obligado a afianzar sus relaciones de paz y comercio con las potencias extranjeras, por medio de tratados que estén en conformidad con los principios de derecho público establecidos en esta Constitución.

Artículo 28. Los principios, garantías y derechos reconocidos en los anteriores artículos no podrán ser alterados por las leyes que reglamenten su ejercicio.

Artículo 29. El Congreso no puede conceder al ejecutivo nacional, ni las legislaturas provinciales a los gobernadores de provincia, «facultades extraordinarias» ni la «suma del poder público» ni otorgarles «sumisiones o supremacías» por las que la vida, el honor o las fortunas de los argentinos queden a merced de gobiernos o persona alguna. Actos de esta naturaleza llevan consigo una nulidad insanable, y sujetarán a los que los formulen, consientan o firmen, a la responsabilidad y pena de los infames y traidores a la patria.

Artículo 30. La Constitución puede reformarse en el todo o en cualquiera de sus partes, pasados diez años desde el día en que la juren los pueblos. La necesidad de reforma debe ser declarada por el Congreso con el voto de dos terceras partes, al menos, de sus miembros; pero no se efectuará, sino por una convención convocada al efecto.

Artículo 31. Esta Constitución, las leyes de la confederación que en su consecuencia se dicten por el Congreso y los tratados con las potencias extranjeras, son la ley suprema de la Nación; y las autoridades de cada provincia están obligadas a conformarse a ella, no obstante cualquiera disposición en contrario que contengan las leyes o constituciones provinciales, salvo para la provincia de Buenos Aires, los tratados ratificados después del Pacto del 11 de noviembre de 1859.

Segunda parte. Autoridades de la confederación

Título I. Gobierno federal

Sección 1.ª Del Poder legislativo

Artículo 32. Un Congreso compuesto de dos Cámaras, una de diputados de la Nación y otra de senadores de las provincias y de la capital, será investido del Poder legislativo de la confederación.

Capítulo I. De la Cámara de diputados

Artículo 33. La Cámara de diputados se compondrá de representantes elegidos directamente por el pueblo de las provincias y de la capital, que se consideran a este fin como distritos electorales de un solo Estado, y a simple pluralidad de sufragios, en razón de uno por cada veinte mil habitantes, o de una fracción que no baje del número de diez mil.

Artículo 34. Los diputados para la primera legislatura se nombrarán en la proporción siguiente: Por la capital seis (6); por la provincia de Buenos Aires seis (6); por la de Córdoba seis (6); por la de Catamarca tres (3); por la de Corrientes cuatro (4); por la de Entre Ríos dos (2); por la de Jujuí dos (2); por la de Mendoza tres (3); por la de La Rioja dos (2); por la de Salta tres (3); por la de Santiago cuatro (4); por la de San Juan dos (2); por la de Santa Fe dos (2); por la de San Luis dos (2), y por la de Tucumán tres (3).

Artículo 35. Para la segunda legislatura deberá realizarse el censo general, y arreglarse a él el número de diputados; pero este censo solo podrá renovarse cada diez años.

Artículo 36. Para ser diputados, se requiere haber cumplido la edad de veinticinco años, tener cuatro años de ciudadanía en ejercicio, y ser natural de la provincia que lo elija, o con dos años de residencia inmediata en ella.

Artículo 37. Por esta vez las legislaturas de las provincias reglarán los medios de hacer efectiva la elección directa de los diputados de la Nación: para lo sucesivo el Congreso expedirá una ley general.

Artículo 38. Los diputados durarán en su representación por cuatro años, y son reelegibles; pero la Sala se renovará por la mitad cada bienio; a cuyo efecto los nombrados para la primera legislatura, luego que se reúnan, sortearán los que deban salir en el primer período.

Artículo 39. En caso de vacante, el gobierno de provincia o de la capital hace proceder a la elección legal de un nuevo miembro.

Artículo 40. A la Cámara de diputados corresponde exclusivamente la iniciativa de las leyes sobre contribuciones y reclutamiento de tropas.

Artículo 41. Solo ella ejerce el derecho de acusar ante el Senado al presidente y vicepresidente de la confederación y a sus ministros, a los miembros de ambas Cámaras, a los de la Corte suprema de justicia y a los gobernadores de provincia, por delitos de traición, concusión, malversación de fondos públicos, violación de la Constitución, u otros que merezcan pena infamante o de muerte; después de haber conocido de ellos a petición de parte o de alguno de sus miembros, y declarado haber lugar a la formación de causa por mayoría de dos terceras partes de sus miembros presentes.

Capítulo II. Del Senado

Artículo 42. El Senado se compondrá de dos senadores de cada provincia, elegidos por sus legislaturas a pluralidad de sufragios; y dos de la capital elegidos en la forma prescripta para la elección del presidente de la confederación. Cada senador tendrá un voto.

Artículo 43. Son requisitos para ser elegido senador: tener la edad de treinta años, haber sido seis años ciudadano de la confederación, y disfrutar de una renta anual de 2.000 pesos fuertes, o de una entrada equivalente, y ser natural de la provincia que lo elija o con dos años de residencia inmediata en ella.

Artículo 44. Los senadores duran nueve años en el ejercicio de su mandato, y son reelegibles indefinidamente; pero el Senado se renovará por terceras partes cada tres años, decidiéndose por la suerte, luego que todos se reúnan, quiénes deben salir el primero y segundo trienio.

Artículo 45. El vicepresidente de la confederación será presidente del Senado; pero no tendrá voto, sino en el caso que haya empate en la votación.

Artículo 46. El Senado nombrará un presidente provisorio que lo presida en caso de ausencia del vicepresidente, o cuando éste ejerce las funciones de presidente de la confederación.

Artículo 47. Al Senado corresponde juzgar en juicio público a los acusados por la Cámara de diputados, debiendo sus miembros prestar juramento para este acto. Cuando el acusado sea el presidente de la confederación, el Senado será presidido por el presidente de la Corte suprema. Ninguno será declarado culpable, sino a mayoría de los dos tercios de los miembros presentes.

Artículo 48. Su fallo no tendrá más efecto que destituir al acusado, y aun declararle incapaz de ocupar ningún empleo de honor, de confianza o a sueldo en la confederación. Pero la porte condenada quedará, no obstante, sujeta a acusación, juicio y castigo, conforme a las leyes, ante los tribunales ordinarios.

Artículo 49. Corresponde también al Senado autorizar al presidente de la confederación para que declare en estado de sitio uno ovarios puntos de la república en caso de ataque exterior.

Artículo 50. Cuando vacase alguna plaza de senador por muerte, renuncia u otra causa, el gobierno a que corresponde la vacante hace proceder inmediatamente a la elección de un nuevo miembro.

Artículo 51. Solo el Senado inicia las reformas de la Constitución.

Capítulo III. Disposiciones comunes a ambas Cámaras

Artículo 52. Ambas Cámaras se reunirán en sesiones ordinarias todos los años, desde el 1.º de mayo hasta el 30 de septiembre. Pueden también ser convocadas extraordinariamente por el presidente de la confederación, o prorrogadas sus sesiones.

Artículo 53. Cada Cámara es juez de las elecciones, derechos y títulos de sus miembros en cuanto a su validez. Ninguna de ellas entrará en sesión sin la mayoría absoluta de sus miembros; pero un número menor podrá compeler a los miembros ausentes a que concurran a las sesiones, en los términos y bajo las penas que cada Cámara establecerá.

Artículo 54. Ambas Cámaras empiezan y concluyen sus sesiones simultáneamente. Ninguna de ellas, mientras se hallen reunidas, podrá suspender sus sesiones más de tres días, sin el consentimiento de la otra.

Artículo 55. Cada Cámara hará su reglamento, y podrá con dos tercios de votos corregir a cualquiera de sus miembros por desorden de conducta en el ejercicio de sus funciones, o removerle por inhabilidad física o moral sobreviniente, a su incorporación, y hasta excluirle de su seno; pero bastará la mayoría de uno sobre la mitad de los presentes para decidir en las renuncias que voluntariamente hicieren de sus cargos.

Artículo 56. Los senadores y diputados prestarán, en el acto de su incorporación, juramento de desempeñar debidamente el cargo, y de obrar en todo en conformidad a lo que prescribe esta Constitución.

Artículo 57. Ninguno de los miembros del Congreso puede ser acusado, interrogado judicialmente, ni molestado por las opiniones o discursos que emita desempeñando su mandato de legislador.

Artículo 58. Ningún senador o diputado, desde el día de su elección hasta el de su cese, puede ser arrestado; excepto el caso de ser sorprendido «in fraganti» en la ejecución de algún crimen que merezca pena de muerte, infamante u otra aflictiva; de lo que se dará cuenta a la Cámara respectiva con la información sumaria del hecho.

Artículo 59. Cuando se forme querella por escrito ante las justicias ordinarias contra cualquier senador o diputado por delito que no sea de los expresados en el art. 41, examinado el mérito del sumario en juicio público, podrá cada Cámara, con dos tercios de votos, suspender en sus funciones al acusado, y ponerle a disposición del juez competente para su juzgamiento.

Artículo 60. Cada una de las Cámaras puede hacer venir a su sala a los miembros del Poder ejecutivo para recibir las explicaciones e informes que estime convenientes.

Artículo 61. Ningún miembro del Congreso podrá recibir empleo o comisión del Poder ejecutivo, sin previo consentimiento de la Cámara respectiva, excepto los empleos de escala.

Artículo 62. Los eclesiásticos regulares no pueden ser miembros del Congreso, ni los gobernadores de provincia por la de su mando.

Artículo 63. Los servicios de los senadores y diputados son remunerados por el Tesoro de la confederación con una dotación que señalará la ley.

Capítulo IV. Atribuciones del Congreso

Artículo 64. Corresponde al Congreso:

1.º Legislar sobre las aduanas exteriores y establecer los derechos de importación y exportación que han de satisfacerse en ella.

2.º Imponer contribuciones directas por tiempo determinado y proporcionalmente iguales en todo el territorio de la confederación, siempre que la defensa, seguridad común y bien general del Estado lo exijan.

3.º Contraer empréstitos de dinero sobre el crédito de la confederación.

4.º Disponer del uso y de la enajenación de las tierras de propiedad nacional.

5.º Establecer y reglamentar un Banco nacional en la capital y sus sucursales en las provincias, con facultad de emitir billetes.

6.º Arreglar el pago de la deuda interior y exterior de la confederación.

7.º Fijar anualmente el presupuesto de gastos de administración de la confederación, y aprobar o desechar la cuenta de inversión.

8.º Acordar subsidios del Tesoro nacional a las provincias cuyas rentas no alcancen, según sus presupuestos, a cubrir sus gastos ordinarios.

9.º Reglamentar la libre navegación de los ríos interiores, habilitar los puertos que considere convenientes, y crear y suprimir aduanas, sin que puedan suprimirse las aduanas exteriores, que existen en cada provincia, al tiempo de su incorporación.

10. Hacer sellar moneda, fijar su valor y el de las extranjeras; y adoptar un sistema uniforme de pesos y medidas para toda la confederación.

11. Dictar los códigos civil, comercial, penal y de minería, sin que tales Códigos alteren las jurisdicciones locales, correspondiendo su aplicación a los Tribunales federales o provinciales, según que las cosas o las personas cayeren bajo sus respectivas jurisdicciones; y especialmente leyes generales para toda la confederación sobre ciudadanía y naturalización, con sujeción al principio de la ciudadanía natural, así como sobre bancarrotas, sobre falsificación de la moneda corriente y documentos públicos del Estado, y las que requiera el establecimiento del juicio por jurados.

12. Reglar el comercio marítimo y terrestre con las naciones extranjeras y de las provincias entre sí.

13. Arreglar y establecer las postas y correos generales de la confederación.

14. Arreglar definitivamente los límites del territorio de la confederación, fijar los de las provincias, crear otras nuevas, y determinar por una legislación especial la organización, administración y gobierno que deben tener los territorios nacionales que queden fuera de los límites que se asignan a las provincias.

15. Proveer a la seguridad de las fronteras, conservar el trato pacífico con los Indios y promover la conversión de ellos al catolicismo.

16. Proveer lo conducente a la prosperidad del país, al adelanto y bienestar de todas las provincias; y al progreso de la ilustración, dictando planes de instrucción general y universitaria, y promoviendo la industria, la inmigración, la construcción de ferrocarriles y canales navegables, la colonización de tierras de propiedad nacional, la introducción y establecimiento de nuevas industrias, la importación de capitales extranjeros y la exploración de los ríos interiores, por leyes protectoras de estos fines y por concesiones temporales de privilegios y recompensas de estímulo.

17. Establecer tribunales inferiores a la suprema Corte de justicia; crear y suprimir empleos, fijar sus atribuciones, dar pensiones, decretar honores y conceder amnistías generales.

18. Admitir o desechar los motivos de dimisión del presidente o vicepresidente de la república, y declarar el caso de proceder a nueva elección; hacer el escrutinio y rectificación de ella.

19. Aprobar o desechar los tratados concluidos con las demás naciones, y los concordatos con la Silla Apostólica; y arreglar el ejercicio del patronato en toda la confederación.

20. Admitir en el territorio de la confederación otras órdenes religiosas a más de las existentes.

21. Autorizar al Poder ejecutivo para declarar la guerra o hacer la paz.

22. Conceder patentes de corso y de represalias y establecer reglamentos para las presas.

23. Fijar la fuerza de línea de tierra y de mar en tiempo de paz y de guerra y formar reglamentos y ordenanzas para el gobierno de dichos ejércitos.

24. Autorizar la reunión de las milicias de todas las provincias o parte de ellas, cuando lo exija la ejecución de las leyes de la confederación y sea necesario contener las insurrecciones o repeler las invasiones. Disponer la

organización, armamento y disciplina de dichas milicias, y la administración y gobierno de la parte de ellas que estuviese empleada en servicio de la confederación, dejando a las provincias el nombramiento de sus correspondientes jefes y oficiales y el cuidado de establecer en su respectiva milicia la disciplina prescrita por el Congreso.

25. Permitir la introducción de tropas extranjeras en el territorio de la confederación, y la salida de las fuerzas nacionales fuera de él.

26. Declarar en estado de sitio uno o varios puntos de la confederación en caso de conmoción interior, y aprobar o suspender el estado de sitio declarado, durante su receso, por el Poder ejecutivo.

27. Ejercer una legislación exclusiva en todo el territorio de la capital de la confederación, y sobre los demás lugares adquiridos por compra o cesión en cualquiera de las provincias, para establecer fortalezas, arsenales, almacenes u otros establecimientos de utilidad nacional.

28. Examinar las construcciones provinciales y reprobarlas, si no estuvieren conformes con los principios y disposiciones de esta Constitución; hacer todas las leyes y reglamentos que sean convenientes, para poner en ejercicio los poderes antecedentes y todos los otros concedidos por la presente Constitución al gobierno de la Confederación Argentina.

Capítulo V. De la formación y sanción de las leyes

Artículo 65. Las leyes pueden tener principio en cualquiera de las Cámaras del Congreso, por proyectos presentados por sus miembros o por el Poder ejecutivo; excepto las relativas a los objetos de que tratan los artículos 40 y 51.

Artículo 66. Aprobado un proyecto de ley por la Cámara de su origen, pasa para su discusión a la otra Cámara. Aprobado por ambas, pasa al Poder ejecutivo de la confederación para su examen; y si también obtiene su aprobación, lo promulga como ley.

Artículo 67. Se reputa aprobado por el Poder ejecutivo todo proyecto no devuelto en el término de diez días útiles.

Artículo 68. Ningún proyecto de ley desechado totalmente por una de las Cámaras, podrá repetirse en las sesiones de aquel año. Pero si solo fuere adicionado o corregido por la Cámara revisora, volverá a la de su origen, y si en ésta se aprobasen las adiciones o correcciones por mayoría absoluta, pasará al Poder ejecutivo de la confederación. Si las adiciones o correcciones fuesen desechadas, volverá segunda vez el proyecto a la Cámara revisora, y si aquí fueren nuevamente, sancionadas por una mayoría de las dos terceras partes de sus miembros, pasará el proyecto a la otra Cámara, y no se entenderá que ésta reprueba dichas adiciones o correcciones, si no concurre para ello el voto de las dos terceras partes de sus miembros presentes.

Artículo 69. Desechado en el todo o en parte un proyecto por el Poder ejecutivo, vuelve con sus objeciones a la Cámara de su origen; ésta lo disuelve de nuevo, y si lo confirma por mayoría de dos tercios de votos, pasa otra vez a la Cámara de revisión. Si ambas Cámaras lo sancionan por igual mayoría, el proyecto es ley y pasa al Poder ejecutivo para su promulgación. Las votaciones de ambas Cámaras serán en este caso nominales, por «sí» o por «no»; y tanto los nombres y fundamentos de los sufragantes, como las objeciones del Poder ejecutivo, se publicarán inmediatamente por la prensa. Si las Cámaras difieren sobre las objeciones, el proyecto no podrá repetirse en las sesiones de aquel año.

Artículo 70. En la sanción de las leyes se usará de esta fórmula: El Senado y Cámara de diputados de la confederación Argentina, reunidos en Congreso, etc., decretan o sancionan con fuerza de ley.

Sección 2.ª Del Poder ejecutivo

Capítulo I. De su naturaleza y duración

Artículo 71. El Poder ejecutivo de la Nación será desempeñado por un ciudadano con el título de «presidente de la confederación Argentina».

Artículo 72. En caso de enfermedad, ausencia de la capital, muerte, renuncia o destitución del presidente, el Poder ejecutivo será ejercido por el vicepresidente de la confederación. En caso de destitución, muerte, dimisión o inhabilidad del presidente y vicepresidente de la confederación, el Congreso determinará qué funcionario público ha de desempeñar la presidencia, hasta que haya cesado la causa de la inhabilidad, o un nuevo presidente sea electo.

Artículo 73. Para ser elegido presidente o vicepresidente de la confederación, se requiere haber nacido en et territorio argentino, o ser hijo de ciudadano nativo, habiendo nacido en país extranjero, pertenecer a la comunión católica, apostólica romana, y las demás cualidades exigidas para ser elector senador.

Artículo 74. El presidente y vicepresidente duran en sus empleos el término de seis años, y no pueden ser reelegidos sino con intervalo de un período.

Artículo 75. El presidente de la confederación cesa en el poder el día mismo en que expira su período de seis años, sin que evento alguno que lo haya interrumpido pueda ser motivo de que se le complete más tarde.

Artículo 76. El presidente y vicepresidente disfrutarán de un sueldo pagado por el Tesorero de la confederación, que no podrá ser alterado en el período de sus nombramientos. Durante el mismo período no podrán ejercer otro empleo ni recibir ningún otro emolumento de la confederación ni de provincia alguna.

Artículo 77. Al tomar posesión de su cargo, el presidente y vicepresidente prestarán juramento en manos del presidente del Senado (la primera vez del presidente del Congreso constituyente), estando reunido el Congreso, en los términos siguientes: «Yo N. N., juro por Dios Nuestro Señor y estos santos Evangelios, desempeñar con lealtad y patriotismo el cargo de presidente (o vicepresidente) de la confederación, y observar y hacer observar fielmente la Constitución de la Confederación Argentina. Si así no lo hiciere, Dios y la confederación me lo demanden».

Capítulo II. De la forma y tiempo de la elección del presidente y vicepresidente de la confederación

Artículo 78. La elección del presidente y vicepresidente de la confederación se hará del modo siguiente: La capital y cada una de las provincias nombrarán por votación directa una junta de electores, igual al duplo del total de diputados y senadores que envíen al Congreso, con las mismas calidades y bajo las mismas formas prescritas para la elección de diputados.

No pueden ser electores los diputados, los senadores ni los empleados a sueldo del gobierno federal.

Reunidos los electores en la capital de la confederación y en la de sus provincias respectivas cuatro meses antes que concluya el término del presidente cesante, procederán a elegir presidente y vicepresidente de la confederación por cédulas firmadas, expresando en una la persona por quien votan para presidente, y en otra distinta la que eligen para vicepresidente.

Se harán dos listas de todos los individuos electos para presidente, y otras dos de los nombrados para vicepresidente, con el número de votos que cada uno de ellos, hubiese obtenido. Estas listas serán firmadas por los electores, y se remitirán cerradas y selladas dos de ellas (una de cada clase) al presidente de la legislatura provincial, y en la capital al presidente de la municipalidad, en cuyos registros permanecerán depositadas y cerradas; y las otras dos al presidente del Senado (la primera vez al presidente del Congreso constituyente).

Artículo 79. El presidente del Senado (la primera vez el del Congreso constituyente), reunidas todas las listas, las abrirá a presencia de ambas Cámaras. Asociados a los secretarios cuatro miembros del Congreso sacados a la suerte, procederán inmediatamente a hacer el escrutinio y a anunciar el número de sufragios que resulte en favor de cada candidato para la presidencia y vicepresidencia de la confederación. Los que reúnan en ambos casos la mayoría absoluta de todos los votos, serán proclamados inmediatamente presidente y vicepresidente.

Artículo 80. En el caso de que por dividirse la votación no hubiere mayoría absoluta, elegirá el Congreso entre las dos personas que hubieran obtenido mayor número de sufragios. Si la primera mayoría que resultare hubiese cabido a más de dos personas, elegirá el Congreso entre todas éstas. Si la primera mayoría hubiese cabido a una sola persona, y la segunda a dos o más, elegirá el Congrego entre todas las personas que hayan obtenido la primera y segunda mayoría.

Artículo 81. Esta elección se hará a pluralidad absoluta de sufragios, y por votación nominal. Si verificada la primera votación no resultare mayoría absoluta, se hará segunda vez, contrayéndose la votación a las dos personas que en la primera hubiese obtenido mayor número de sufragios. En caso de empate, se repetirá la votación; y si resultase nuevo empate, decidirá el presidente del Senado (la primera vez el del Congreso constituyente).

No podrá hacerse el escrutinio ni la rectificación de estas elecciones, sin que estén presentes las tres cuartas partes del total de los miembros del Congreso.

Artículo 82. La elección del presidente y vicepresidente de la confederación debe quedar concluida en una sola sesión del Congreso, publicándose enseguida el resultado de ésta y las actas electorales por la prensa.

Capítulo III. Atribuciones del Poder ejecutivo

Artículo 83. El presidente de la confederación tiene las siguientes atribuciones:

1.ª Es el jefe supremo de la confederación, y tiene a su cargo la administración general del país.

2.ª Expide las instrucciones y reglamentos que sean necesarios para la ejecución de las leyes de la confederación, cuidando de no alterar su espíritu con excepciones reglamentarlas.

3.ª Es el jefe inmediato, y local de la capital de la confederación.

4.ª Participa de la formación de las leyes con arreglo a la Constitución, las sanciona y promulga.

5.ª Nombra los magistrados de la Corte suprema y de los demás tribunales federales inferiores con acuerdo del Senado.

6.ª Puede indultar o conmutar las penas por delitos sujetos a la jurisdicción federal, previo informe del tribunal correspondiente, excepto en los casos de acusación por la Cámara de diputados.

7.ª Concede jubilaciones, retiros, licencias y goce de montepíos, conforme a las leyes de la confederación.

8.ª Ejerce los derechos del patronato nacional en la presentación de obispos para las iglesias catedrales, a propuesta en terna del Senado.

9.ª Concedo el pase o retiene de los decretos de los Concilios, las bulas, breves y rescriptos del Sumo Pontífice de Roma, con acuerdo de la suprema Corte; requiriéndose una ley, cuando contienen disposiciones generales y permanentes.

10. Nombra y remueve a los ministros plenipotenciarios y encargados de negocios, con acuerdo del Senado; y por sí solo nombra y remueve los ministros del despacho, los oficiales de sus secretarías, los agentes consu-

lares y demás empleados de la administración cuyo nombramiento no está reglado de otra manera por esta Constitución.

11. Hace anualmente da apertura de las sesiones del Congreso, reunidas al efecto ambas Cámaras en la Sala del Senado, dando cuenta en esta ocasión al Congreso del estado de la confederación, de las reformas prometidas por la Constitución, y recomendando a su consideración las medidas que juzgue necesarias y convenientes.

12. Prorroga las sesiones ordinarias del Congreso, o lo convoca a sesiones extraordinarias, cuando un grave interés de orden o de progreso lo requiera.

13. Hace recaudar las rentas de la confederación, y decreta su inversión con arreglo a la ley o presupuestos de gastos nacionales.

14. Concluye y firma tratados de paz, de comercio, de navegación, de alianza, de límites y de neutralidad, concordatos y otras negociaciones requeridas para el mantenimiento de buenas relaciones con las potencias extranjeras, recibe sus ministros y admite sus cónsules.

15. Es comandante en jefe de todas las fuerzas de mar y de tierra de la confederación.

16. Provee los empleos militares de la confederación: con acuerdo del Senado, en la concesión de los empleos, o grados de oficiales superiores del ejército y armada; y por sí solo, en el campo de batalla.

17. Dispone de las fuerzas militares, marítimas y terrestres, y corre con su organización y distribución según las necesidades de la confederación.

18. Declara la guerra y concede patentes de corso y cartas de represalias con autorización y aprobación del Congreso.

19. Declara en estado de sitio uno o varios puntos de la confederación, en caso de ataque exterior, y por un término limitado con acuerdo del Senado. En caso de conmoción interior, solo tiene esta facultad cuando el Congreso está en receso, porque es atribución que corresponde a este cuerpo. El presidente la ejerce con las limitaciones prescritas en el art. 23.

20. Aun estando en sesiones el Congreso, en casos urgentes en que peligre la tranquilidad pública, el presidente podrá por sí solo usar sobre las personas de la facultad limitada en el art. 23; dando cuenta a este cuerpo en el término de diez días desde que comenzó a ejercerla. Pero si el Congreso no hace declaración de sitio, las personas arrestadas o trasladadas de uno

a otro punto serán restituidas al pleno goce de su libertad, a no ser que habiendo sido sujetas a juicio, debiesen continuar en arresto por disposición del juez o tribunal que conociere de la causa.

21. Puede pedir a los jefes de todos los ramos y departamentos de la administración, y por su conducto a las demás empleados, los informes que crea convenientes, y ellos son obligados a darlos.

22. No puede ausentarse del territorio de la capital, sino con permiso del Congreso. En el receso de éste, solo podrá hacerlo sin licencia por graves objetos de servicio público.

23. En todos los casos en que según los artículos anteriores debe el Poder ejecutivo proceder con acuerdo del Senado, podrá, durante el receso de éste, proceder por sí solo, dando cuenta de lo obrado a dicha Cámara en la próxima reunión para obtener su aprobación.

Capítulo IV. De los ministros del Poder ejecutivo

Artículo 84. Cinco ministros secretarios, a saber, del Interior, de relaciones exteriores, de hacienda, de justicia, culto e instrucción pública, y de guerra y marina, tendrán a su cargo el despacho de los negocios de la confederación, y refrendarán y legalizarán los actos del presidente por medio de su firma, sin cuyo requisito carecen de eficacia. Una ley deslindará los ramos del respectivo despacho de los ministros.

Artículo 85. Cada ministro es responsable de los actos que legaliza, y solidariamente de los que acuerda con sus colegas.

Artículo 86. Los ministros no pueden por sí solos, en ningún caso, tomar resoluciones, sin previo mandato, o consentimiento del presidente de la confederación; a excepción de lo concerniente al régimen económico y administrativo de sus respectivos departamentos.

Artículo 87. Luego que el Congreso abra sus sesiones, deberán los ministros del despacho presentarle una memoria detallada del estado de la confederación en lo relativo a los negocios de sus respectivos departamentos.

Artículo 88. No pueden ser senadores ni diputados, sin hacer dimisión de sus empleos de ministros.

Artículo 89. Pueden los ministros concurrir a las sesiones del Congreso y tomar parte en sus debates, pero no votar.

Artículo 90. Gozarán por sus servicios de un sueldo establecido por la ley, que no podrá ser aumentado ni disminuido en favor o perjuicio de los que se hallen en ejercicio.

Sección 3.ª Del Poder Judicial

Capítulo I. De su naturaleza y duración

Artículo 91. El Poder judicial de la confederación será ejercido por una Corte suprema de justicia, compuesta de nueve jueces y dos fiscales, que residirá en la capital, y por los demás tribunales inferiores que el Congreso estableciere en el territorio de la confederación.

Artículo 92. En ningún caso el presidente de la confederación puede ejercer funciones judiciales, arrogarse el conocimiento de causas pendientes, o restablecer las fenecidas.

Artículo 93. Los jueces de la Corte suprema y de los tribunales inferiores de la confederación conservarán sus empleos mientras dure su buena conducta, y recibirán por sus servicios una compensación que determinará la ley, y que no podrá ser disminuida en manera alguna, mientras permanecieren en sus funciones.

Artículo 94. Ninguno podrá ser miembro de la Corte suprema de justicia sin ser abogado de la confederación con ocho años de ejercicio, y tener las calidades requeridas para ser senador.

Artículo 95. En la primera instalación de la Corte suprema, los individuos nombrados prestarán juramento en manos del presidente de la confederación, de desempeñar sus obligaciones, administrando la justicia bien y legalmente, y en conformidad a lo que prescribe la Constitución. En lo sucesivo, lo prestarán ante el presidente de la misma Corte.

Artículo 96. La Corte suprema dictará su reglamento interior y económico, y nombrará todos sus empleados subalternos.

Capítulo II. Atribuciones del Poder judicial

Artículo 97. Corresponde a la Corte suprema y a los tribunales inferiores de la confederación el conocimiento y decisión de todas las causas que versen sobre puntos regidos por la Constitución y por las leyes de la confederación, con la reserva hecha en el inciso 11 del art. 64 y por los tratados con las naciones extranjeras, de los conflictos entre los diferentes poderes públicos de una misma provincia; de las causas concernientes a embajadores, ministros públicos y cónsules extranjeros; de las causas del almirantazgo y jurisdicción marítima; de los recursos de fuerza; de los asuntos en que la confederación sea parte; de las causas que se susciten entre dos o más provincias; entre una provincia y los vecinos de otra; entre los vecinos de diferentes provincias, y entre una provincia o sus vecinos; y entre una provincia y contra un Estado o ciudadano extranjero.

Artículo 98. En estos casos, la Corte suprema ejercerá su jurisdicción por apelación según las reglas y excepciones que prescriba el Congreso; pero en todos los asuntos concernientes a embajadores, ministros y cónsules extranjeros, en los que alguna provincia fuese parte, y en la decisión de los conflictos entre los poderes públicos de una misma provincia, la ejercerá originaria y exclusivamente.

Artículo 99. Todos los juicios criminales ordinarios que no se deriven del derecho de acusación concedido a la Cámara de diputados, se terminarán por jurados, luego que se establezca en la confederación esta institución. La actuación de estos juicios se hará en la misma provincia donde se hubiere cometido el delito; pero cuando éste se cometa fuera de los límites de la confederación, contra el derecho de gentes, el Congreso determinará por una ley especial el lugar en que haya de seguirse el juicio.

Artículo 100. La traición contra la confederación consistirá únicamente en tomar las armas contra ella, o en unirse a sus enemigos prestándoles ayuda y socorro. El Congreso fijará por una ley especial la pena de este delito; pero ella no pasará de la persona delincuente, ni la infamia del reo se trasmitirá a sus parientes de cualquier grado.

Título II. Gobiernos de provincia

Artículo 101. Las provincias conservan todo él poder no delegado por esta Constitución al gobierno federal, y el que expresamente se hayan reservado por pactos especiales al tiempo de su incorporación.

Artículo 102. Se dan sus propias instituciones locales y se rigen por ellas. Eligen sus gobernadores, sus legisladores y demás funcionarios de provincia, sin intervención del gobierno federal.

Artículo 103. Caída provincia dicta su propia Constitución, y antes de ponerla en ejercicio, la remite al Congreso para su examen, conforme a lo dispuesto, en el artículo 5.º.

Artículo 104. Las provincias pueden celebrar tratados parciales para fines de administración de justicia, de intereses económicos y trabajos de utilidad común, con conocimiento del Congreso federal; y promover su industria, la inmigración, la construcción de ferrocarriles y canales navegables, la colonización de tierras de propiedad provincial, la introducción y establecimiento de nuevas industrias, la importación de capitales extranjeros y la exploración de sus ríos, por leyes protectoras de estos fines y con sus recursos propios.

Artículo 105. Las provincias no ejercen el poder delegado a la confederación. No pueden celebrar tratados parciales de carácter político; ni expedir leyes sobre comercio o navegación interior o exterior; ni establecer aduanas provinciales; ni acuñar moneda; ni establecer bancos con facultad de emitir billetes, sin autorización del Congreso federal; ni dictar los códigos civil, comercial, penal y de minería, después que el Congreso los haya sancionado; ni dictar especialmente leyes sobre ciudadanía y naturalización, bancarrotas, falsificación de moneda o documentos del Estado; ni establecer derechos de tonelaje; ni armar buques de guerra o levantar ejércitos, salvo el caso de invasión exterior o de un peligro tan inminente que no admita dilación, dando luego cuenta al gobierno federal, ni nombrar o recibir agentes extranjeros, ni admitir nuevas órdenes religiosas.

Artículo 106. Ninguna provincia puede declarar ni hacer guerra a otra provincia. Sus quejas deben ser sometidas a la Corte suprema de justicia y dirimidas por ella. Sus hostilidades de hecho son actos de guerra civil, calificados de sedición o asonada, que el gobierno federal debe sofocar y reprimir conforme a la ley.

Artículo 107. Los gobernadores de provincia son agentes naturales del gobierno federal para hacer cumplir la Constitución y las leyes de la confederación.

Dada en la sala de sesiones del Congreso general constituyente, en la ciudad de Santa Fe, el día 1.º de mayo del año del Señor de 1853.

Facundo Zuviría, presidente y diputado por Salta.

Pedro Zenteno, diputado por Catamarca.

Pedro Ferré, diputado por Catamarca.

Juan del Campillo, diputado por Córdoba.

Santiago Derqui, diputado por Córdoba.

Pedro Díaz Colodrero, diputado por Corrientes.

Luciano Torrent, diputado por Corrientes.

Juan María Gutiérrez, diputado por Entre Ríos.

Manuel Padilla, diputado por Jujuí.

José Quintana, diputado por Jujuí.

Martín Zapata, diputado por Mendoza.

Agustín Delgado, diputado por Mendoza.

Regis Martínez, diputado por la Rioja.

Salvador María del Carril, diputado por San Juan.

Ruperto Godoy, diputado por San Juan.

Delfín B. Huergo, diputado por San Luis.

Juan Llerena, diputado por San Luis.

Juan Francisco Seguí, diputado por Santa Fe.

Manuel Leiva, diputado por Santa Fe.

Benjamín J. Lavaisse, diputado por Santiago del Estero.

José B. Gorontiaga, diputado por Santiago del Estero.

Frai José Manuel Pérez, diputado por Tucumán.

Salustiano Zavalía, diputado por Tucumán.

José María Zuviría, secretario.

El Director provisorio de la Confederación Argentina,

Vista la presentación de la Constitución federal de la república, que el Congreso general constituyente le ha hecho por medio de una Comisión especial mandada de su seno; y en cumplimiento de la estipulación duodécima del Acuerdo celebrado en San Nicolás de los Arroyos en 31 de mayo de 1862;

Decreta:

Artículo 1.º Téngase por ley fundamental en todo el territorio de la Confederación Argentina la Constitución federal sancionada por el Congreso constituyente el día primero del presente mes de mayo en la ciudad de Santa Fe.

Artículo 2.º Imprímase y circúlese a los gobiernos de provincias, para que sea promulgada y jurada auténticamente en comicios públicos.

Dado en San José de Flores, a veinticinco días del mes de mayo de mil ochocientos cincuenta y tres.

Justo J. de Urquiza

Libros a la carta

A la carta es un servicio especializado para

empresas,
librerías,
bibliotecas,
editoriales
y centros de enseñanza;

y permite confeccionar libros que, por su formato y concepción, sirven a los propósitos más específicos de estas instituciones.

Las empresas nos encargan ediciones personalizadas para marketing editorial o para regalos institucionales. Y los interesados solicitan, a título personal, ediciones antiguas, o no disponibles en el mercado; y las acompañan con notas y comentarios críticos.

Las ediciones tienen como apoyo un libro de estilo con todo tipo de referencias sobre los criterios de tratamiento tipográfico aplicados a nuestros libros que puede ser consultado en Linkgua-ediciones.com.

Linkgua edita por encargo diferentes versiones de una misma obra con distintos tratamientos ortotipográficos (actualizaciones de carácter divulgativo de un clásico, o versiones estrictamente fieles a la edición original de referencia).

Este servicio de ediciones a la carta le permitirá, si usted se dedica a la enseñanza, tener una forma de hacer pública su interpretación de un texto y, sobre una versión digitalizada «base», usted podrá introducir interpretaciones del texto fuente. Es un tópico que los profesores denuncien en clase los desmanes de una edición, o vayan comentando errores de interpretación de un texto y esta es una solución útil a esa necesidad del mundo académico.

Asimismo publicamos de manera sistemática, en un mismo catálogo, tesis doctorales y actas de congresos académicos, que son distribuidas a través de nuestra Web.

El servicio de «libros a la carta» funciona de dos formas.

1. Tenemos un fondo de libros digitalizados que usted puede personalizar en tiradas de al menos cinco ejemplares. Estas personalizaciones pueden ser de todo tipo: añadir notas de clase para uso de un grupo de estudiantes,

introducir logos corporativos para uso con fines de marketing empresarial, etc. etc.

2. Buscamos libros descatalogados de otras editoriales y los reeditamos en tiradas cortas a petición de un cliente.

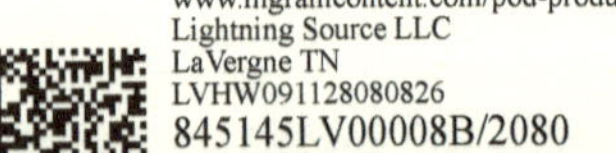

www.ingramcontent.com/pod-product-compliance
Lightning Source LLC
La Vergne TN
LVHW091128080826
845145LV00008B/2080

* 9 7 8 8 4 9 3 3 4 3 9 0 3 *